打开公诉这扇门

DAKAI GONGSU ZHESHANMEN

吴峻／著

中国检察出版社

图书在版编目（CIP）数据

打开公诉这扇门/吴峻著 . —北京：中国检察出版社，2013.6
ISBN 978 - 7 - 5102 - 0892 - 8

Ⅰ.①打… Ⅱ.①吴… Ⅲ.①公诉 - 研究 - 中国
Ⅳ.①D925.04

中国版本图书馆 CIP 数据核字（2013）第 088347 号

打开公诉这扇门

吴 峻 著

出版发行：中国检察出版社

社 址：北京市石景山区香山南路 111 号 （100144）

网 址：中国检察出版社（www.zgjccbs.com）

电 话：(010)68658769(编辑) 68650015(发行) 68636518(门市)

经 销：新华书店

印 刷：保定市中画美凯印刷有限公司

开 本：720 mm×960 mm 16 开

印 张：23.75 印张 插页 4

字 数：288 千字

版 次：2013 年 6 月第一版 2013 年 6 月第一次印刷

书 号：ISBN 978 - 7 - 5102 - 0892 - 8

定 价：46.00 元

前　言

第一次出庭支持公诉之前，我所接受的唯一培训就是阅读从档案室借来的一堆已归档的案件材料。还没有读完，一起恶性抢劫杀人案件就摆在面前，让我出庭公诉，可以说第一次出庭公诉是在恐惧中完成的。感谢领导和同事们，他们给予了我极大的帮助，不仅帮助我提高出庭公诉的能力，也为这本书的完成提供许多生动的素材和案例。

每年都有许多检察官将要出庭支持公诉，过来人的经验也许是最好的帮助之一。几个理念必须扎根于每一位公诉人的心中。首先，获取有罪判决绝对不是刑事起诉的唯一目的。只要你将指控犯罪的确切证据出示给法庭，充分发挥其法定的证明力，程序公正地进行，你的目的就达到了。其次，公诉人的作用不涉及输赢。提起公诉是公共职责而非民事案件，不能带有个人责任。再次，进行公诉必须有根深蒂固的法律至上、公平正义的意识，检察官就是法律的守护神。复次，公诉人必须是"仁义礼智信"的典范。爱人，无歧视、无偏见，遵守社会公义，基于平等的尊重，比"狡猾的罪犯"更智慧，讲诚信。最后，破除神秘主义。到了提起公诉阶段，对于案件而言，没有任何需要保密的事项，所有事实和证据都可以摆在桌面上。如果为了获取庭审优势而隐瞒某些事实或者证据，可能就有不法行为或导致不法。

本书从如何成功地完成指控出发，告诉出庭检察官如何言谈举止，如何与警察、律师、被告人、被害人以及其他相关人员打交道；如何根据最新施行的刑事诉讼法审查证据、排除非法证据；如何决定是否提起公诉、需要考虑哪些因素，宽严相济刑事政策与检察官的自由裁量权在决定诉与不诉中的作用如何；如何安排庭审，庭审过程中的诸多意想不到的突发事件如何处置，关于质证、辩论和"幽灵抗辩"的对策，对特殊犯罪的出庭策略；等等。本书利用了笔者自己承办的大量案例，对出庭公诉行为进行了规范解释和实践经验的总结，为公诉人员提供建议和参考，尤其是为那些刚刚踏入公诉条线的检察人员提供一个快速入门的指导和建议。也为法学界和其他司法机关提供一个研究公诉行为的素材，或为律师界提供一个如何反驳指控从而成功辩护的参照。由于案例的引入，本书就有了很多故事。有的犯罪设计得如此复杂，可以超过任何好莱坞的大片，婉转曲折，跌宕起伏，可读性较强。

由于新刑事诉讼法实施时间尚短，许多制度性的设计尚未完成，有些措施和方法仅为探索性的暂时安排，某些观点也仅为笔者的一己之见，仅供参考。由于笔者水平有限，文中错误难免，且不在少数，敬请谅解和指正。

特别感谢中国检察出版社史朝霞女士，没有她的大力支持和帮助，本书就不会出版。

吴 峻

2013 年 3 月

目　　录

一、创造和谐的工作环境

刑事司法体系有许多组成部分：检察官、法官、警察、辩护律师、检察院和法院的行政人员、证人和被告人。它是一个复杂的程序，缺少任何一个组成部分都不能正常运转。刑事司法体系高度指向人。它的确可以称为人的集合。你与组成这个复杂体系的各色各样的人的关系，对于你从事这个行业是乐在其中还是觉得是一个无边的梦魇具有重要的决定作用。因此你要掌握一定的司法伦理常识，尤其是其底线。

尊重法官：就是尊重法治

你如果做好手头上的事，井井有条，礼貌周全，法官以及参加诉讼的各方都会十分感激你的。尽量赢得好名声，这总会对你的工作有所帮助。有些人因为对待他人的方式被人称为"刺头"。如果你获此"殊名"，你会发现如果你想找法院的某个书记员帮个忙，让你看看庭审记录，你会发现这根本办不到，更不要说将庭审记录拷盘送给你了。如果你与法官关系处理不好，没有人缘，影响很坏，你要改变这一点却万般困难，所以千万别与法院的法官搞僵了关系。所有的参与者都有自己的职责。我想你会发现准备充分、尊重法官，意识到其他人都在法庭上尽力做好自己的事情，这很重要。在法庭上与法官"针尖对麦芒"不会给你带来尊敬。重复此点是重要的，这会让你以更好的方式完成你的任务，这些会让你在从事你所选择的职业时找到无尽的快乐。

如果你对法庭不坦诚或者总觉得自己有权力对法官的行为进行监督以至于对法官表现出不礼貌，这些都会被注意到。刑事诉讼法第7条规定"人民法院、人民检察院和公安机关进行刑事诉讼，应当分工负责，互相配合，互相制约，以保证准确有效地执行法律"，依照法律的规定，检察官和法官、警察地位平等，但法官在出庭时要求检察官起立，使很多人感到不适。我们的传统是法官和检察官在法庭上是平起平坐的，在开庭时互不行礼致意。目前，法院审判案件出庭时，检察官和法官同时进入法庭，这样就避免了检察官向法官行礼致意的时间条件。而在崇尚法治的今天，我们认为，为了达到实现法治的目标，严格依法治国，树立法律至上的观点是十分必要的，而实现法律至上的集中体现是法官对案件的审理，对法官的尊重就是对法治的尊重，作为检察官完全不必为了某种仪式硬要和法官较劲，只要对法治社会建设有利，对国家和人民有利，开庭时起立又何妨？即使就是对法官本人表示尊敬也是应该的。当然，这是笔者个人的观点，如果有人非要较劲，在法官走上法庭的时候坐着不动，那是他人的自由，尤其是在司法权存在争议的时候，并不缺乏这样的人。

还有就是不要随便讨论法官个人的事情。笔者的同事曾讲过一件小事，在他办理一个故意杀人案准备开庭时，他和负责此案的其他检察官正在法院二楼的走廊里闲聊，他们提到当天的主审是个从外地刚刚调来谁都没见过的法官，还提到他的某些传闻，比如他在大学时代为了追女友，竟然从三楼跳下，一时轰动全校，等等。他们闲聊着，旁边有个可能是出庭为被告人辩护的律师离他们不远，像是很感兴趣地听他们的谈话。谁也不知道此人就是主审法官。在法庭上他注意到主审法官就是他们刚刚调侃过的人，曾经仔细地"旁听"了他们的闲聊，尽管他在法庭上什么话都没有说，但肯定的是，这件事让他不舒服，甚至有些难堪。这种情况对我们来说也许是件小事，但对法官呢？只有天知道。

与所有司法人员的关系伦理底线是尊重。即便我们之间可以因为案件定性或者量刑幅度的不同而发生激烈的争论，如果我们做到了尊重，一切都在可控的范围内。要讲礼貌，所谓礼，国之干也。礼不行则昏，无以长世。

多一份复印件：别忘了书记员的

刑事审判包括许多方面，有许多参与者。我们认可自己、法官和辩护律师的作用，但还有其他人也要考虑，即检法两家的书记员和其他行政人员如司法警察等。法庭记录要十分清楚才能让人明白，通常还会有适用什么法律的争论。这要求将援引的法律复印件发给法官和辩护律师。通常案件要全面引述适用的法律。如果你想要明确的记录，别忘了给书记员一份副本。这些法律的援引和记录要十分精确。多做一份复印件只用很短的时间，但你却会得到书记员的敬意的。

有时问题突然出现，你觉得有必要援引刑法或者提到某个有利于本案的案例或者从你的审判手册中摘录材料。这时，你手中没有案件的副本，你要点名提到该案，拼写名字然后引述，这样书记员就能适当反映该案而不至于在结案时使用音译拼写名字或者根本就写错了名字或者干脆不记下你所说的案件。

有时某个案件当天不能结案，因为内容太多，法律文件清单太长，案件可能要延期很长时间再审理。这种情形在审理的早期即可明了。当考虑审判的延续日期时，如果被告人不在羁押之中，通常会选定法官、律师、检察官以及证人都方便的时候再开庭审判。

如果你需要副本，一定要在你选定日期之前与书记员联系一下确保在确定之日前你能获得此副本。否则，在确定的时间内，书记员可能只准备很少几份副本，出现副本短缺，你可就拿不到副本了。小小的预想和礼貌可以避免这些问题。这也可以使你受到书记员的喜欢，也许以后，当你急需副本时，记录员会记得你的礼貌，想方设法为你找到副本。

自尊：被告人也有

当被告人无代理人时，你不得不和被告人打交道，被告人也应礼貌对待。被告人被推定为无罪，只有经过正当程序的审判确定有罪，才可以作为罪犯对待。即便是对待那些已经确定判决确认为罪犯的人，你也要有起码的礼貌和人性的关怀，对其要有起码的尊重，你不要认为那个人是可鄙视的或者视同非人。不幸的是我们一生中总会碰到那么一两次，了解或者知道某些人为了不知道的理由就成了刑事犯罪分子。这并不是给我们颁发了粗暴对待或鄙视或者认为不必关注被告人的许可证。没有人会因为违法而被控犯罪就失去他们自己的感受或者简单地作为人的自尊。他们的人格值得我们尊重，他们的切身利益更值得我们这些从事法律工作的人的关注。

无可奉告——新闻媒体

你从事这项工作不可避免地，可能比你预想的还要快，不得不和新闻媒体打交道。以前我在最高人民检察院工作，办理涉外案件，上班才三天，就碰到香港特别行政区的记者就某个案件的办理情况要进行采访。无论是报纸、电视台还是无线电台，都与公共利益相关，但你和媒体的作用根本不是一回事。媒体的作用是发布信息，而你的作用是代表国家提起公诉。为了实现其职能，媒体有时会用访谈形式，这是最易引起争论的部分。媒体这样做，不单单是为了传递信息，也是为了增加其读者、观众和听众。笔者不是在找媒体的毛病，他们与你一样有事可做。笔者仅仅指出对你所说的话，你千万要小心谨慎。

有些辩护律师很会利用媒体在公众面前表达他们的立场："我认为检察官不能这样做。"同样，对媒体作出评论也是不适当的或者对媒体就案件的审理进行评论也是十分有害的。想一想，如果你回顾在人命关天的法庭里的心理变化过程，我总觉得是十分困难的。紧张，看不见的各种情况千变万化、难以捉摸、不可预测。诉讼各方所说的每个词的意思都被理解到极致。要想全部记住而且十分准确地复述下来是十分困难的。我个人认为，我们的法律已经确立了法官独立审判案件的原则，你的某些不全面的、不正确的评论就有可能对法院产生某种影响，妨碍法官独立地处理案件，进一步说这样做也会影响到法治社会对个人安全的最根本的保护，即实现社会平等、公正与正义。笔者认为对媒体谨慎，任何时候都是十分必要的，但你不能对媒体的每个问题都不作回答，起码得说声"没有什么可谈的"或者使用外交辞令"无可奉告"。但请你记住：即便这样一句话也会给你带来麻烦。看看下面的对话，假设十分可能被定罪的犯罪嫌疑人被裁定无罪。记者采访了你：

问：公安机关是不是一直都怀疑抓错了人？

答：无可奉告。

问：检察院是不是告诉公安机关不要移送起诉被告？

答：没什么可说的。

　　你还可以想象其他问题。设想一下新闻会怎样报道这些问题。也许是这样："负责起诉×××一案的检察官对公安机关是否抓错人不作评论"或者"检察院曾建议公安机关不要将被告人移送审查起诉"，看到这样的报道，你别指望公众对此有什么好的联想，他们第一印象是公安机关抓错人了，第二印象就是你作为检察官默认了公安机关的行为。更好的方法是：如果你接受采访，你不能总用"无可奉告"来回答所有问题，而应使记者或者相关媒体抓不到问题的要害。

　　不要认为笔者对媒体的态度是消极的，完全不是如此。媒体经常通过对起诉的广为宣传帮助完成任务。有些证人因为受到媒体报道的影响甚至是鼓舞而出庭作证，揭露不为司法机关所知的犯罪的事实和细节。从这个意义上说，媒体发挥了极有价值的公共职能。关于这一点，司法机关对媒体的利用还有很大的开发空间。

　　小心谨慎，媒体既可以成为你的朋友，但它也可以给你带来痛苦，使你处于尴尬的状态，让你愤怒不已。当法官作出无罪裁决的时候，请你小心；当法官裁定案件发回重审的时候，你要小心；当你对法官的判决感到不安的时候，请你小心；法官不同意你的量刑建议而给出了你意想不到的刑罚，审判被无理由地推迟，而你强烈反对；等等，这都是易动感情的时候，绝不是你向公共媒体说话的时候，除非等到你对自己有十分的把握，并且不会说出什么引起麻烦的话为止。

　　要记住，不要对媒体的提问立即回应，这一点十分有用。要先想想他们想问什么。采用拖延战术对媒体说："过半个小时我再告诉你。"这样你可以有机会清醒一下，想一想他们可能提出的问题，充分做好以平心静气的方式回答问题的准备。如果你认为自己不能控制自己，你就告诉媒体此时你无任何说明，然后不要露面。去你的办公室，放下文件，从后门溜掉。这比你冒失地说出什么不恰当的话要好得多。

如果被告人被判有罪，明显的问题是：

问：你对结果感到高兴吗？

答：我们很高兴法官采纳了我们提供的证据证明被告人有罪。

检察官对结果永远不能高兴。请记住，检察官从无输赢。检察官只会对案件提起公诉，绝不能把有罪判决当作个人的胜利。

如果被告人被判无罪，明显的问题是：

问：你对结果感到失望吗？

答：合议庭经过仔细的审查，认为事实不清，证据不是十分确凿、充分，案件还有一些漏洞，没能排除合理怀疑。我们接受法院的裁决。

检察官可能会对无罪判决感到失望。因为公安机关经过艰苦努力寻找证据，检察官对案件的起诉进行了充分的准备，但法官却认为事实不清，证据不确凿、充分。简短回答，切入下题。

问：检察院会抗诉吗？

答：现在说这个太早。我们会仔细地考虑法官的判决并重新对证据进行评估。

任何情况下，与媒体交流的时候都不是作出决定的时候。定罪和判刑之后才会提到此类问题。它们总是与判刑总量相关。因此，笔者建议你尽可能地模糊、模棱两可。

另外，决不能因为法官没有考虑你的建议就说法官是个白痴。这样不仅不礼貌，也极端不明智。你可以想象得到第二天出现在报纸上的大幅标题："法官是白痴——检察官×××如是说"。如果如此，笔者劝你别在这个行业里干了。法官、法官的朋友们甚至是他的敌人将会使你名誉扫地，遑论由此引述带来的后果或在司法界可能引起的问题。你可以说，你很失望或者对自己没能做到更具说服力而遗憾。你尽可以说些无关痛痒的不刺激别人、不会引起争论的套话。

目前，我国媒体的作用并不像西方国家那样强大，但有时也会引起争论。2013 年年初我们接到一个案件，是利用网恋诈骗的案件，按照法院的通知，2013 年 3 月 11 日才开庭的案子，某电视频道在 2 月 23 日晚间黄金时段将该案的时间、地点、人物、事件、后果、司法机关对被告人的处理等详细细节曝光。两天后我接到被害人的叔叔发来的短信，告诉我说案件已经定了。我感到十分吃惊，还没有开庭，哪里来的定案？没有经过法定程序，谁可以将犯罪嫌疑人或者被告人定为罪犯？所以对于媒体，我们要注意这种超前的报道是否会影响到司法人员的公正判断，尤其是对法官自由心证的形成是否会造成先入为主的后果。当然这种超前的报道还可能引发侵权，进而产生侵权诉讼。这已经不是检察官能够控制的了。

谁领导谁——公安机关与检察机关

在我们的制度中，警察和检察官是分工负责、互相配合、互相制约的，法律没有明确规定谁领导谁。但是刑事诉讼法第 171 条第 1 款和第 2 款分别规定："人民检察院审查案件，可以要求公安机关提供法庭审判必需的证据材料；认为可能存在本法第五十四条规定的以非法方法收集证据情形的，可以要求其对证据收集的合法性作出说明"，"人民检察院审查案件，对于需要补充侦查的，可以退回公安机关补充侦查，也可以自行侦查"。

在我国的刑事诉讼程序中，公安机关与检察机关是相辅相成、相互监督的平等的关系。而在社会生活的大环境中，与检察机关深入简出的低调、神秘形象不同，公安机关往往居于百姓生活的中心，他们的职权涉及社会生活的各个方面，与广大人民群众的接触也最多，更由于历史的原因，公安机关也一直位于权力运作的中心环节，从我们的口头禅"公检法"就可看出公安机关的"老大"地位，因此有些公安机关的干警可能会有些优越感。由于他们不必亲自出庭作证，他们提供的案件材料有时就很难满足诉讼的需要。出庭的是检察官，检察官执行公诉任务是至关重要的环节，应当是刑事诉讼方面的专家，应当知道完成诉讼程序需要哪些证据，证据达到什么标准才能证明被告人有罪并应当给予刑罚处罚，而警察的任务是收集证据，因此自然而然地是检察官指导警察收集证据，这样一来才能有针对性，才能更有效地达到刑事审判等司法程序的目的。在法律发达国家也都是如此运作的。而在我国，现阶段也只是停留在检警一体化的讨论过程中。根据刑事诉讼法第8条、第171条的精神和《人民检察院刑事诉讼规则（试行）》第361条的规定，对于重大、疑难、复杂的案件，人民检察院认为确有必要时，可以派员适时介入侦查活动，对收集证据、适用法律提出意见，监督侦查活动是否合法。但是派员介入侦查的具体操作规程是什么？修订后的刑事诉讼法和《人民检察院刑事诉讼规则（试行）》对此都没有规定，只能期待公安机关的配合。检察官必须与公安机关的干警打交道，因此协调好关系对你办理审查起诉案件十分重要。你要记住，退回补充侦查最多两次，公安人员完全可以敷衍了事，而你只有两种可能，一种是不得不自己去补充侦查，这就势必要求你和刑事警察一样专业，否则案件将无果而终；另一种是自己独自面对让罪犯逃脱惩罚的窘境。所以，你不能等待检警关系理顺之后再做工作，你只能面对现状，我个人建议，你要与刑警保持良好的关系。所谓引导非领导、介入非代替、建议非命令。

你的作用是保证控方能够获得的可信的证据都提交给法院。这样，也许会出现你的观点和公安机关不同的情况，如应予起诉的罪名或者是否应当撤销起诉。你有义务与公安机关、被害人、证人讨论案件，必须记住是你来作最后决定。

公安机关在准备侦查材料有时也会出错。要绝对避免当众批评相关公安人员，任何人都憎恶这个，何况警察？如果你不幸批评了某个公安人员，其他公安人员也会听说这件事，你不会交到朋友的。在这种情况下，最好把警官叫到一旁，解释什么错了，为什么，并指出带来的危害结果。就事论事，告诉警察为什么出错，将来怎么解决即可。理智地处理就不会因此产生未来的难题。你一定要详细地向他们解释你需要什么样的事实材料，什么样的证据，什么样的证人，还有什么时间你需要这些材料。公安机关的同志一旦清楚了工作的方向，他们会很努力正确地完成工作，毕竟我们的目标是一致的。

你作为检察官，与警察打交道，必须记住你不是他们的头儿，因而你不能命令他们做任何事，包括准备各种案件材料。

有时，有的警察会问你这个案件怎么办；那个案件怎么处理；这个事实状态，罪犯构成什么犯罪；可不可以不作犯罪处理；等等。你一定要先了解案件的具体情况，彻底地了解，然后确信你不至于说错话，才能回答警察提出的相关问题。

如果你没有时间了解案件的具体情况，最好的也最明智的做法是在双方都方便的时候见面谈一谈或者给该警察介绍一位有空的检察官来解决他的问题。没有准备就给警察出主意很容易造成错误，可能损害检察机关的声誉。

简单的程序或者一般问题并不完全都按此方式办理。但如果你对答案没有把握或者没有时间正确处理这个问题，你也可以对他直说。不能期望我们成为刑事法各个领域的全面的专家。

你也别试图装成这样的专家，特别是在时间有限的情况下。

对电话中的问题同样可以用此方法对待。听清楚所有的问题，就警察所说的事实情况提出问题，确信你已明白。如果警察没有回答你的提问，你要保证在没有弄清情况之前不要给出你的看法。如果情况复杂一时解决不了，请警察将材料包括案件材料、证人证言、没收物品等送给你研究后再给出建议。这样做绝对没错。

记住在这种情况下给出的建议是法律上的建议。应由警察而非检察官提供指控的合理的可能的根据。如上所述，警察和检察官的作用是分开而明确的。如果你作为检察官开始指导警察提出或者告诉他们说他们有合理的可能的根据，那么你就脱离了你的职责范围而进入了他们的职责范围，有可能导致你要负相关的责任。

尽管在你从事本行业的初期可能不会发生，有时会让你在侦查阶段或者在作出逮捕决定之前，提供法律上的根据。这里再次提醒你为了获取证据支持公诉并为达到合理而可能的确凿、充分的证据而进行侦查活动是警察的权力范围。记住警察是调查人员，最后还得由警察决定什么时间、是否将案件移交检察机关审查起诉。

判官老的辣，诉师少的俏

我曾经参与一个走私毒品的案件的庭审，辩护律师在法庭上不停地攻击出庭的检察官，案件有一个细节，被告人从外国到了中国后要与谁接头交货？据他本人交代，到中国后他向警方提供了一个联系电话号码，只要他打这个电话，就会有人与他接头。事实上，这个号码究竟是怎么回事，至今也没有弄清楚。原因也说不清楚，可能是侦查人员将这个号码丢掉了，也可能侦查人员试过这个号码，发现不能用或者是空号。只有承办此案的侦查人员才能知道，总之这个细节在检察机关审查起诉阶段也没有提到。而在庭审过程中，律师完全不顾被告人将毒品隐藏在行李箱的夹层中带到中国的事实，而纠缠于这个电话号码不放，坚持说这关系到被告人是否实施犯罪，而对这个关键证据，司法机关竟然没有交代，是严重的失职，司法人员这样办案，实际上是在浪费国家的资源，当然后面还有更难听的话。承办此案的出庭检察官是一位饱学之士，前途无量，在后来的庭审答辩中，他说他不能接受律师对司法机关进行的恶意诋毁和攻击。这也应验了那句著名的俗语："判官老的辣，诉师少的俏。"律师听到这样的话立刻跳了起来，激动无比。在休庭午休时，他跑到法官面前，找法官评理，问："我什么时候恶意攻击司法机关了，哪句话是攻击，哪句话是诋毁？"虽然我个人不太同意出庭检察官的做法，但也正是我们这位检察官的话让辩护律师有些失控，而在后来的辩论中出现了许多不该有的漏洞。

辩护人发表辩护意见或者被告人自我辩护时对检察机关或者公诉人进行攻击并不少见，该如何应对呢？我个人认为采取以下几种措施中的一个即可：

第一，可以要求法庭予以制止。

第二，在答辩中可以明确指出对方进行人身攻击的行为并表示反对。同时，要明确指出辩护人应当根据事实和法律进行辩护，对公诉人的人身攻击无助于从轻、减轻或免除被告人的刑事责任。

第三，对辩护人庭前已审阅全部卷宗，但在开庭时却突然提出公诉人出示的证据系庭前未向法庭移交的证据，以此来攻击检察机关或公诉人的，公诉人应表明：（1）辩护人没有实事求是地向法庭阐明，其本人在庭前已审阅了全部卷宗，已审阅了该份证据；（2）指出该行为是对公诉机关公正执法的诬蔑，是极不严肃的。

也许我不应当大张旗鼓地宣传或者说是鼓吹与组成司法界的各种人打交道的个人哲学，尽管我在这方面并不熟练，甚至心里不太喜欢过多地与人打交道。但我觉得无论如何都应当说明真实的情况，因为在任何时代，人们必须认识到既要做好自己的工作又要保护好自己的重要性，最重要的是：凡事都要有记录。凡事有记录，可以防止自己陷入被动尴尬的境地。在处理人与人之间的各种事项，你要有根据。但这并不意味你在与他人在司法程序中可以不讲礼貌。任何时候，彬彬有礼都是必要的，也是必需的。我们知道自己生活在一个变化更为频繁的世界，一个走向法治的社会里，一个崇尚德治的时代，一个更需要和谐的社会。待人彬彬有礼并不意味着你变得无原则地顺从，你可以一面保持愉快，另一面又坚持原则，它们不是互相排斥的概念。坚持原则并不等于粗鲁或者滥用你的"冷酷"。有些检察官酷爱扮酷。这很好，但不能做得冷酷无情、执迷不悟以致不能自制而破坏了法治的基本精神。

在诉讼中，必须做好充分的准备与辩护律师在法庭上面对面地斗争。充分地说明案情，热切地辩论所有相应的法律观点，反驳辩方的论点，当证据被误导时提出反对意见，尽力完成案件的起诉。但是一宣布休庭，就立即去和律师聊聊或者一起出去喝杯咖啡，让法庭上的争斗见鬼去吧。

辩护律师经常被检察官看作是敌人。其实辩护律师与你一样有他的作用。他可以是你的对手，但不是敌人，如果律师粗鲁不礼貌，你也不必像他那样。如果你不赞同他使用的手段，你也不必降低自己向他看齐。你代表着公共利益，遵纪守法，体面高雅。你可以风度翩翩同时又完成你的职责，当你选择高尚的道路而不沉沦，你也许会对你的所获感到吃惊。你不必愤怒，因为当你愤怒时，战斗就属于个人，实现社会正义的公诉行为就成了你和律师之间的斗争。审判不再是为了真相而变成你们两个人之间的意志竞赛——这可不是你的职责。

如果某人以我们不喜欢的方式对待我们，我们就会有所反应。有些事必须反对，而且最坚决地反对，比如有人对我们的正直与诚实提出质疑的话，很明显，这类事情必须进行澄清。比如某位律师认为你的观点仅仅代表你自己的看法，你就要旗帜鲜明地说明检察官没有自己的个人利益，只是站在法律的基石上，从国家利益和全体公民（包括律师和被告人）的利益出发，对社会正义的维护和公平秩序的捍卫。但其他在审判时可能发生的小把戏不能成为我们利用此类伎俩的理由，不必加以报复。

必备的工作——见见证人与被害人

证人是关键，没有证人许多审判都不能进行。有些证人出庭作证，有些证人不出庭，有些证人本身就是被害人，审判关系到其切身利益。你要抽空见一见他们。比如在谷某某故意伤害致人死亡一案中，被害人有两位，一位是谷某某的前女友叶某，另一位是叶某的未婚夫，谷某某租车尾随叶某乘坐的汽车从浙江来到上海，跟踪他们两人将近 10 个小时后，在他们走过中山北路某路段时，谷某某右手持水果刀从背后划向叶某的脖子，随后又向叶某的未婚夫的脸部划了一刀。谷某某的上诉理由之一是他在划过叶某的脖子后，在转身逃走的过程中无意划到了叶某的未婚夫，也就是说谷某某对叶某未婚夫的伤害是过失造成的或者说是意外事件。在办理这个案件过程中，我约见了叶某的未婚夫，发现他有 175 厘米左右，而谷某某只有 165 厘米，叶某的未婚夫比谷某某要高出 10 厘米左右。谷某某右手持刀要想碰到叶某未婚夫的脸部，则必须高高举起，而这也不可能是过失或者意外的举动。结合本案其他方面的证据，如损伤伤残鉴定书、被害人陈述以及被告人被抓获后的初次供述等，驳斥被告人的辩解的证据就达到了充分的要求，足以推翻被告人及其辩护律师的主张。事实上，本案按照这个思路进行得十分顺利。

其他人可能碰巧经过犯罪现场，注意到某些重要的案件事实，他们被传到法庭作证，可能他们根本就不愿出庭作证。无论怎样你必须适应不同类型的人，让他们满意，通常警察或者其他政府官员是乐于合作的，你放心，他们会按照他们提供的该说的话来作证，而你的一般证人却需要特别的关照。如果可以的话，在他们作证之前尽量见一见他们，最起码也要让他们看看他们作过的陈述。有的证人是未成年人、家庭暴力的受害者和性犯罪的受害人，必须在开庭前尽早会见，最迟要在他们被确定为证人之前。

虽然在我们的制度中，法律没有规定诉辩交易，但是有刑事和解制度，这个制度与诉辩交易制度异曲同工。诉辩交易的基本意思是发生了某个案件，有充分的证据证明某人实施了这个犯罪，而犯罪嫌疑人也承认是自己犯罪，控辩双方就可以根据犯罪的性质、犯罪的危害以及犯罪的各种从重、从轻、加重、减轻、免除处罚的情节就犯罪人应当执行的刑罚达成协议，交由法院确认，不必再开庭审判。如果犯罪分子早早认罪，完全没有必要再将法定的各种程序从头到尾过上一遍，这可以节省很多司法资源。比如有的案件认罪的被告人在庭审中对控方提交法庭质证的每一个证据都予以认可，如果检察官还要像其他案件那样将所有证据全部提交法庭质证或者将出庭意见完整地宣读一遍，我认为完全没有这样的必要，只要将主要证据提交法庭即可或者将量刑建议等核心内容宣读就可以了。如果被告人已认罪，让证人坐在法庭外面无意义地等候，浪费证人的时间，让他在法庭外苦苦地想着下面可能发生什么事，这也是极其不礼貌的。

对于不友好的证人，在这类证人作证之前，你也要见见此类人物，特别是在不友好的证人存在反证可能的情况下更应当如此。一般来说对所有要作证的证人都不要单独会面。任何时候都要有两人在场。这样就可以保证你的证人在法庭上所说的与你在办公室听到的不会有实质性的差别。

特别是在被告人认罪而你决定以简易程序起诉犯罪嫌疑人时，你还应该花点时间向被害人和证人解释你这样做的理由。这种解释会省去你不解释的情况下随之而来的"你为什么这样做"的问题。

责任——证人保护

我国刑事诉讼法第 61 条规定，公检法机关都应当保障证人及其近亲属的安全。对证人及其近亲属进行威胁、侮辱、殴打或者打击报复，构成犯罪的，依法追究刑事责任；尚不够刑事处罚的，依法给予治安处罚。

最高人民检察院制定的《人民检察院刑事诉讼规则（试行）》第 394 条第 3 款后半段规定，"对于涉及被害人隐私或者为保护证人、鉴定人、被害人人身安全，而不宜公开证人、鉴定人、被害人姓名、住址、工作单位和联系方式等个人信息，可以在起诉书中使用化名替代证人、鉴定人、被害人的个人信息，但是应当另行书面说明使用化名等情况，并标明密级。"最高人民法院《关于适用〈中华人民共和国刑事诉讼法〉的解释》第209条和"六部委"制定的《关于实施刑事诉讼法若干问题的规定》第12条也有类似的规定。

这些规定的本质就是让被告人及其亲属不知道证人、鉴定人或者被害人是谁，或者知道是谁，但找不到他们。但是在实践中，更多的情况是被告人及其亲属认识证人、鉴定人、被害人，有的还是相当熟悉的朋友、邻居、同事，等等，当他们作为证人、鉴定人、被害人参与到刑事诉讼中，这时即使不公开他们的真实姓名、住址和工作单位等个人信息也不足以保护他们的安全，他们可能面临非常现实的危险。此时如何给予他们保护就出现了问题，比如具体由哪个部门提供保护，实施保护的具体程序即由谁提出、由谁审核、由谁批准、由谁执行，具体保护措施应当是什么，如何解除这种保护，等等，目前尚没有实施的细则和可操作的规程。

作为承办案件的检察官，你对他们的安全也负有责任，你在接到审查起诉的案件之初，就应当考虑这个问题，及时发现有无这类需要保护的证人、鉴定人或者被害人，听听他们对安全方面的诉求，一旦发现需要给予保护的情形，立即按照工作规定程序，向上级反映，及时与相关部门协调，由相关部门对他们及其近亲属的人身、住宅采取保护措施。这是公诉人任何时候都不能忘却的重要事项，特别是在办理危害国家安全犯罪、恐怖活动犯罪、黑社会性质的组织犯罪、毒品犯罪等案件的时候。一旦在审查起诉阶段发生了证人、鉴定人、被害人受到报复伤害的恶性事件，承办人就负有一定的责任，甚至是刑事责任。

二、出庭公诉必备的职业素养

立场坚定，意志坚强，责任心强

公诉人代表国家指控犯罪，进行诉讼监督，必须坚持正确的立场和方向，因为许多犯罪案件的政治敏感性非常强，稍有不慎，就会在国际国内造成不好的政治影响。所以公诉人必须要坚持法律至上、国家利益至上、程序正义至上，对国家负责、对法律负责、对被害人负责、对被告人负责，有强烈的责任心，因此也要有为了正义而奉献的心理准备，因为捍卫某些东西，就可能面临某种危险。对于检察官而言，所谓正义就是维护法律精神，而法律精神对于不同的人而言有不同的内涵，每个人的理解可能有明显的偏差，比如有人认为通过法律的实施确立法律秩序最终建立一个法治社会是最高的价值，法律就是本体；有人则认为用法律来维护社会的稳定是第一要务，法律不过是工具，法律没有灵魂。我们选择第一种。

要坚持实事求是，一就是一，二就是二，以事实为唯一的根据，以法律为唯一的准绳，惩恶扬善，实现正义的目的。不要因为观点或者意见的不同而随时改变自己，要有为了正义而担当的勇气。如果发生了争议，要有耐心和技巧说服别人，不论别人是谁，一定要取得认识上的统一。在达到正义实现的前提下，实现自己工作环境的和谐。

公诉人需要与不同的办案机关、办案主体、诉讼主体以及其他社会主体，在不同层面、不同角度进行联系、交流、协商、斗争、妥协，明的、暗的，各种不同的利益方从不同的方向向着同一个目标而努力，公诉实质上就是利益各方的博弈。你不能指望每个人都像你一样会遵纪守法，依法行事，有的人可能使出非法的手段，有时还可能会遭受暴力的威胁和伤害。这个过程会耗费大量的精力，会遇到各种各样的困难，每个困难你都必须克服，不克服这些困难，你就不能成功地进行诉讼。如果你有畏难情绪，你就不适合做公诉工作。我曾经见到过由于畏难而产生心理障碍进而怯庭的事，出庭支持公诉的人准备不充分，加之平时就不爱说话，到了法庭上，面对很多旁听的人，又有录像又有转播，情绪局促不安，手足无措，注意力很难集中，反应迟钝，语言表达词不达意，逻辑混乱。如果你害怕困难，笔者建议你从事公诉以外的工作。

在这个过程中，作为成功的公诉人，你想将案件进行到底，你就有必要坚守法律的底线，你不能借助案件获得非法的利益，比如收受被告人或者其亲属提供的财物、服务甚至美色，做一名公平正义的守护者，要坚持法律面前人人平等，坚持实体公正、程序公正、形象公正，通过你的公诉行为使社会大众切实感受到公平正义是看得见、摸得着的身边事。在这个过程中你也要注意自己的形象才不至于被淘汰。注意形象就是要注意文明执法，行为文明、作风文明、语言文明。

必备的法律知识

从事公诉工作，相信你一定是毕业于专业的法学院或者通过努力的学习和拼搏通过了司法考试，基础知识应该是没有任何问题的。但是在公诉部门，有了基础知识还不够，你还要不断地补充知识，不断地学习才能适应公诉工作。你既要熟练地掌握每个罪名的构成、量刑标准等实体法律知识，又要准确地把握强制措施、证据审查程序等法律知识，同时还要根据社会实践的发展变化，实时掌握法律的新变化。我们国家的法律、法规浩如烟海，数不胜数，而且还在不断地推出新的法律、法规、司法解释、实践中必须遵守的规范性做法、应用于实践的会议纪要等。如果你不了解这些，你在法庭上就会闹出笑话来。所以，只要有空，你就将这些东西拿出来看看，注意理解这些规范背后的真实意义以及这些规定出台的背景，起码你自己要有一个适用这些规范的理由。法律、法规的容量很大，不可能谁都能背下来，但是最低标准是，你要知道哪个法律、司法解释对什么作了规定。然后，遇到什么问题，你就能知道，哪些法律作了相应规定，并且，你想找哪个规定，马上就能找出来。笔者推荐《刑事审判参考》，从第一期开始都要看。每一期的案例认真看。全看下来，你会增加很多见识，少走好些弯路。必要的法律、法规、司法解释等最好能存在自己的电脑里，一旦要用，很快就可以查阅到，比如开庭时紧急要用，一翻就能找到。法律、法规不光是刑事方面的，凡是办案可能涉及的，都要存下来。尤其要注意民事或者经济法律知识、民事或者经济审判参考资料，以便做好附带民事诉讼工作。甚至律师职业道德规范，都要有。

　　站得越高，看得越远。在自己工作的过程中不要放弃对法学理论的深入学习和研究，自觉地提高自己的法律意识水平。法律意识和理论水平达到一定的程度才有应对重大案件和重大突发事件的能力、自信和定力，才可能稳健地操控局面。我们身边不乏通过国家司法考试的人，有些人的成绩远远超过了合格的分数线，然而在实践中，由于没有理论支撑，法律意识水平不高，不敢出庭，不能出庭，或者即使出庭也闹出许多笑话来。缺乏理论基础和法律意识，对当前学术界的理论现状不了解，内心缺少一根定海神针，是很多人虽通过司法考试具有检察官资格而不能出庭支持公诉的主要原因之一。

在实践中加强总结，吸取教训，积累经验

公诉是个实践性很强的工作，凡事要亲力亲为，无论是阅卷、审查判断证据、讯问犯罪嫌疑人，还是出庭公诉，都要自己亲自去做，不要图省事，让别人代劳。有个案件，四名被告人将被害人伤害致死，一审法院判决下来，四人的量刑差别不大，从案件的卷宗材料看，也没有什么问题。如果图省事，就不去提审被告人，只要说驳回上诉维持原判就可以了。这样做很简单，最省事，也不会得罪一审程序的各方。然而，秉持对被告人负责的精神，我们提审了几名被告人，在他们供述后才发现案件远远没有这么简单，首先四名被告人分为两伙，第一伙人猛烈地殴打致使被害人受伤倒地再也没有起来。而后一伙人来到被害人跟前时，被害人已经没有了任何反应，只是因为被害人调戏了自己的姐姐，气愤不过，最后踢了被害人一脚。现有证据确定不了被害人什么时候死亡，但是因受殴打致使颅脑损伤而死亡的结果是可以肯定的。前后两伙人的量刑相当就与事实冲突，量刑失衡。我们发现这个问题后及时予以了纠正。如果我们不去提审，这样明显的司法不公就再也没有机会得到纠正了，因为这个案件已经到了二审。

亲力亲为有利于经验的积累，提高诉讼的技巧，公诉人必须投身执法办案实践，坚持冲在执法办案第一线、冲在诉讼监督的第一线、冲在斗争的第一线，在实践中摔打、磨炼。

逻辑严密，语言明确、规范，口齿清晰

公诉工作的特殊性决定了公诉人的逻辑思维必须是严密的、完整的。罪与非罪、此罪与彼罪、诉与不诉，都需要认真审查每一个犯罪事实，分析每一项犯罪的证据，经过严密的逻辑推理，得出确定性的结论。证明犯罪的要求不再是"证据确实、充分"，而是"排除任何合理的怀疑"，你说某人犯罪，你要能在诉讼中自圆其说，你的说法还要为社会大众所接受，有理性的基础，符合自然发展的规律，绝不是自己的臆想，更不是强词夺理。因此你要准备充分，事实最大限度地清晰、完整，证据最大限度地确实、充分，证据与事实之间的联系的证据绝不可以缺少，排除伪证和非法证据。有了这些材料，你还要将它们组织成最简单明确的语言，详尽地立论，小心地求证，声调不一定要高，但一定要有气场，确保你说的话被法庭上的所有人都听到。出庭时，若遇上有的法官在法庭上窃窃私语，你要停下自己的发言，等他们停下谈话，再继续自己的发言。你不用提醒法官说"我正在发言，请注意听"，这样做完全没有必要。如果有其他人干扰你的发言，你也可以停下来，静等他们停下来，或者提醒法官干预。

必要的社会知识

从事公诉工作，你必须了解社会，人情世故，待人接物，各地的风物习俗，尤其是本地的各种社会情况。你要有敏锐的洞察力，立足于社会良知判断某一行为是否构成犯罪，然后再

根据法律规定的犯罪构成要件来分析犯罪的成立与否，尤其是在判断某行为的社会危害性以及刑事责任的有无方面，你的社会良知是最重要的基石。判断被告人是否如实供述、证人是否作伪证、辩方可能采取的策略等，都需要你的社会阅历和你的洞察力的支持。

社会生活的各个方面都是需要你关注的。除了法律知识外，你还要掌握经济、社会、历史、科技等各方面的知识。衣、食、住、行、油、盐、酱、醋、茶，各地人的性情、习惯，比如人们常说的陕西十八怪，什么房子半边盖、面条像裤带、鞋子像棺材、姑娘不对外，或者如云南十大怪，女人含烟袋，等等，你要尽量多地掌握这些"怪"，你要理解这些"怪"背后的原因，有些"怪"的知识在法庭上是绝对需要的。当然随着社会的进步，交通四通八达，人口流动规模越来越大，人们交流的范围越来越广，有些"怪"已经消失了，有些已经泛化了，比如说吃辣椒，原来人们印象中是四川人、两湖人的专利，然而现在的上海也有很多人吃辣椒，所以上海的川菜馆、湘菜馆遍地皆是。掌握这些知识对于出庭是很有帮助的。比如有一次出庭支持公诉的一起故意伤害案，被告人骚扰一名女孩，女孩的男友指责被告人，被告人将该男友打成重伤，被害人出庭时不愿用"性骚扰"一词而说被告人是"咸猪手"，这个词现在谁都懂，但在许多年前，这个词仅仅是个地方词汇，用到别的地方，竟有法官说现在是开庭，不做生意，闹出了一段笑话来。

针对每个案件的不同被告人，由于他们的背景不同，你对他们要求的基点可能会不同，如经过高等教育的被告人，你可能会说，你怎么能做这种事呢？潜意识里你将他与其他社会人分开来判断，尽管有合理性，但你要注意公平性。因此，你时时要反思自己的潜意识里的思维定式，看看它们是不是合理。

多做事，增加自己的社会阅历，增强应对复杂局面、处理疑难问题的能力和水平，这是做好公诉工作的重要方法。

健康的心理

　　健康的心理在尊重生命、尊重他人、自由、平等、博爱、遵纪守法的基础上建立。如果你对其中的任何一项有怀疑，你就有必要反思自己的价值体系和价值观，如果你坚信其中任何一项是不必要的，笔者建议你不要做公诉人。

　　而作为公诉人出庭的心理更多是从技术层面上来说的。

　　法庭的庭审的正式开始是从公诉人宣读起诉书进行指控开始的，接下来就是法庭调查，公诉人讯问被告人并向法庭举证，这个期间，庭审的重心是公诉，公诉人处于主导位置，对庭审的推进起着关键性的作用。如果公诉人不能把握这个机会，就可能使庭审陷入困境。因此，公诉人要有意识地掌握法庭上的主动权，为实现司法公正和社会正义创造有利的条件。但现在由于司法实践中，长期形成的集体讨论案件、内部层层报批、庭前与法官及律师交换意见甚至政法委协调等一整套办案程序，仍然没有摆脱法官"先定后审"的弊病，庭审走过场的心理定式依然存在，尤其是二审程序，许多公诉人抱着"驳回上诉，维持原判"的八字方针，以不变应万变，心理上自然存在消极、被动的情形。

　　还有一种心理，就是"我一定要胜利"，对胜利的渴望超过了对法律的正确应用。某些公诉人如果受到反驳或者打击，就产生了一种激愤情绪，控制自己行为的能力降低，尤其是当被告人翻供，或者有人侮辱、攻击公诉人，或者藐视法庭、抗拒审判，或者故意歪曲事实、曲解法律的时候，公诉人失去了控制自我的能力，变得咬牙切齿、怒目圆睁、面红耳赤、声音咆哮、语速提高，训斥相关人员，有时甚至爆出粗口。我们再三强调公诉人没有输赢，只有正义，只有公平和社会秩序。任何时候，公诉人都不能靠训斥和辱骂来获得成功。只有一条道路，那就是讲事实、讲证据、讲法律，通过对案情的精辟分析、对案件证据的全面恰当综合运用、对法律准确地理解并运用严密的逻辑推理来指控、证明犯罪，以理服人、以法服人。切忌将公诉行为作为个人的战争来对待，更不能希望通过庭审来表现自己的才华，所谓"大言稀声"。

举止得当

古人说："言轻则招忧、行轻则招辜、貌轻则招辱。"公诉人出庭时必须注意自己的形象，要做到言语庄重、行为庄重、容貌庄重，避免言语轻浮、行为轻浮、容貌轻浮。所谓言语庄重，主要是指言语坚定，不要犹豫不决或者含混不清；言之有据，不要凭空捏造；表达顺畅，不要结结巴巴，个人不恰当的语言习惯要避免在法庭上出现；语气平和，不要尖酸、刻薄，声音忽高忽低、忽缓忽急。所谓行为庄重，主要是指自己的行为有道德、合礼仪，大方有度，中规中矩，避免行为轻浮，比如扭扭捏捏或者粗犷狂野，眼睛斜视、目光四顾，手脚乱动。所谓容貌庄重是指容貌符合司法要求，干净、整洁、得体，符合法律规范要求，避免容貌轻浮，比如蓬头垢面、奇装异服或者过度个性化的外形。

有做笔记的习惯

如果案件复杂，或者审查起诉的案卷太厚，或者如果你要解决的问题很多，我建议你做笔记。最好用那种能永久保存的记录本，这样当你的观点被质疑或者出现了问题，你就可以查阅你曾做过的记录。保存这样的笔记本绝对必要，一旦你遇到了困难，你就可以查阅，它可以唤起你的记忆。

合理安排时间

时间总是问题。当你被派往法院出庭支持公诉时，有效地利用时间特别重要。在庭审时，你没有多少时间考虑你的立场、观点，你必须尽快作出决定。对你、证人和法官来说这是真正的耐力考验。问题很多，时间却非常有限，出错的机会比比皆是，不可胜数。因此，你要尽最大可能地减少错误的发生。

随时随地熟悉案情

我建议你只要有可能就在审判前打开案卷看看。你要详尽地了解案件发生的全过程，涉案人员有哪些，他们各自实施了什么行为，各个行为之间的联系是什么，一定要掌握犯罪的细节，尽可能快地得出自己的观点，对每一个观点都必须在卷宗里找到充分的证据予以证明，并详细列表，熟记在心。可能就在审判前一天的晚上，但只要有机会就打开卷宗，仔细阅读材料，在自己的办公室无人打扰的情况下决定你从送交法庭的卷宗里期望得到什么。假如每件事都要付诸审判，还要考虑你传唤证人的次序，这样法庭就会对案件的来龙去脉十分清楚，并能接受证据证明的事实。如果法官对事实十分清楚，你举证说明案情就会容易得多。关键是清晰明了。

检查各种法律文书的习惯

比如起诉书，尽管起诉书是控诉的重要部分，可你知道在法庭宣读起诉书时有多少法官盯着起诉书而一句也没听进去。接下来对证据进行质证，检察官惊恐地发现在某些方面起诉书不正确，姓名写错了，或者指控根本就不能成立。为纠正这点，我建议你做下面三件事中的一件：

1. 审判开始前读一下起诉书，确信起诉书没有问题。

2. 在法庭上向被告人宣读起诉书时注意弄清每一个词的意思。

3. 在结束之前的某个时候，看一下起诉书，此时你要弄清楚你已证明了所有的重要因素。

以上各种方法都会有用，在每个刑事案件的审判中你至少要使用其中之一。

准时出庭的习惯

每天都会有许多证人、被害人及其亲属朋友、被告人的亲属出现在法庭上。大多数的法庭会准时开庭，有些则不会。被传作证的证人有权要求检察官在指定时间开始处理案件，因此，诉讼程序不能因检察官而被推迟是十分重要的。无论法官是否准备停当，你都应准备好。

一个好的做法是在规定的时间进入法庭然后在法庭上再讨论仍需讨论的事情。如果法官迟到了，对公众来说最起码你已经准备好了，推迟审判不是你的错。

按时出庭不仅仅只用于早上的开庭审判，下午也应如此。如果法官说休庭 15 分钟，你在第 15 分钟时就要到庭。关键是不能让公众有检察官迟到的印象。

凡事要耐心

当我们提审犯罪嫌疑人的时候，犯罪嫌疑人几乎无一例外地都会问："我的案件什么时候开庭？"被拘留或者被关押一段时间之后，许多犯罪嫌疑人都有一种想立即知道结果的冲动和渴望。当你第一次出现在法庭上，你会发现有些被告人希望尽快承认有罪，尽快结束审判程序。有时你也想，这么快就结束了？促使被告人第一次进入法庭就要认罪的想法很多，通常动机是他知道自己犯罪，并有了悔改。不幸的是很多情况下这不是被告人的动机。许多检察官不得不解释为什么盗窃与贪污不同，抢夺与抢劫有什么不同。有时甚至会出现被告人通过这样的方式，拿司法人员"开涮"的情形。即他承认有罪，但不是你所说的犯罪，如果你被他误导，而不仔细地研究案件的事实，你就可能被"涮"了。到了法庭上，你在起诉书中对犯罪的定性可能是差之毫厘，谬以千里。而律师正好抓住此题不放，最终可能导致案件无法审理下去，如果被告人因此而无罪释放，结果是可想而知的，事实上也有很多此种情形的案例。你不能阻止被告人承认有罪，但你可以保护自己，你只要在接受认罪之前确信你已掌握了所有事实。不要匆忙作出判断，更不要匆忙地作出什么决定。要确信自己完全理解了案件和指控的本质，彻底明白了定什么罪、需要提交的证据是哪些、证据是否是充足的，如果有研究卷宗的必要，你应当躲起来把案件彻底搞清楚，一定要弄清所有犯罪事实。你还要彻底搞清楚被告人的想法和意图：究竟是良心发现，还是另有企图；究竟是为了早日解脱，还是为了设置圈套。在这个过程中，可以与被告人聘请的律师聊一聊，看看律师的一些做法，也许你能发现导致某种结论的表现和证据。

当某被告人表示要认罪，你就会面临来自处理此案的法官的压力。有时法官也会说这个案子事实已经很清楚了，我还有很多案子要处理，请你尽快把这个案子处理掉，让我们把精力花在更重要、更复杂的案件上。我建议你努力不要去想这种压力，直到你获得了案件的全部事实和证据，你才可以向法院起诉犯罪嫌疑人。记住法院积压案件是常态，但是法院总能找到许多时间来解决此案；还要记住，在本案处理之前为了公正对待被告人，法院肯定会要求你给出所有的案件事实。一定要搞清一起案件所有的案件事实。比如某起交通肇事案：

1. 卷宗里有无事故报告？

2. 报告说明了伤害的情况吗？

3. 有无前科，包括交通肇事罪和其他刑事犯罪？

4. 你对记录的准确性十分有把握吗？

5. 有无你应注意而没有记录在案的其他因素？

6. 肇事者的年龄问题，刚满18岁？

7. 肇事者对受害人的态度如何，积极安抚，赔偿损失，补偿损害，百般抵赖，狡辩被害人有100%的责任？

8. 肇事者的平时表现如何？

在交通肇事犯罪指控中，如果有事故发生而被告人承认有罪，但卷宗中无事故报告也无有关前科的记录，你在给出量刑意见送交法院之前，一定要取得事故报告和有无前科的记录。如果你对辩护律师表明你没有这样详细的材料而他仍然坚持进入审判程序，不接受你继续了解案件事实的要求，那么你就得来点硬的，作出记录并要求延期审理案件以便了解案件所有的情况，记下你尚未取得案件有关详细情况的事实。如果法官强迫你出庭处理此案（目前这种情况很少见，但也不是没有），起码你已尽力。如果引起社会公众的注意，其质询的焦点在于要求你处理案件的压力而不会是你自己。这是要你在第一次出庭时接受被告人认罪前必须掌握的所有的案件情况。不这样做只能招致不可更改的批评，尤其是案件事实不像你了解的那样。这是得出结论之前研究卷宗的另一个好理由。

为了这些理由，你在出庭前还要再次研究案件，通常可能是通过电话让办案公安机关补充案件的详细材料，明确各种加重或减轻的情节，确信对指控拥有足够的证据。这种准备工作是检察官做好起诉工作的标志。

把握全面工作的能力

全面看问题，科学地分析问题、解决问题的方法，用辩证的方法来分析案件的性质、审查判断证据、开展法庭辩论等。

如果你前一天晚上研究了案卷，现在你就准备面对法庭了。有些法官要求审判准时开始，有些则灵活些。搞清楚你提交案子的法官是哪一种。如果不知道，问一问你的同事。好的检察官应当知道法官的声望。

三、开庭前的准备

审查案件

公诉案件的审查是提起公诉的必要前提，是发动审判程序的必经过程。一个案件是否需要开庭审判，要看审查的结果。按照刑事诉讼法第 168 条的规定，经过审查，认为犯罪事实和犯罪情节清楚，证据确实、充分，犯罪性质可以确定，罪名明确无误，无遗漏罪行或者有遗漏罪行但已经追加，没有其他应当追究刑事责任的人或者有且已经追加，没有属于不应追究刑事责任的或者有但已经剔除，无附带民事诉讼或者有但已经按照规定提起，侦查活动合法，或者有非法的侦查活动但经过相关程序纠正或者相关证据已经被排除的，则检察机关应当提起公诉。

具体可以按照下面的步骤进行：

看看侦查机关移送的材料是否齐备，有无起诉意见书、证据材料和其他法律文书，比如，如果犯罪嫌疑人被拘留、逮捕和被搜查过，审查有无搜查证、拘留证、逮捕证。接下来，要仔细阅读侦查机关的起诉意见书和其他案卷材料，了解犯罪嫌疑人的基本情况，包括姓名、性别、出生日期、身份证号、教育程度、职业状况、居住地、户籍地、有无前科、是否拘留或逮捕、关押地等；了解立案情况；了解侦查机关查明的犯罪事实和情节；了解侦查机关收集到的证据；了解侦查机关以什么罪名提请追究犯罪嫌疑人的刑事责任；了解提起公诉的时间；等等。重点是犯罪事实和情节、犯罪的证据、有无犯罪的前科。一般而言，起诉意见书中会有"经依法侦查查明"的字样，后面就是侦查机关查明的事实和情节，例如：

经依法侦查查明，2012 年 2 月 20 日被害人谢某报案称：其于 2011 年 10 月在某某佳缘网站结识自称 RAYMOND WONG（中文名为：黄某某）的男子，其用 QQ1903×××与对方的 QQ1741129×××联系，并通过网上交流恋爱，WONG 对其称有投资项目，以能获取高额回报为名要其筹款投资。后谢某分别于 2011 年 11 月 18 日、21 日先后打进对方提供的 6226621700××署名为温某某的账户 25 万元人民币，2011 年 10 月 26 日从招商银行天山支行提取现金人民币 180 万元装在一个红色拉杆箱内于 2011 年 10 月 29 日 8 时许在某市协和路定威路口交给 WONG 派来的一男一女，2011 年 11 月 17 日从工商银行提取现金人民币 100 万元，2011 年 11 月 26 日从招商银行提取现金人民币 300 万元，2011 年 12 月 6 日从工商银行提取现金人民币 100 万元，分别装在一个黑色和绿色的拉杆箱内于 2011 年 12 月 8 日 20 时许在协和路定威路口交给 WONG 派来的一女子。后我局经侦查在厦门海沧区豪景酒店 8407 房间将犯罪嫌疑人 RAYMOND WONG（中文名为：黄某某）抓获，并从其暂住的某市光明港苑 5 幢 1904 室查获 WONG 借给他人大额钱财的借条，中国建设银行存、转账凭条及署名为温某某的光大银行活期存折一本通一本。经调查该类借款均系案发后犯罪嫌疑人 WONG 分别借给柯某某、叶某某、蔡某某等人，且借款所获取的高额利息 55.76 万元均存入 WONG 所借用的曾某中信银行账户内。认定上述犯罪事实的证据如下：犯罪嫌疑人 WONG 的供述和辩解，被害人谢某的陈述，证人林某、徐月某、柯某某、叶某某、蔡某某、何某、郑春某、温某某、曾某、吴某某的证人证言，书证以及银行存、汇款凭证等。

上述犯罪事实清楚，证据确实、充分，足以认定。

综上所述，犯罪嫌疑人 WONG 虚构事实骗取他人钱财，且数额特别巨大，其行为已触犯了刑法第 266 条之规定，涉嫌诈骗罪。根据刑事诉讼法第 160 条之规定，特将本案移送审查，依法起诉。

在阅卷的过程中，如果发现有疑问，可以向侦查人员询问，也可以通过其他途径了解，如提审犯罪嫌疑人、询问证人等。阅卷过程中一定要做好阅卷笔录，重要事实和证据都要摘录并标明来自卷宗的哪一部分，要标明页码，以便增加对案情的记忆，更方便以后查对。

接下来，就是要提审犯罪嫌疑人，不单是为了核实证据，正确认定案件事实，还为了监督侦查活动是否合法，有无刑讯逼供等违法行为，同时也是考察犯罪嫌疑人的精神状态和悔罪表现，为其提供辩护的机会，倾听其辩解理由。这里要注意讯问犯罪嫌疑人必须有两名人员参加，而且讯问只能由检察人员进行。首先要告知其诉讼权利，尤其是申请回避的权利；然后，讯问犯罪嫌疑人是否有犯罪行为，让其陈述有罪的情节或者无罪的辩解，然后根据犯罪嫌疑人的陈述情况，结合阅卷所确定的复核证据的重点，有针对性地提问，讯问犯罪嫌疑人应当个别进行，并且要做好笔录。

然后就是听取被害人和犯罪嫌疑人、被害人委托人的意见。接到移送审查起诉的案件材料之日起 3 日内，检察机关就应当告知犯罪嫌疑人有权委托辩护人，并应当告知被害人及其法定代理人或者近亲属有权委托诉讼代理人。询问被害人或者被害人、犯罪嫌疑人的代理人，听取他们的意见，也是检察机关审查起诉的必经程序。由于被害人是案件的受害者，他们的切身感受最接近犯罪的真实，听取他们的意见，有助于查清犯罪事实，也有利于对被害人合法权益的保护。在实践中，许多被害人、犯罪嫌疑人由于缺乏法律方面的知识或者受到文化水平的限制，不能准确地表达自己的意思或者回答问题，需要委托他人代理诉讼，他们与代理人的交流可能会更深刻、更全面，因此与他们的代理人的交流也是了解案情的重要途径。询问被害人或者代理人时，应当由两名以上工作人员进行，主导询问的人员必须是检察人员，当然在询问前要告知他们享有的相应的法律权利。也要注意个别询问并做好笔录。

在进行上述审查活动的过程中，如果发现需要补充侦查的情况，比如事实不清、证据不足或者遗漏了罪行或者同案犯，就应当补充侦查。补充侦查的目的是查清有关事实和证据，以决定是否将犯罪嫌疑人交付人民法院审判。根据刑事诉讼法第171条的规定，有两种方式完成补充侦查：

其一，对于主要犯罪事实不清、证据不足或者遗漏了重要犯罪事实及应追究刑事责任的同案犯的，退回侦查机关进行补充侦查。退回侦查机关补充侦查的案件，承办该案的检察官应当制作退回补充侦查决定书，写明退回补充侦查的理由和需要补充查明的具体事项和要求。

其二，对于只有某些次要的犯罪事实、情节不清，证据不足，侦查机关侦查活动有违法情况，在认定事实和证据上检察机关与侦查机关有较大分歧或者已经退回补充侦查过但仍未查清的案件，由负责审查起诉的检察人员补充侦查，即检察机关自行侦查；如果属于自侦案件，则退回本院侦查部门。

补充侦查实际上就是对各种有疑问的证据进行重新收集或者鉴定。比如承办人对鉴定意见有疑问或者依照当事人的请求，应当自行对犯罪嫌疑人或者被害人进行医学鉴定，必要时可以聘请医学机构或者专门鉴定机构有鉴定资格的人员参加。如果承办人对物证、书证、视听资料、勘验检查笔录或者辨认笔录有疑问的，应当要求侦查人员提供物证、书证、视听资料、勘验检查笔录及辨认笔录获取、制作的有关情况，必要时应当重新收集和制作，对这些证据进行鉴定。对证人证言有疑问的，也应当重新进行询问。

根据刑事诉讼法第171条第3款的规定，对于补充侦查的案件，应当在1个月内补充侦查完毕。补充侦查以2次为限。这样规定主要是为了保护诉讼的当事人各方的法律权益，防止案件拖延时间，避免对犯罪嫌疑人的超期羁押、久关不决的情况发生，有利于检察机关的法律监督。

经过补充侦查，案件事实或者证据发生了重大变化，侦查机关就应当重新制作起诉意见书。如果只是在个别情节上有修改或者补充，可以书面形式移送检察机关。如果侦查机关认为应当撤销案件的，则应当将撤销案件的决定通知检察机关。

完成了对案件事实和证据的审查，就应当对案件的进一步处理作出决定，根据案件的事实和证据情况，决定起诉、不起诉。如果有附带民事诉讼，还应当就民事诉讼提出处理意见，是附带起诉，还是不起诉，或者告诉相关人员另行起诉。承办人要写出一份《案件审查意见书》，报请起诉部门的领导人审核，部门领导审核以后，应当提出审核意见，报请检察长或者检察委员会决定起诉或者不起诉。

案件从哪里开始

接着的问题是案子从哪里开始。一定要先核对一下证人是否都到齐了。如果都到齐，在文件夹（案卷卷宗）的左上端标上"准备好了"的字样。除非案件转入认罪程序，否则我就得知道案子从什么地方开始。我可以把注意力转向其他卷宗，与其他警官和律师讨论有关案件，但每个案件经过考虑，我都会在扉页上注明"供审判","接受认罪"或者"延期"。对那些"供审判"又标明"准备好了"的案件,我会按照案发日期的先后排列以便按顺序提起公诉。

从哪个案件开始

目前,手中只有一个在办案件的公诉人几乎见不到了,尤其是基层的公诉部门,人少案多是常态,很多人同时处理许多案件,有的同志一天要开庭起诉好几个案子,更有甚者,一天开庭十几次,忙得头晕眼花。

忙虽然忙,但也要按照刑事诉讼法规定的诉讼时限按时处理相关的诉讼程序。这样处理案件的前后顺序就有一定的讲究,顺序安排得好,就有利于工作效率的提高。一般而言,在自己的工作日志上有每个案件的进展程序的记录,每个案件的重要性的判断,比如是否是领导交办的案件等,同时一般随身有个案件清单。一旦我走进法庭,准备开始处理清单上的案件,我会考虑以下几个因素以决定清单上哪些案件可以和法官商量先开庭:

延期审理;

承认有罪;

羁押候审;

非羁押审判的继续;

以日期为序,从最先发生的案件到最后发生的案件。

这是基本法则,当然还有其他影响你决定的因素。例如,有个寻衅滋事的旧案和新发生的虐待儿童案。后者可能受到时间的影响,因此你希望提前审理此案以便传唤记忆犹新的证人出庭作证。

同时发生的案件：

复杂的优先；

案卷多的优先；

有年老证人的案件优先于有中青年证人的案件；

有未成年人证人的案件优先于有成年证人的案件；

涉及平民证人的案件优先于有公务员证人的案件；

有辩护律师的案件也应优先于无律师的案件。

上述为处理同时发生的案件的基本法则，有时可能更为重要的是你考虑了其他因素来决定你提起公诉的先后。这些因素包括：

1. 羁押与否：一般而言，相同罪行的案犯，被告人被拘留或者逮捕而被限制人身自由的案件优先起诉，被取保候审或者监视居住的可以稍后，但以不违反刑事诉讼法的时限规定为前提。

2. 被害人的年龄——是非常年轻还是非常老：年龄大的优先处理，未成年人的案件也要比成年人的案件优先处理。以前我们办理过一个案件，一名近70岁的被告人教唆一名未成年人和他一起入户抢劫，老年被告人在外守望，未成年人进入住宅，结果未成年人被户主抓住痛打重伤，户主防卫过当，三人同时被起诉。那段时间，因为手中案件累积很多，对这个案件也就按照时间顺序排了下来。不久，老年被告人发生意外，心脏病突发而死亡。老年被告人在诉讼期间不幸亡故，虽然是由于知道其心脏病史的家属不在身边，耽误了救治，但为了证实相关司法机关有无责任却着实浪费了很多时间和资源。对于我们来讲，还有一个遗憾，就是案件的许多事实无法查清，不得不撤诉。

3. 复杂程度和长度：案件复杂的，比如案情重大，涉及面宽，涉及地区广，涉及多名被告人，如刑事诉讼法所说的流窜作案，犯罪行为持续多年，或者连续犯罪的次数很多，比如走私犯罪，往往持续多年，而且多单走私，或者有多名证人需要到庭作证。另外还有涉及异地管辖的案件，比如最近开庭审理的薄谷开来杀人案，案发地在重庆，而指定管辖地为安徽合肥。这类案件往往要放在后面集中精力处理，不复杂的案件要尽快处理。

4. 犯罪的严重性：较为严重的犯罪一般放在后面处理，犯罪行为较轻的案件要尽快处理，以免分散精力。涉及人命的案件优先于无人命的案件，职务犯罪的案件优先于非职务犯罪的案件，比如贪污受贿案件的处理一般优先于盗窃案件的处理，涉案人数多的案件优先于涉案人数少的案件的处理，涉及数额大的案件优先于涉案金额少的案件，暴力犯罪优先于非暴力犯罪的处理。

5. 处理被告的紧迫性。上海世博会期间有一个典型案例。世博会的某位灯光设计人员在施工过程中涉嫌犯罪，但为了赶工期，不能将他关押得太久，因为他负责的工作无人可以替代，因此对其以最快的速度提起公诉，其他案件稍微放一放，法院对其尽快判决，对判决的执行方式也由公检法司等相关单位进行了论证，允许其戴罪立功，继续在世博会工地施工，这样做既保证了世博会的顺利进行，对被告人的教育改造也取得了良好的效果。当然这个案件只是个特例。一般而言，有特殊需求的被告人要根据这种需求的紧迫性判断，适当提前处理，比如马上就要生产的孕妇，或者因为疾病急需治疗或者动手术的被告人，或者有老弱病残等急需被告人照顾，或者有特别任务急需被告人去完成，对这类被告人的处理往往要优先。

确认被告人

也许难以置信，即便是有经验的检察官也会受此困扰。在法庭上有人接受指控。证人不停地提到证据，说到那个人的名字。但从没指明被告人就是坐在法庭上的那个人，或许是忘记了，或许是想当然地认为不必要，或许根本就没有这个习惯。结果怎么样？起诉的被告人并不是在法庭被告席上的那个人。无论怎样，都是检察官的重大失误。时刻牢记每个审判必须予以证明的一定的程序化但很重要的事项要尽快完成，有时可以在正式开庭前完成，这些事项包括：

关于被告人的确认（实际上是指认），你要特别问道："你刚才提到×××，你看他（她）在本法庭上吗？"无论如何都要证人指着被告人说出他（她）的某些特征，如他（她）的穿着等以确认他（她）就是被告人。你接着就说："已确认被告人××。"这看起来像英美法系法庭的情形，实际上在任何法系的庭审中都可能发生被告人出错的情况。

案发日期

对案发日期你也要明确，否则庭审时也会发生乌龙。某市大年三十发生一起盗窃案，开庭审理时，一名证人的证词中有"月光照在二楼的阳台上，我看到了一个像被告人的人站在阳台上向下望"的描述，而这是唯一的直接证据、有罪证据。检察官将此证言宣读以后有好长一段时间竟然没有人提出异议，旁听席上我们都捏了一把汗，我想可能是小区的路灯照在被告人的身上？或者是进入小区的汽车灯？只有老天知道这是怎么回事。被告人最后陈述的时候说大年三十哪里来的月光？法庭猛然像炸开了的锅……

案发地点

你不能想当然地认为案件发生地点对开庭没有什么影响，事实上在有些犯罪中，犯罪发生地是个决定定性的重大事实。上海某区（一区）一交警追赶一辆危险驾驶的车辆，刚刚进入另一区（二区），该车与另一辆车相撞，造成一死两伤，该名交警要求肇事司机进行酒精检测，该名司机拒绝了。恰好此时来了一名二区的交警，他看到一区的交警拿着检测仪，以为已经对司机进行了酒精检测，接下来他负责案件的处理，对肇事司机再未进行酒精检测。移送起诉时，二区的检察官也没有注意到此点，法庭调查时受害人之一说被告人酒驾，因为他看到被告人拒绝酒精检测，再后来他被送往医院，到底进行没进行酒精检测他并不清楚，但他认为交警应当不会忘记这种事情。案件审理到此无法顺利进行下去，将一区的交警找来也无法证明被告人酒驾，庭审就像一场噩梦，效果不堪回首，"后果很严重"。

证人次序

在研究案卷时通常确定好证人出庭作证的次序是个好主意，通常这并不可能。如果依照事件发生的时间顺序出示证据最好，犯罪被有条不紊地揭露，而不是在现在和过去之间不停地来回折腾，使案件变得一团糟。现在证人实际出庭的很少，那按照事件发生的时间顺序来出示证人证言也是不错的选择。

如果有几个被告人同时受审，出示证据的方式应当是针对每个被告人按时间顺序逐个举证。一般不要将几个被告人的犯罪证据同时出示或者时间次序颠倒。

如果你要无次序地传唤证人，比如你为了迁就某些专业人士如医生证人、科学家证人或者其他专家证人，那就对法庭说明，即便是独任审判，这样法官就知道你为什么这样不按顺序传唤证人，并且会把证人的证言放在适当的框架中。

四、审查证据

关于物证、书证的审查

物证、书证是以其外部特征或者思想内容证明案件事实的证据。对其审查，主要看物证和书证是否是原件，因为原件是没有经过任何加工、改造的物品、书面材料，最能反映案件的事实，它们的证明力较强。而复制品就必须再作真实性的对比审查，排除了伪造的嫌疑之后才能作为证据使用，即便经过了审查，确认与原件无异，复制品的证明力也打了折扣，容易成为控辩双方争辩的焦点。某非法拘禁案被害人受到了被告人使用的扇子的殴打，因为在将被告人运往看押地的路途上，被害人将该扇子抢下来，扔到了车外，丢在了高速路上。庭审过程中，控方出示了一把扇子，说明被告人使用了类似的工具造成了被害人的大拇指断裂，但被告人和辩护律师一致认为这个证据是伪证，首先一把扇子能否将人的大拇指打断，值得怀疑，其次在法庭上出示的扇子从哪里来的，明显有栽赃陷害的嫌疑。法庭最终没有采纳这个证据。但是被告人却不依不饶，认为这个案件是假案。

当原件不能在法庭上出示的时候，就有可能用到复制品，而复制品往往可能被故意或者过失地歪曲。比如盗窃案中的珍贵的古代字画、典籍，缴获后立即归还博物馆等所有者，出现在法庭上的机会很少，使用复制品较多，一为安全，二为方便。

另外一些体积庞大的物品也不可能在法庭上出示。我们办理许多走私的案件，走私的物品有的大如大型卡车、巨型石油采掘机，等等，都无法在法庭上出示，只要有照片或者图片即可。有些物品比如走私的淫秽物品、走私的毒品也不能在法庭上出示。有些是需要保密的物品如尚未发布的未取得专利的工业设计等知识产权产品等也不能在法庭上出示。

但有些物品必须在法庭上出示才能说明案件的事实，那就有复制的必要。首先要看复制的物品是否属于不便移动、容易腐败变质不易保存，或者已经返还被害人，或者因为保密的需要而不能调取，或者因为法律规定的原因不宜随案移送而由公安机关保管，或者按照国家的规定已经移送主管部门处理或者销毁的物品。如果不是属于这个范围，那就要慎重对待，为什么不用原件而用复制品？有无为了作伪证而造假的可能？

制作复制品的人员是否为两人以上？这也是审查的重点之一。制作复制品的说明也是重点，说明中是否有制作原因、制作过程、制作人、原物存放何处等情况的说明？在这样的说明文件上是否有侦查人员、制作者、见证人的签名或者盖章？对于签名或者盖章，我个人更倾向于相信签名而非盖章，因为签名具有个人的独特特征，技术上具有可核查性。而盖章容易被仿冒，个人特征不明显。

对物证、书证的审查还要看是否经过辨认或者鉴定。有些物证、书证，如案发现场的血迹、指纹、毛发等，鉴定是它们作为证据使用的前提，未经鉴定则不具有证据资格。这些证据经过鉴定以后，还要看看鉴定的过程如何、鉴定的方法是否科学、技术上是否成熟、结论是否正确、鉴定人及鉴定机构是否具有相应的鉴定资质。鉴定意见书的形式是否合法、规范，有无鉴定人及鉴定机构的签字和盖章。

接下来要看收集、取得物证、书证是否合法，是否在询问、讯问、勘验、检查、搜查、扣押、拘留、逮捕过程中取得，有无相关的法律根据，比如逮捕证、拘留证、传唤证、搜查证等。

最后还要看看物证、书证在收集、保管、鉴定过程中是否受到破坏或者改变，如果受到破坏或者改变，则证据就可能丧失了证据资格，不具有证明力。

关于情况说明（破案经过）的审查

首先，要看形式上是否有欠缺。比如出具破案情况的主体混乱，署名不规范，有的以公安分局的名义出具，有的以公安分局派出所名义出具，有的以案件承办人名义出具；名称也不统一、不规范，有的派出所称之为"工作情况"，有的称之为"案发经过"，有的称之为"抓获情况"、"情况说明"、"到案情况"，等等，形式极不统一，这些问题需要权力机关作出规范。此外要看看侦查机关盖章和侦查人员签名两者是否都具备。

其次，要看看内容是否适格。比如破案经过是否明确，与其他证据是否矛盾。在案发经过中是否漏写抓到的人，有的案件被告人为四个人，但在情况说明中只说明了两个人的抓获经过，另外两个如何到案则不清楚，这就可能影响到后面的量刑，比如某个被告人是自首的，而情况说明中没有体现，如何正确量刑？要看情况说明是否反映了被告人到案的关键问题，表述是否明确，例如究竟是电话通知还是口头传唤。我们办理的走私案件，缉私局的侦查人员到了某公司调查，被告人立即交代了犯罪行为，是自首，还是坦白，情况说明中应当有说明，否则也会影响到量刑。

最后，要看看自己的审查意见与侦查机关对于抓获经过的理解是否一致。如果能够达成一致，情况说明则具有相应的证据效力。当然对于情况说明是书证还是证人证言，目前还有分歧，从实务层面不必过分纠结于它的分类，只要能够强化指控即可。情况说明一般属于书证，但随着庭审模式的变化，如果出具情况说明的人或者机构要在法庭上说明情况说明的具体内容，将它划归证人证言也无不可。

关于证人证言的审查

证人证言是刑事诉讼法规定的法定证据种类之一，广泛应用于司法者执法活动中，也是刑事诉讼活动中最常见的证据，几乎每个案件都或多或少有一些证人证言这样的证据。证人对案件有关情况或有感知或有传闻，因为处身案外，与案件和案件的处理结果没有切身利害关系，因此证人证言往往比犯罪嫌疑人或者被告人的供述、辩解或者被害人的陈述更为客观、真实、可靠。但是由于证人证言受证人主客观因素的影响，比如受到被告方的恐吓、威胁、利诱的干扰，具有可变性，经常会变成控辩双方争论的焦点，如何认定证人证言也成为检察官和法官的难事。因此在决定是否起诉前一定要花些时间认真审查证人证言的真伪、是否合法、是否具有证据价值，尤其是对那些对案件具有决定性的证人证言，不仅要审查其合法性、真实性、关联性，更要注意保护证人，避免他受到不应有的尤其是非法行为的影响，避免他在开庭前有机会被别有用心的人接触到。

对证人证言的审查主要集中在证人资格、来源、是否真实可信、证明力的大小等几个方面。

（一）证人资格

按照刑事诉讼法第 60 条的规定，凡是知道案件情况的人都有作证的义务。但是生理上、精神上有缺陷或者年幼，不能辨别是非、不能正确表达的人，不能做证人。因此首先要看证人的年龄，年龄太小，就不能作为某些重大案件的关键证人。某强奸案的受害人为一个 6 岁女孩，根据安排，她对几名犯罪嫌疑人进行辨认，她指认了其中一名，然该人坚决否认自己有犯罪行为。经查，他确实没有作案的时间和条件，经过 DNA 鉴定，彻底排除了他的犯罪嫌疑。当然也有一些年龄较小的儿童对认识的人的指认从而破案的情况。某地发生了一起入室抢劫杀人案，女主人被杀害。侦查人员询问受害人的 4 岁儿子今天看到过谁。他说看到隔壁阿叔来过。经过调查，就是这位阿叔实施了入室抢劫杀人行为。该儿童的指认能否成为证人证言还存在争议，我们认为他提供了查明事实真相的线索，但按照直接言词原则，该儿童的出庭作证能力受到限制，不具有证人的资格，不能作为证人，那么他提供的信息只能作为线索使用。

无论岁数多大，对证人资格没有什么影响。但是如果由于年龄太大，过度衰老而不能辨别是非或者不能正确表达，则不能作为证人。

一个人的身体状况、性格、心理、受教育的程度、对外界事物的感知能力、记忆和表达能力都会对这个人是否具有证人资格，能否作证以及作证能力的强弱产生一定的影响。

证人资格中还要对证人与案件的当事人或者案件本身是否有利害关系进行审查。如果证人与当事人有亲属、朋友、同事、同学关系，或者存在相互对立的矛盾关系，就有可能影响到证人证言的真实性的判断，对这些人所提供的证言必须严格核实，根据不同情况作具体分析，慎重使用，必要时排除出证据体系，不作为证据使用。

（二）证据来源

应当查清证人所作的证言内容是亲眼目睹，还是间接获取，绝对不能以证人的主观臆断或者道听途说作为定案的根据。

（三）证据的真实性、关联性审查

主要审查证人证言所表达的内容是否真实可靠，与案件事实之间有无关联性，证人证言与其他证据之间是否矛盾，证人证言与被确认的案件事实之间是否相互吻合，有无矛盾之处。结合全案事实和证据，对证言所表达的内容进行全面分析，考察其与案件有什么样的联系，证明哪个方面的事实，证言所反映的与案件有关的事实是否符合人之常情，是否符合客观事物发生、发展和变化的一般规律，有无违法逻辑的情况。

审查证人是否受到外界的影响，是否愿意如实提供证言，是否有意作伪证或者隐匿罪证，是否受到当事人及其利害关系人的利诱、指使或者威胁。审查证人证言的收集是否合法，有无采取收买、欺骗、威胁、刑讯逼供等非法手段逼取或者骗取证言。

如果证人证言与案件事实没有关联，即使内容真实，也没有证据意义。如果证人证言与其他证据出现矛盾，或者与已发生的案件事实相抵触，要结合其他证据看它们之间能否相互印证，能够相互印证的，则证明力较强，如果不能相互印证的，则证明力较弱，甚至没有证明力。在证明力较弱的情况下，要补正加强证据，在没有证明力的情况下，要重新收集、补充证据。

关于被害人陈述的审查

被害人陈述是法定的证据种类之一，是指合法权益受到犯罪行为直接侵害的人就其遭受侵害的事实和案件的其他情况向司法机关所作的陈述。受害人包括自然人、法人和相关的组织。

由于被害人在犯罪过程中身临其境，感受最深，因此，他们的陈述往往最接近犯罪的事实状态，比证人证言、鉴定意见、相关物证等更具有证据价值。因此在审查起诉过程中，如果有可能的话，一定要设法与被害人见见面，聊一聊，详尽地向他核实犯罪的具体过程、犯罪的具体情节、犯罪给被害人造成的损失、被害人与犯罪嫌疑人是否认识、有无特定的关系、被害人有什么要求、还有没有什么证据可以向检察机关提供，等等。审查被害人陈述的核心是防止陈述的主观片面性。

由于被害人是刑事犯罪的受害者，他们特别希望犯罪分子能够受到惩罚、自己的损失能够得到补偿，这是他们作出陈述的基础。一般而言他们的陈述往往为达到上述目的服务，有时难免会有夸大受害程度、损失数量等情况发生。因此，被害人陈述具有真实性、虚伪性混合的特征。对此，公诉人在审查被害人陈述的过程中要特别注意可能存在的夸大成分。同时要考虑到被害人在遭到犯罪侵害的过程中精神处于高度紧张、激动的状态或者在反抗犯罪时身体处于快速运动的状态，有可能产生某种程度的错觉，陈述的内容就有可能与实际情况有一定的出入。公诉人要结合案件的全部事实和证据，逐项比对，"无缝焊接"，综合判断，科学取舍。如果被害人要出庭作证，在开庭前可以与被害人见见面，将自己和辩方可能准备在法庭上向被害人提出的问题先问一遍，看看被害人如何回答。

提醒一下，如果被害人回答并不符合你的要求，或者说他的回答有可能在法庭上对指控犯罪造成不利，你不能指导他修正答案，但在后面的庭审过程中你可以忽略相关的问题，避免不利情况的发生。

如果受害人与犯罪嫌疑人之间存在亲属关系或者之前有过恩情，这时要注意到被害人为了让犯罪嫌疑人不受处罚或者少受处罚，有可能隐瞒犯罪事实情况或者歪曲犯罪事实情况。要注意到被害人的矛盾心理，既爱又恨，从有利于教育挽救被告人的角度向被害人说明如实陈述的好处。

如果被害人与犯罪嫌疑人有宿怨，新仇旧恨叠加，被害人的陈述可能夸大事实，强烈希望被告人受到最严厉的惩罚。公诉人也要注意到他的陈述的虚假部分，结合其他证据，妥为取舍。

有些被害人，比如强奸、强制猥亵妇女案件中的被害人，由于愤恨、羞耻心、顾全名誉、害怕报复等心理，有的可能还受到他人的劝说、唆使或者犯罪人家属的哀落、威胁、利诱，尤其是那些近邻，其陈述也有失真的情况。

公诉人要看看被害人陈述的获得是否受到了上述诸多因素的影响，同时要看看司法机关是否为被害人陈述提供了合格的条件，比如是否单独进行收集，是否由两名承办人收集，是否征得本人同意的非强制收集，是否充分保障了被害人的诉讼权利。

公诉人要审查被害人多次陈述有无矛盾之处，有无前后不一致的地方，尤其是关键部分，如果有前后不一致的情况，应当进一步收集其他证据进行核实，消除疑虑。

被害人陈述与物证、书证、鉴定意见、勘验检查笔录有矛盾，公诉人要考虑是否重新或者补充鉴定、重新或者补充勘验检查，继续收集新的物证、书证，同时对被害人陈述的环境、心理状态进行分析研究，尤其要注意多次陈述之间的矛盾点，查明矛盾出现的原因。比如某强奸案，真实的情况是通奸，一审判决犯罪成立，被告人不服一审判决，提出上诉，承办该案的检察官再次询问"受害人"，"受害人"一会儿说不是强奸，是错案，一会儿又说是强奸，经过耐心教育、消除其疑虑，帮助她在老公的信任与诬告陷害之间理性取舍，最终她说出了真相并提供了相关的证据，即他们同居期间的录像，避免了一个冤假错案的发生。

也要注意真实的强奸由于被害人的虚假陈述被认定为通奸的情况，往往发生在被害人陈述有反复的情况下。公诉人在会见被害人时要根据被害人的心理，适时适当地消除其恐惧、害怕、羞愧心理，严重的，还要安排心理辅导的适时介入，保护被害人的合法利益。

关于犯罪嫌疑人、被告人供述、辩解的审查

犯罪嫌疑人、被告人的供述是犯罪嫌疑人、被告人承认自己犯罪并且说明犯罪的具体过程和情节的材料；而犯罪嫌疑人、被告人的辩解是指犯罪嫌疑人、被告人不承认自己犯罪或者虽然承认自己犯罪，但说明自己罪轻或者有减免情况。犯罪嫌疑人、被告人是最了解案件情况的人，是否犯罪、如何实施犯罪，他最清楚。所以对于犯罪嫌疑人、被告人的供述和辩解，任何公诉人都不能忽视。通过犯罪嫌疑人关于犯罪情况的说明或者否认，常常可以发现新的线索和证据，从而有利于正确决定诉与不诉。

由于犯罪嫌疑人、被告人与案件处理的结果有着直接的利害关系，他的供述和辩解可能真实，比如犯罪时被警察抓了个现行，被告人一般都能如实供述自己的犯罪行为。就如笔者最近办理的一个杀人案，陈某因要求前妻与自己复婚不成恼怒成凶，将自己的前妻拖进绿化带的草丛中压在身底，一只手掐住她的脖子，一只手捂住她的口鼻，致使其死亡。在实施犯罪的过程中，被赶到犯罪现场的警察逮个正着。被告人无法抵赖，彻底交代了自己的犯罪行为，当然也可能出于良心的发现而如实地供述了自己的犯罪行为。

更多的犯罪嫌疑人、被告人为了减轻罪责，逃避惩罚，制造混乱，他们往往编造情节，随意乱说。如黄某某诈骗案，他对自己的突然暴富的解释一会儿是死去的前妻留给他的，一会儿是香港某个富商赠予他的，一会儿又说是自己销售安利产品获得的收益，一会儿又说是炒股的所得。

也有为了掩护同案犯，而把别人的罪行承担下来。

那么该如何判断犯罪嫌疑人、被告人的供述的真实性呢？

如果是自愿如实地供述，并且侦查人员仔细追问，那么这种供述就可能是全面、详尽的，对其他证据难以证实的某些内容如犯罪的动机、目的、作案的手段、过程、共同犯罪中的每个人的分工、责任等，都可以包括其中。我们不久前办理的施某某、彭某某、周某某、李某某等运输毒品犯罪案件，施某某受彭某某等人聘请到云南边境地区替他们包装毒品以便他们将毒品通过空运带入上海。施某某系台湾籍罪犯，在大陆被抓获后认罪态度非常好，积极配合侦查机关查明事实，在彭某某、李某某拒不交代犯罪事实、周某某不时翻供的情况下，提供了他们共同犯罪的详细细节，为案件的成功告破和成功起诉起到了关键性的作用。因此，自愿供述只要经过查证属实，就具有较高的证明力，可以直接作为认定事实的依据，不需要复杂的认定过程。

但是由于犯罪嫌疑人、被告人是利益攸关方，可能会作虚假的供述，因此要对供述进行仔细的甄别和核查。首先，要看犯罪嫌疑人、被告人在供述中对犯罪细节的供述是否与其他证据证明的细节相吻合，比如供述是否包含有犯罪实施过程中的细节真相，或者说在多大程度上包含了犯罪实施的细节真相，比如一名犯罪嫌疑人的供述的内容只有从报纸的报道中就能看到的细节而没有独特的未经暴露的细节，则该供述是十分可疑的，要防止冒名顶替的可能性，或者某个精神不正常的捣乱者；

如果供述包含了未经披露的主要细节，小的细节上有些出入，但经过核对可以消除小细节的疑虑，供述的可信度也很高；如果供述包含了一个非犯罪人不可能获得的细节，则供述有较高的可信度。比如某杀人案，尸体解剖的时候发现被害人的内脏包括心、肺、肝、脾、胃、子宫都被挖了出来，几个嫌疑人中只有一个供述说将她的心挖出来看看是不是黑的，那么这名嫌疑人的供述最接近真实，可信度很高，可以确信该名犯罪嫌疑人就是实施犯罪的人。还有一个案件是杀人抢劫的案件，找不到犯罪嫌疑人，一直无法破案。某天下午有个人打电话到侦查机关说他听某人说他最近在他的邻居家看到了一块金表，而邻居家不可能购买这么高档的手表。将嫌疑人抓来审问，他供述说他是从被害人家的天花板上的一个小窗口中掏出这块表的，经过与被害人家属核对，该手表确实是放在天花板上的一个窗口里的，嫌疑人的供述确定了罪犯的身份。

审查供述还有一个重要的方法即通过讯问犯罪嫌疑人或者被告人，围绕具体犯罪事实或者所作供述中已经涉及但尚未详细展开的细节进行提问，注意不要按照犯罪的逻辑顺序提问，而要打破这个顺序，故意将已知的细节改变后提供给犯罪嫌疑人，让他来纠正你的错误，这样可以帮助你确认供述内容的真实性。

公诉人要仔细将供述与其他证据对比、核验，结合其他证据，考察供述与其他证据是否吻合、一致。如果不一致，则要进一步采取措施进行核查，必要时补充讯问、重新取证。

对于开庭前就已经供认自己犯罪的犯罪嫌疑人，则办案人员应审查供述是在什么情况下作出的，有无刑讯逼供、威胁、利诱、欺骗等非法方法。如果发现有刑讯逼供、威胁、利诱、欺骗等非法方法的，要及时采取非法证据排除程序。

供述的补强措施

如果犯罪嫌疑人、被告人供述是认定犯罪的唯一证据，则不能认定犯罪成立。如果要达到证据确实、充分的标准，必须有其他证据予以印证。其他证据的取得可以通过供述提供的线索或者方向获得。比如某强奸案中被害人已死亡，只有犯罪嫌疑人的供述，没有其他证据予以印证。检察人员进一步提审犯罪嫌疑人，在他的地下室里获取了犯罪时犯罪嫌疑人从被害人身上获得的短裤，短裤上带有被害人的血迹和被告人的精液，供述得到了补强。同样，对于供述与案件的其他证据不吻合、不能相互印证的情况，或者公诉人对供述的真实性存有疑虑，则要通过补强证据来消除疑虑。

对供述的补强证据如果是物证，则供述的可信度较高，基本可以认定犯罪；如果补强证据是证人证言，则要对这个证据进行新的审查，以确定证言的真实性、关联性、合法性，确定其证据资格，进而确认供述的证据资格和证明力。

办案实践中零口供的情形很多，比如我们办理的戚某某与集团司机共谋盗窃案、黄某某网恋诈骗案，被告人都坚决否认自己犯罪，我们都成功地对他们提出了指控，他们也被法院判定有罪并受到相应的刑罚处罚。因为根据法律的规定，被告人不认罪但有足够的证据证明他犯罪的，仍然应当判决被告人有罪。但是要注意一个倾向，即一味地零口供，对被告人的口供不重视，在提审被告人时走过场，更甚的是不提审被告人。我们认为这样做是不妥当的。一是刑事诉讼法本来就规定了口供是作为证据之一使用的。不使用好这个证据，并不代表办案水平就高，而且也是证据资源的浪费。二是法官还是看重犯罪嫌疑人认罪不认罪的。他认罪，法官就敢作出判决，他对证据的标准相应就会低；如果他不认罪，法官判有罪，法官的心理压力就很大，自然就会对证据标准要求很严，比如应当判处死刑的案件由于没有被告人的认罪口供，法官一般就只判死刑缓期二年执行，甚至只判无期徒刑。因此，争取被告人认罪，并不是一点意义没有。尤其是那些需要犯罪嫌疑人认罪才能确保顺利诉讼的案件，你最好还是要争取他认罪。但是对于有些案件，证据较为充分，在审查起诉阶段，犯罪嫌疑人即使不认罪，对于定罪定性没有影响的，就不要追求他认罪。他不认他的，你照定你的。这样可以省点精力。

在审查供述、讯问笔录的过程中，具体的操作步骤分为三个方面。

第一，要看程序是否符合规定。具体而言应注意以下几种情形：（1）几名被告人是否被分别讯问。笔者以前在一个区的看守所提审犯罪嫌疑人，看到隔壁的讯问室的地上坐着几个人，有位看似承办人的人在对他们说："你们说这是谁干的？是不是李某某干的？"坐在地上的几个人异口同声地说："是的。"这样的讯问能发现案件的真实情况吗？在笔者讯问嫌犯的时候，其他几名同案嫌犯就蹲在门口的走道上，完全能够听到我提的问题和嫌犯的回答，我找来管理人员，请他将其他嫌犯隔开，不要让他们听到我们的讯问和嫌犯的回答，这样做就是为了符合法律规定的程序要求。（2）应当回避的司法人员是否回避。要看看有无同一人员以不同身份参与到案件中来，尤其要注意是否有几份笔录出现同一时间段内同一侦查人员询问不同证人的情况。笔者在承办上药集团原总裁吴某某案的时候就发现了这种情况，经过与相关机关核查，发现是笔误，但这种情况着实让我们吃惊。（3）看看有无侦查机关一人提审的现象。司法机关近年来招聘了不少文员，有的属于劳务外包，劳务人员根本没有法律职务，能否代替司法人员参与讯问，或者以司法人员的身份参与相关的司法活动？实践中这种现象十分普遍，似乎也没有人对此提出异议，这有待规范。（4）要注意有无嫌犯称公安机关部分侦查人员在讯问前已将笔录提前做好，或者未将讯问笔录交由犯罪嫌疑人阅看或向其宣读，即要求其签字确认，或在犯罪嫌疑人不确认笔录时，强行要求其签名、捺手印的情况。我们也发现对同一嫌犯的多次讯问笔录完全一样的情况，甚至是标点符号的错误都无变化，这样的讯问笔录能做证据吗？

第二，要看看形式上是否符合法律的规定。比如询问证人的地点是否是在法定地点，如果不是，有无说明；要看看笔录上有无改动的地方，有无被讯问、询问人的签字或捺手印确认；要看看嫌犯自书笔录是否存在格式不规范、涂改随意、来源及书写时间不明确等情况；要看看多次讯问笔录是否注明序号；要看看供述有无瑕疵，侦查机关有无补正，如果没有补正，看看有无合理的解释，如果没有合理的解释，则该份笔录的证据价值不高。

第三，要看笔录记录内容是否有欠缺，是否到位，是否影响审查。比如有无记录告知嫌犯权利义务的情况；嫌犯供述或者制作笔录时是否醉酒，是否麻醉品中毒，是否能够正确表达；要看看笔录记录是否是归纳整理而非当事人自己的言语，是否与当事人的表达相吻合；要看讯问笔录是否只记录了相关内容而未将嫌犯如何知道这些内容的过程予以描述，如果没有记录这些内容，能够补上的，尽量补全；要看同一嫌犯多份供述前后说法是否一致，是否前后矛盾，如果有矛盾的地方，有无特别的说明，有无刑讯逼供的指控；要看是否记录了嫌犯的辩解，一般而言，如果一份供述或者讯问笔录中嫌犯没有任何辩解，可能这份笔录不太真实，即使最丧心病狂的杀人犯完全承认自己杀人，他也会说是被害人招惹了他，让他不高兴了，或者侵犯了他的尊严了，等等①；要看看笔录的启动情况是否明确，如关于被告人到案经过是否有记录，与工作情况等说明材料可否印证；要看看嫌疑人作案时或被抓捕时留下的伤痕有没有记录，看守所健康检查记录是否完整，如记录存在一定伤势，是否记录了形成伤情的原因，是否是刑讯逼供的结果或者是在抓捕过程中形成；要看看是否使用了电脑制作、是否采用了复制粘贴方式，复制粘贴方式会使多份笔录内容完全一致，无法体现制作笔录时的真实情况，因此采取此种方式制作的讯问笔录或者供述作为证据的可信度不高。

关于鉴定意见的审查

鉴定意见是指在诉讼活动中由相关的司法机关或者当事人聘请的鉴定人运用科学技术或者专门知识对诉讼涉及的专门性问题进行鉴别而得出的结论。在我国，鉴定意见一般以书面形式表现。但随着审判形式的改革、言词证据原则的确立，作出鉴定意见的专家证人必须到法庭上作证，书面鉴定意见的认定逐步严格化，因此鉴定意见有逐渐向证人证言靠拢的趋势。

审查鉴定意见，第一要看鉴定人有无应当回避而未回避的情形，主要有两种情况：一种情况是鉴定人是受害人，如某伤害案的受害人是某鉴定机构的工作人员，案发后，他将轻微伤鉴定为十级残疾，因此造成了错案。另一种情况是鉴定人参加了现场勘验检查之后又参与了伤残鉴定，在刑事诉讼活动中参

---

① 在后面的一个案件中，冯某某、余某某抢劫杀人案，冯某某、余某某二人承认杀人，但在讯问他们的时候，他们仍说谁叫她这么晚下班碰到了我们，否则如果当晚没有人从这条小路上经过，我们也就没法犯罪了。

与了两项鉴定，不利于鉴定意见的合法性，不利于公平，应当予以排除。

第二要审查鉴定机构和鉴定人是否具有合法的资质，看有无国家相关机关颁发的有效证件，再看该鉴定机构和鉴定人在省级司法行政主管机构是否登记在案。如果没有这两项，则很难作出鉴定机构合格、鉴定人合格的结论，其鉴定意见也就没有证据效力。

第三要看鉴定程序是否合法。鉴定程序包括鉴定自身程序和鉴定作为刑事诉讼程序中的规定程序，比如鉴定的对象是否是法定诉讼程序规定的来源。

第四要看鉴定对象的来源、取得、保管、送检是否符合法律的规定，尤其要看是否与相关提取笔录、扣押物品清单等记载的内容相符，鉴定的材料是否充足、可靠。如果送检的材料发生了变质或者被替换，则错案发生的可能性非常高。如果提取笔录、扣押物品清单没有记载相关检材，凭空怎么会出现相关鉴定意见？此时要高度警惕，防止错案发生。

第五要看鉴定程序、方法、分析过程是否符合本专业的检验鉴定规程和技术方法要求。尤其是检材的对比，比如用于杀人的刀柄上有一枚指纹（A1），送检甲的指纹（B1）和备份指纹（C1），对比要看甲是否是犯罪嫌疑人，看对比的结论是否在A1和B1之间对比得出。但也有可能有荒唐的事件发生，即将B1和C1进行对比，得出同一的结论，进而认定甲就是犯罪嫌疑人的错误结论。

第六要看鉴定意见的形式要件是否完备，是否注明提起鉴定的事由、鉴定委托人、鉴定机构、鉴定要求、鉴定过程、鉴定方法、鉴定文书的日期等相关内容，是否由鉴定机构加盖鉴定专用章并由鉴定人签名盖章。鉴定意见必须由两名以上有鉴定资格并有鉴定能力的人作出，因此鉴定人是否由两人或者两人以上构成就成为审查内容之一。如果发现一个是鉴定人，另一个是侦查人员，则要慎重，鉴定意见可能不合法；如果只有一个鉴定人的签名盖章，更要慎重，这就是不合格的鉴定意见。

第七要看鉴定意见是否明确。姚某某等人故意伤害致人死亡案，姚某某与熊某某等人先将被害人打倒在地，被害人头部撞到道牙石上，昏迷不醒。与姚某某、熊某某不相干的另一伙人谢某某、徐某某等人后赶到现场，看到被害人倒地不起，以为他在装死，分别踢了一脚。被害人最终死亡。我们要求鉴定机构和鉴定人对死亡的原因以及这两伙人的作用大小进行鉴定，而鉴定意见对这两伙人的作用大小进行了模糊处理，没有明确责任的大小，只说都有责任。这份鉴定意见对于刑事责任的划分就没有意义。

第八要看鉴定意见与案件待证事实有无关联。如果没有什么关联，那就只能忽略，不必浪费你的时间。

第九要看鉴定意见与其他证据之间是否存在矛盾的地方。如与勘验检查笔录及相关照片是否矛盾，这种矛盾是否足以推翻证据体系，从而推翻案件的结果。如果出现了这种情况，就有必要补充侦查或者重新鉴定或者采取其他补救措施。

测谎鉴定意见是否可以作为证据使用？原则上不可以，因为它不是刑事诉讼法规定的证据种类。但是测谎鉴定意见可以帮助审查、判断其他证据，进一步强化司法人员的内心确信，强化自由心证。因此，测谎鉴定意见的作用对于不同的司法人员有不同的价值判断。

关于现场勘验笔录的审查

现场勘验笔录是对现场实地调查、检验、发现、提取证据的记录。现场勘验对于发现和收集犯罪的痕迹、物证，分析案情，判断案件的性质，确定侦查的方向和范围，提供破案线索和证据起到至关重要的作用。现场勘验的程序是否规范、是否合法往往会影响到公诉案件的成功与否，因此对现场勘验笔录的审查对公诉案件的进程影响巨大。

第一要注意现场勘验的人员是否符合法律要求。是否是侦查人员或者是在侦查人员主持下指派或者聘请的法医参加。如果不是侦查人员或者由侦查人员指派或者聘请的法医参加的现场勘验，就会引起对勘验质量的怀疑。"文化大革命"期间某地发生了一起杀人案，县公安局离得太远，公社书记让案发地的赤脚医生去看看是谁干的，那位医生赶到现场左看看右弄弄，竟然得出是李某某实施的犯罪，李某某因此而坐牢，没被枪毙实在是不幸中的万幸，不久真凶暴露，李某某得以平反释放。那位医生的能力仅限于感冒、发烧的治疗、开药，如果他查不清或者看不懂，就往公社医院送。这样的能力怎么能担当一个杀人案件的现场勘验？即便是侦查人员指派或者聘请的法医，也要看看他是否具有这方面的资质，是否是法定的机构的人员。最好能有勘验人员的详细信息，如果是法医，最好能有他的职业能力介绍，以便律师提出这样的问题时可以及时应对。

第二要注意勘验笔录中关于痕迹、物证等证据。一般而言，勘验通常由中心现场开始，逐渐向外扩展范围，比如杀人的案件，往往从尸体所在的位置开始，室内的犯罪往往从门口开始。以笔者承办的陈某杀人案为例：陈某要求与前妻复婚遭拒而尾随前妻，在一公交车站附近将其前妻拉进路边草丛中，殴打并掐她的脖子，捂住其口鼻，致其窒息死亡。警察接到路人报案赶来时陈某仍然压在前妻的身上，见到警察才起身逃跑，没跑几步就被抓了现行。法院判决陈某杀人罪名成立，判处死刑缓期二年执行。

现场勘验笔录记载有案发现场的地理位置。案发地是人口稠密区还是偏僻的区域，有时可以佐证罪犯的主观恶性程度，市中心发生的杀人案，可以肯定罪犯主观恶性较大，人身危险性更大，再次犯罪的可能性也更强。笔者承办的陈某杀人案发生在比较热闹的市区公交车站旁，其中一个证人应其母亲的要求特意赶到现场准备保护被害人。下面列举该案的现场勘验、检查笔录内容：

现场勘验检查笔录首先记录了笔录文号，沪公（某区名第一字）勘［年份］K×××××号。接下来记录勘验的时间和案由、现场勘验的参加人员，本案中有侦查人员若干、刑事科学技术研究所的专业人员和法医等。后面就是案发情况的介绍；现场保护情况的介绍；听取案情介绍后，组成现场勘验组，进行分工，如现场访问组、现场调查组，宣布勘查纪律。接下来是现场勘验检查开始与结束的时间记录；现场地点的记录；天气情况；勘验检查前现场的条件为原始现场；现场勘验检查利用的光线为灯光；现场勘验检查指挥者；邀请的现场勘验见证人记录。从形式上判断，该份现场勘验、检查笔录是完整而合法的。形式上的判断确认之后，就要对其勘验笔录的内容进行核对审查。

勘验检查的核心是勘验检查的案件事实情况。经勘查：现场位于某区某路与某路交叉路口东南侧，中心现场为某路东侧绿化带内。中心现场东侧是某路某号的围墙、西侧是某某新村的围墙。绿化带西侧人行道距某路与某路口 37 米处有一个公交车站，牌名为某某新村站。公交车站南侧 8 米距绿化带 0.15 米处的人行道上发现一双咖啡色男式凉鞋（1 号标识牌），实物提取。1 号标识牌北侧 1 米处放置 2 号标识牌，2 号标识牌东侧绿化带的植被有踩踏迹象，绿化带内发现一名女性死者（4 号标识牌），死者头朝东、脚朝西，呈仰卧状；双脚距西侧人行道 2.3

米，头部距绿化带东侧围墙 0.6 米，头部附近的绿化带内可见米袋、塑料袋等垃圾；死者身着一件碎花连衣裙，腰部系一根白色皮革腰带，左脚赤足穿有咖啡色高跟鞋，右脚赤足，足底粘有少量泥土；死者右脚西侧 0.2 米的绿化带内发现一只咖啡色高跟鞋的右鞋（与死者左脚所穿咖啡色高跟鞋配套），鞋尖朝东、跟朝西，鞋底面朝南（3 号标识牌）。

尸体初步检验情况如下：死者嘴微张，舌尖微示齿列外，口鼻部周围见皮下出血。左颈部可见线形皮下出血，呈弧形，右下颌可见 10 厘米×2 厘米点状皮下出血。死者左手手腕背侧有一处文身。

现场勘验检查提取痕迹、物品登记表，现场勘验检查制图若干张、照相若干张、录像若干分钟、录音若干分钟，现场勘验检查记录人员如笔录人、制图人、照相人、录像人、录音人的签名，现场勘验检查人员的签名，包括单位、职务和本人签名，现场勘验检查见证人的签名，包括性别、年龄、住址、签名；最后是日期和勘验检查的单位盖章。附有现场方位示意图、现场平面示意图、现场照片等。

对于勘验检查笔录的内容进行分析具有非常重要的作用，具体包括以下几个方面：

尸体具体位置和尸体状况的分析。尸体是在光天化日之下，还是藏在草丛中、树林里，对判断罪犯的犯罪情节也有帮助，试想连尸体掩盖一下都不做，可见罪犯的嚣张程度，当然也有因为害怕急于逃走而对尸体未及掩盖的情况，要根据其他证据综合判断。

尸体倒卧的姿态、方向、外部特征、表面情况、有无血迹、外伤、瘢痕。死者身上任何部位的痣或者疤痕能够帮助家属确认死者的身份，外部特征也反映犯罪的情节是否极其恶劣。尸体上的衣物也有助于家属判断死者的身份，而在某些强奸案件中，死者往往下身裸露。也有些衣物可以帮助侦查人员判断案件发生的季节，如夏初发现一具穿着厚厚冬装的尸体，案件很可能发生在冬季，反之，冬季发现一具穿着清凉夏装的尸体，案件很可能发生在夏季或者初秋，也可能是在温暖的地方犯罪后将尸体移到尸体的发现地。在前述案件中，被害人身份确认并不困难。经过其姐姐的确认，尤其是其右乳房下面10厘米左右有一粉红色的胎记及左手手腕背侧文身，进一步确认被害人的身份。死者穿戴整齐，下身内裤、裙子没有撕扯的痕迹，基本排除强奸杀人。颈部有瘀血，口鼻有挤压的痕迹，身体其他部位未见伤痕。初步判断是窒息死亡。

佩戴的饰物。有些饰物是某种职业特有的标记，比如带有JC字样的纽扣，要么可能就是警察或者检察人员，要么就是能够关联到这些标志的人员；有些饰物具有标记功能，表明他是某一特殊群体成员的作用；有些饰物也有标明地位的功能。

面部的化妆、刺青、文身。化妆会掩盖尸斑，进而影响到对死亡时间的判断，刺青也是某些特殊群体的标记，有时也具有装饰、美化的作用，等等。本案中被害人是工人，平时没有化妆的习惯，但如前述，她的左手手腕背侧有鲜艳的山茶花文身。

审查勘验笔录的重点内容就是要看笔录对每个物体和痕迹的位置、状态以及相互联系的描述，使用的勘验、检查的手段和方法，发现和提取的痕迹、物证、对痕迹形成原因的描述，进而是对犯罪行为的记述。首先看静态的勘验，此时犯罪现场是否保持原状，观察的记录、所绘的现场图纸、所拍的照片。其次看动态的勘验，现场的血迹、指纹、被害人的物品，尤其是犯罪分子留下的物品是重中之重，在犯罪现场的入口处、通道、楼梯等处是否有犯罪的证据留下来，现场的报纸、文件、钟表，现场的气味有无异常，比如火药味、浓烟味、酒味等。

如在室内，桌子上的碗、筷子、盘子、杯子、饮食等情况的记录，是否有指纹，现场各类物品的摆放位置，与案件的关系等。如果是枪击案，则看有无弹头与弹壳、勒死的绳索，看侦查人员是否尽最大可能搜查了隐藏凶器的场所，死者有无文字留下，比如遗书、遗书上有无指纹，指纹的归属，地上有无留下字迹，如果有字迹，是否进行笔迹取样并进行鉴定。现场发现被害人，要看看是否死亡，如果没有死亡，要立即送往医院抢救，了解损伤情况；如果已经死亡，是否及时确定死亡时间，尸体外表的检验是否在基本的现场勘验结束之后进行，这一点很重要，如果过早将注意力集中在尸体上，就可能疏漏其他重要信息，破坏现场。此外也要留意法医是否询问了场地变化情况。最后要审查勘验笔录是否记录完整，有无更改、伪造的痕迹，审查有无勘验人员的签名和见证人的签名，签名的格式、位置是否正确，是否符合规范要求。特别要审查勘验笔录的逻辑顺序，伪造的勘验笔录往往存在前后矛盾的地方，如赵作海杀人案的勘验检查笔录中就存在单个人如何搬动压在尸体上的巨石的矛盾。公诉人能否发现这些矛盾之处非常重要。

对于辨认笔录，首先要从形式上看是否符合规定。比如笔者曾经看到一个案卷中有辨认笔录，却没有供辨认人进行辨认的照片，这让人觉得辨认笔录是造假的结果。对于有照片的，也要注意看看后页中有没有对辨认对象的说明以及有无附带被辨认人的身份信息；辨认照片中对辨认对象编写了编号，后页也有相应说明，但要确认姓名与照片是否对应；要注意对辨认对象未分别辨认情况，如果出现多名辨认对象在一页纸上供辨认人辨认而笼统辨认，其合法性值得怀疑；要注意辨认活动是否个别进行，如果在同一时间、空间同时给两个辨认人做辨认，尤其在辨认作案现场时，侦查人员往往带了两三名犯罪嫌疑人共同外出，一起对作案地点进行辨认，这种辨认容易发生交叉影响，其合法性也受到质疑；辨认对象的数量不符合规定，则辨认笔录不具有证据效力，如果供辨认的对象数量符合规定的数量，但是其中包含需被辨认的多名犯罪嫌疑人，这样的辨认笔录也要避免；看看有没有漏掉见证人的签名或盖章；要注意将刑事辨认笔录与行政辨认笔录区别开来，不能混用，如果只有行政辨认笔录，则要将这种笔录转化为刑事辨认笔录；还要注意告知辨认人权利义务的重要性，以及告知见证人权利义务的重要性，如果辨认笔录中没有这些告知要件，则辨认笔录的合法性应受到怀疑。

其次要看内容是否符合规定。比如有没有向辨认人详细询问辨认对象的具体特征，如果没有就开始辨认，笔录的证据价值值得怀疑；辨认记录是否详细全面，如果过于简单，只有结果没有过程，特别是在辨认多个作案地点时，笔录的证据价值也不高；从文字上看看辨认笔录是否存在诱导现象，如在辨认笔录的照片页中对被告人做了明确的标示，或者被告人的照片与其他人的照片反差巨大。以前曾发生过将一名男被告人混杂在九名女性照片中让被害人辨认的极端案例。如果可能，还要与辨认人见见面，了解一下辨认的过程，问问有无侦查人员暗示某人为被告人的情形发生，比如有个案例中某侦查人员指着一张照片问是不是他，辨认人疑惑中点点头予以确认，最后发现张冠李戴。

最后要对辨认笔录进行综合判断，确认辨认笔录是否真实客观，比如在一些辨认笔录中，有在很短的时间内让嫌疑人进行多次辨认活动的情形，如果某份辨认笔录中记载半个小时内同一名盗窃犯罪嫌疑人到全上海各区的作案地点，超过 3 处可能就是造假。特别要注意的是先后两次辨认笔录是否出现矛盾。如果出现了矛盾，又未予解释，则很难得出真实客观的结论。

再给你一次如实陈述、坦白的机会——视听资料的审查与法庭上的运用

视听资料是非常直观的证据，一旦在法庭上出示，能达到其他证据根本不能达到的效果。最近我们办理的一起案件，被告人之一坚决否认在一起致人死亡的案件中动手打过人。开庭前我提审他，他信誓旦旦地说如果他打过被害人，怎么判他都可以，我说我可以再给你一个如实供述、坦白的机会，你要抓住这个机会，我可以考虑向法官说你认罪态度很好，有悔罪情节，适当从轻处罚。但被告人无视我的提醒，坚持自己没有动手打人，不应当承担任何刑事责任。开庭时，他委托的律师坚持要播放案发现场的监控录像，可能是出庭律师准备不足，他事先没有看过这段录像，否则他就不会坚持要播放这段让他悔青肠子的录像了。播放录像前，我仍然提醒被告人还有机会认罪、悔罪，但是他再一次放弃了这个机会。录像按照他们的要求播放了，效果十分震撼，可以清楚地看到被告人凶残的左勾拳打在被害人的右脑上，被害人倒地以后再也没有能够站起来，该名被告人对死亡的结果负主要责任，彻底推翻了原来的情节较轻的认定。

视听资料是通过专门技术设备记录的，以录音、录像、照片等方式展示，能够证明案件事实的信息及其载体。视听资料存在下列情况或疑问的，应重点加以审查，查证属实后才能作为定案的根据，必要时可委托鉴定：视听资料内容能够直接指证犯罪嫌疑人，且在定案中起到关键作用的；视听资料由当事人及其利害关系人提供的；存储于电子设备中的视听资料，系被删除后重新恢复的；视听资料与在案其他证据存在矛盾的；

犯罪嫌疑人提出真实性、完整性抗辩的。对视听资料还要注意审查是否附有提取过程的说明，来源是否合法；提取的视听资料是否是原件，有无复制及复制的份数；如果提取的视听资料是复制件，是否附有无法调取原件的原因、复制件制作过程和原件存放地点的说明，制作人、原件视听资料持有人是否签名或者盖章；复制件制作过程中是否存在威胁、引诱当事人等违法现象或者违反有关规定的情形；要看视听资料是否写明制作人、持有人的身份，制作的时间、地点、条件和方法；要审查视听资料制作过程是否真实，有无剪辑、增加、删改等情形；最重要的是审查视听资料的内容与案件事实有无关联，如果视听资料满足了合法性、真实性的要求，但对案件的事实没有证明作用，也就没有任何证据价值。

电子数据是在计算机或计算机系统运行过程中产生的以其记录的内容来证明案件事实的电磁记录物。电子数据存在下列情况或疑问的，应重点加以审查，查证属实后才能作为定案的根据，必要时可委托鉴定：电子数据是认定犯罪的关键证据的；电子数据是由当事人及其利害关系人提供的；电子数据系被删除后重新恢复的；电子数据与在案其他证据存在矛盾的；犯罪嫌疑人提出真实性、完整性抗辩的。两位网友约见，一人将另一人杀死，通过网络聊天记录没有发现异常现象，被害人家属认为聊天记录被篡改，要求专业部门进行鉴定，经过专业人员对电脑硬盘鉴定，恢复了真实的聊天记录，终于让嫌犯认罪。

侦查机关将行政机关在行政执法过程中收集的物证、书证、视听资料、电子数据等证据材料作为证据随案移送的，审查时应查明行政机关在执法时是否规范、合法，证据材料的保管、固定、移送是否符合法律、法规的规定，证据材料的性质、内容、外部特征等是否发生变化，对于发生变化的原因是否作出合理解释。审查中发现行政机关在执法时扣押、提取物证、书证、视听资料、电子数据等不规范的，应当通过提取执法时相应的照片、录像印证扣押、提取过程，或通过向相关证人进行复核确认。

删除记录、硬盘格式化——电子数据丢失后证据链建立与电子数据的审查

以前面提到的网恋诈骗案为例，这个诈骗案例的精彩度绝不逊于任何好莱坞的大片，由于水平问题，我的描述会影响到它的精彩性。但作为承办人，只能尽量简洁地还原一个真实的案例，诸多细节都会省略，对悬疑和精彩的追求也只能退居其次。

本案的被告人化名"相濡以沫"和被害人通过 QQ 聊天工具进行恋爱交往，在这个过程被告人谎称有一个美国国务院策划的绝密的重大国际投资项目即巴拿马运河项目，投资门槛是 100 万美元，两个月的回报率为 600%，到期另有 1800 万元人民币的额外收益。被害人四处筹款借到 705 万元，其中 25 万元通过银行打入对方提供的一个名为温某某的银行卡账户，其余 680 万元分两次交给了对方派来的人员，一次 180 万元，一次 500 万元。不久之后被害人发觉被骗，但是她已经按照对方的要求将所有的聊天记录删除并将电脑硬盘重新格式化，因为被害人相信了骗子的关于保密的说法，骗子对她说这涉及保密和他的奥巴马总统顾问的身份，不能让任何人跟踪到。被害人报案后，侦查机关能够找到的证据十分有限，只有一个 QQ 号码，没有电话通话记录，没有 QQ 聊天记录，即便请专家对硬盘进行恢复，也是一无所获，打入对方账户的钱或者交给对方派来的人，没有收据，没有看清来取钱的人的容貌，也没有看清高矮，没有对话，只有五个字的暗号："暗号"、"美联储"。

根据 QQ 号码，跟踪到位于福建福州某小区的一套公寓内的

IP 地址曾经使用过这个 QQ 号码，侦查人员将居住在此公寓内的林某传唤说明，林某介绍了这个号码是她的前男友黄某某使用的号码，提供了黄某某的现用电话号码和租住地，并提供了一个黄某某使用后丢弃的电话号码为 1329074×××的电话卡。侦查人员搜查黄某某的暂住地发现了一张户名为温某某的银行存折。按照黄某某的说法，他自己也不清楚这张存折怎么到他这里，可能是他做安利产品的销售业务过程中，某个买家放在他这里忘了取回去。对其他情况，黄某某要么保持沉默，要么说不知道是怎么回事，没有认罪的供述，基本零口供，案件基本情况就是如此。

按照律师的说法这个案件根本就没有证据来证明黄某某实施了诈骗犯罪。

经过提审黄某某，我们认为尽管黄某某拒不交代自己的犯罪行为，仍然可以建立相应的证据链，达到证明黄某某犯罪的目的，但必须补充侦查一些证据。首先，要将户名同为温某某的银行卡和银行存折的关系查清楚。经过侦查，它们是同一账户的银行卡和存折。由此我们就可以推断出黄某某就是"相濡以沫"。被害人按照"相濡以沫"的指示将 25 万元转入名为温某某持有的银行卡，该银行卡还有户名为温某某的存折，是共用一个账户。而户名为温某某的存折从黄某某的租住处查获，由此可以证明黄某某冒用温某某的名义收取了"相濡以沫"从被害人那里诈骗的 25 万元，黄某某就是"相濡以沫"。此后也是黄某某化名"相濡以沫"指示被害人将 680 万元交给他派来的人。黄某某一共骗取被害人 705 万元。

经过侦查，将黄某某与"相濡以沫"证明为同一的证据还有他使用的 3 个 QQ 号码，其中 90675×××的 QQ 号码在起诉指控诈骗期间内大部分登录地址为林某居住地，而林某通过上述 QQ 号码与黄某某相识并同居于该居住地。黄某某曾承认该

QQ号码为他所有。由此进一步证明黄某某就是"相濡以沫"。

林某发现黄某某弃用的移动电话卡，号码为1329074××××。该移动电话号码系"相濡以沫"与被害人聊天时所用QQ号码174112×××的关联号码，且曾在被害人最后一次交钱时漫游至被害人所在地。由此确信黄某某就是"相濡以沫"。

其他情况进一步间接证明了黄某某诈骗犯罪的事实。第一，黄某某在某某婚恋网上的登记信息为美籍华裔，工作单位为新加坡等，全为虚假信息，反映了黄某某具有诈骗的动机。第二，黄某某在与林某同居期间还通过某某婚恋网以婚恋为目的与多名女性进行交往，称自己系投资证券和房地产、年收入达百万元的成功人士等。由此可见，黄某某经常冒充成功人士通过网络聊天骗取女性信任。第三，案发前黄某某经济拮据，勉强度日。他在安利公司6年的税前总收入仅为3万余元，既没有巨额银行存款，也没其他投资收入；在与林某同居期间生活费用还由林某承担；在与林某分手后以每月600元的价格单独租住他人书房。案发后，黄某某突然暴富，并将巨额现金几百万元出借他人，收取高额利息，以至于连他的同居女友林某都怀疑其来路不正而报案。第四，被害人交付第一笔180万元的巨款后，黄某某将一只红色帆布拉杆箱拿回与林某的同居地，随后归还给林某8.17万元现金。这只箱子与被害人用于交给"相濡以沫"安排来的人员180万元现金的红色帆布拉杆箱一致，且在时间上也吻合。第五，黄某某出借给他人的600余万元资金均系现金方式，而同期黄某某的银行账户并没有同等规模的资金进入和支出，故可以确定黄某某所出借的巨额资金均系以现金方式收取。这与被害人所作将巨额现金交付给"相濡以沫"安排来的人员的陈述相吻合。同时，黄某某每次出借巨额现金的数额和时间均与被害人交付被骗钱款的数额、时间相吻合。第六，黄某某在将巨额现金出借给他人的同时，还让林某向其表哥询问银行账户上突然多出一大笔钱会怎么样、使用连号的新钞能否查到从谁的账户取出等问题。第七，黄某某自己不敢去银行还贷，而是让林某代自己到银行归还房贷，还利用与朋友打牌的机会用新钞换旧钞等。综合分析上述证据可知：黄某某突然拥有巨额现金与被害人被骗巨额现金在数额、时间、包装物等细节上能够相互吻合。黄某某在突然拥有巨额现金后，既不敢直接存入自己的银行账户，而是主动出借给他人，又担心使用大量新钞会被警方查获，可见其当时的心态完全符合诈骗巨额现金后担心罪行败露的犯罪心态特征。据此可以确切地证明黄某某即系本案诈骗行为人。当然黄某某还有很多儿戏般的信口开河的辩解，不值得一驳，在此不再引述。

电子数据的审查就是对以电子形式存在的用作证据使用的一切材料及其派生物，包括电子信息正文本身和信息生成、存储、传递、修改、增删等过程中的电子记录，以及电子信息所处的硬件、软件环境的审查。

电子信息正文即数据电文正文本身，如电子邮件的正文，是证明待证事实的主要证据，可以证明事件的起因、过程、结果等重要事项。

关于反映电子信息生成、存储、传递、修改、增删等过程中的电子记录，以及电子信息所处的硬件、软件环境，首先，电子记录是附属信息证据，如电子信息正文是由哪一台计算机系统在何时生成的，由哪一台计算机系统在何时存储在何种介质上，由哪一台计算机系统或者 IP 地址在何时发送的，以及后来又经过哪一台计算机或者 IP 地址发出的指令而进行修改或者增删等附属信息。其次，电子信息所处的硬件和软件环境又称为系统环境证据，如计算机的硬件和软件的名称和版本。电子证据应当包括上述方面才能符合证据的法定要求。

审查判断电子证据，第一要看电子证据的生成。如数据电文是在正常业务中按照常规程序自动生成还是人工录入的，自动生成数据电文的程序是否可靠，有没有非法干扰；由人工录入的数据电文，录入者是否按照严格的操作规程、采取可靠的操作方法合法录入；计算机系统是否处于正常运行状态；如果不能正常运行，可否会影响到电子记录的真实性；等等。

第二要看电子证据的传送和接收。如技术手段是否科学、可靠；传递数据电文的中间人如网络运营商等是否公正、独立；数据电文在传递过程中有无加密措施；数据电文在传递过程中是否被改变；等等。

第三要看电子数据的存储，存储的方法是否科学；存储的介质是否可靠；存储数据电文的执行者是否公正、独立；数据电文是否被改动过；等等。

第四要看电子证据的收集。如是谁收集的；收集者与案件有无利害关系，如果收集者与案件有利害关系，则证据的可靠性值得怀疑，如果是司法机关收集的证据，则要看收集证据的程序是否合法；秘密收集的证据是否有合法的授权；收集证据的方法是否科学、可靠，收集者在决定对数据电文进行重组、取舍时，所依据的标准是什么，所采用的方法是否科学可靠；等等。

死刑案件的证据审查

毕竟是"人命关天"，每次办理死刑案件即使是死刑缓期执行的案件，所有的办案人员也应对此高度重视。目前在我国，司法界有一个公开的秘密，如果犯罪分子在犯罪过程中没有造成人的死亡，一般是不会被判处死刑的。如果有被告人被判处死刑，那就意味着在犯罪过程中有被害人的死亡，一个案件往往涉及两条生命，而这个案件会是那样令人悲痛与哀伤。

　　上述关于死刑的审判秘密，与平等、公平的大众情感有关。目前多数人仍然停留在刑罚的严重性与损害结果相当这一认识基础上，而不是改造一个罪犯需要多少刑罚。事实上要确定一个罪犯需要多少刑罚才能改造好，目前还没有实证的研究结果，因而在实践中也就没有一个统一的标准。即便在理论上，论述罪犯改造所需刑罚量的著作并不多。再说，罪犯个体的差异也不可能要求制定一个统一的量刑标准，只有法官根据法律和自己的经验来作出自己的判断，因而外界看到相同情节的案件量刑却大相径庭，悬殊颇大。刑罚过轻，起不到教育改造的作用，刑罚过重，既浪费国民的财富，也可能造成罪犯对过多刑罚的逆反，反而不利于罪犯的改造。这样的理念并没有成为我们这个社会的共识，即便是在司法界，也并不是绝大多数人都赞同这个理念。以前办理过这样一个案件：住在某公寓六楼的被告人与老婆吵架，拿起一只铁锅砸向老婆，老婆反应极快，躲了过去，铁锅在空中高速飞行，越过了老婆的头，飞到了窗外，恰好砸死了一位刚刚买菜回家的老邻居，被告人构成了犯罪，被告人同意赔偿巨款以弥补邻家的损失并抚慰他们受伤的心灵。但是被害人家属拒绝了赔偿，坚决要求法院判处被告人死刑，这个案子拖了很久才得以解决。先是定性，故意杀人还是过失致人死亡？被害人委托的律师坚定认为是故意杀人，其理由之一就是被告人扔铁锅的时候，如果他的老婆被砸到也必然死亡，因而他的行为就是放任的故意杀人，至于杀死的人是他的老婆还是别的什么人，并不影响定性。被害人家属听到律师这么讲，也就坚持要求法院判决被告人是故意杀人。法官觉得被告人在自己的室内与自己家人吵架，并没有杀人的意图，扔铁锅砸老婆，并不想将铁锅扔到楼下，铁锅飞出窗外是个意外，不同意判定被告人故意杀人，但在民事赔偿方面可以增加可观的幅度。但是被害人家属仍然愤愤不平，隔三岔五地到政府部门或者司法机关上访。

类似的案例不在少数。关于无死亡即不判处死刑的潜规则，虽然与同态复仇有着某种隐秘的联系或者说受到同态复仇的影响，但我宁愿它是法官们的同情心在起作用，因为不论是谁遭受到如此的横祸，那都是人生的最大不幸，还有什么比生命更重要的呢？如果没有死人，就没有必要杀掉一个人，除非是被害人被搞得生不如死，否则没有法官会下决心作出死刑的判决。

五、对死刑案件证据的审查

一起杀人抢劫案

下面笔者以自己承办过的一起杀人抢劫案为例来说明对死刑案件证据的审查。

冯某某、余某某两人因经济拮据而共谋抢劫，2008年3月4日凌晨1时许，两名被告人携带钢棍、手套、胶带等作案工具，至本市南汇区沪南公路3150弄双秀北苑小区东侧便道守候，在被害人王某骑电瓶车下班途经该处时，冯某某先将王某撞倒，随即两名被告人用钢棍猛击王某的头面部，并劫得王某价值人民币210元的诺基亚2610型移动电话一部及人民币125元后逃离现场。被害人王某因头面部遭击打致颅脑损伤而死亡。经过侦查，本案的证据有：

1. 证人龙某某的证言证实：2008年3月4日凌晨3时许，他骑自行车经过本市沪南公路梓康路以北约一百米处时，看见一女子头上、脸上流了很多血，仰面躺在非机动车道东侧地上，昏迷不醒，旁边地上斜靠着一辆电瓶车，故他拨打110电话报警。

2. 证人王某某（系被害人王某丈夫）的证言证实：他妻子王某应于3月4日凌晨1时30分左右下班到家，但王某未准时赶回，他于1时40分拨打王某移动电话时已关机，故他骑自行车外出寻找王某。凌晨3时多，他骑至沪南公路一绿化带旁的小路上时，看见有警察，并发现他妻子王某躺在地上，于是他与警察一起将王某抱上警车送往医院抢救。

3. 公安机关《现场勘查笔录》证实：现场位于本市南汇区沪南公路3150弄东侧非机动车道上。现场处的非机动车道为沪南公路西侧绿化带中开辟的一条便道，南北走向，路面宽2.5米，该处便道西侧是绿化带，东侧有一处南北宽8.0米的绿化带，再东侧是正在修建的沪南公路非机动车道。在东侧8.0米宽的绿化带与水泥路面的接壤处地面上有0.25米×0.25米的血泊，距血泊西侧0.3米处的水泥路上留有血迹，距血泊西南1.3米的水泥路中间地面上留有血迹，距血泊正南侧2.5米的绿化带地面上有一只深红色头盔，头盔下方有一只电动车反光镜。血泊与头盔之间的地面上留有两枚烟蒂，距血泊西南0.8米处的水泥路上留有一枚人体牙齿，距血泊西南6.5米处的水泥路上停放着一辆深蓝色电动车（该车已被社保队员移动过），此电动车右侧的反光镜脱落，电动车座位右下侧装饰板上留有血迹，左下方装饰板上留有新鲜擦划痕迹。距血泊西侧3.4米处，水泥路西侧的绿化带地面上有一只白色的马夹袋，内有女式内衣；距马夹袋西侧5.2米处的地面上留有一只深褐色的女式拎包，包的拉链呈拉开状，包上留有血迹，包内有姓名为"王某"的工作单位胸卡一张，《流动人口婚育证明》一本和一些纸巾，在《流动人口婚育证明》本上发现血指纹一枚，纸巾上留有血迹；女式拎包北侧0.1米地面上留有血迹，距上述血泊北侧10.0米处的地面上，留有两枚烟蒂。

对外围现场搜索，在距上述血泊北侧200米处的水泥路便道西侧绿化带内发现一根钢棍，此钢棍长0.44米，直径0.02米，两端有新鲜的打磨痕迹，钢棍上留有血迹；钢棍北侧30米处水泥路东侧绿化带内发现一只花色钱包，包内无物品；距钱包北侧18.0米处的水泥路西侧绿化带内地面上，发现姓名为

"王某"的身份证一张、姓名为"王某"的农业银行磁卡一张、"大润发"会员卡一张和卡拉 OK 会员卡一张。

现场提取血指纹一枚、血迹四处、烟蒂四枚、牙齿一枚、电动车一辆、女式拎包一只（内有《流动人口婚育证明》、胸卡、纸巾等）、白色马夹袋一只、头盔一只、反光镜一只、钢棍一根、钱包一只、王某身份证一张及农业银行磁卡一张、"大润发"会员卡一张、卡拉 OK 会员卡一张。

4. 公安机关《尸体检验报告》证实：被害人王某系生前被他人用钝器击打头面部致颅脑损伤而死亡。

5.《扣押物品清单》、被告人余某某及冯某某供述、被告人冯某某 2008 年 3 月 5 日辨认笔录及照片证实：（1）2008 年 3 月 5 日，公安机关在抓获余某某的同时，从余某某暂住处查获被害人被劫的诺基亚 2610 型黑色移动电话一部；（2）2008 年 3 月 5 日，从余某某暂住处查获一件黑色羽绒服，袖子上有血迹，羽绒服口袋内有一副白色手套，黑色羽绒服系余某某实施抢劫犯罪时所穿；（3）2008 年 3 月 5 日，公安机关扣押了被告人冯某某分得的剩余赃款人民币 63 元；（4）2008 年 3 月 5 日，被告人冯某某在对抛弃作案工具钢棍的现场进行确认时，公安人员在冯某某指认的地点（即本市秀浦路 668 号上海秀龙中药有限公司东侧围墙内）发现被丢弃的沾有血迹的钢棍一根并予以扣押。

6. 公安机关《手印鉴定书》证实：本案现场《流动人口婚育证明》本上照相提取的血迹手印痕迹一枚系被告人余某某左手拇指所留。

7. 上海市公安局物证鉴定中心《鉴定书》证实：（1）被害人王某伤口血迹、路面上两处血迹、被害人的包被遗弃位置地面上血迹、烟蒂旁牙齿、包内纸巾上血迹、死者右手指甲 5、勘验现场时提取的一根钢棍上血迹、黑色羽绒服上血迹系被害人王某所留。（2）经冯某某辨认现场所发现的钢棍上的血迹系余某某所留。

8. 上海市价格事务所南汇分所《物品财产估价鉴定结论书》证实：被劫诺基亚 2610 型移动电话一部价值人民币 210 元。

9. 证人夏某某的证言证实：他在本市浦东新区新浦路 658 号开了一家铝合金店。2008 年 3 月 3 日晚，一名小青年至其店内，要求其将一根长约 90 厘米的自来水管截成两根，他按要求截成两根并对管子的两端进行了打磨。2008 年 3 月 6 日，夏某某对公安机关提供的一组 10 张男性照片进行了辨认，确认其中 4 号照片上的男子（即被告人冯某某）就是至其店内要求将水管截成两根并打磨的人；同时，夏某某对 5 根实物钢棍进行了辨认，确认其中 3 号钢棍（即本案两名被告人用于作案的钢棍之一）与冯某某要其截断并打磨而成的钢棍一致。

10. 证人叶某某的证言证实：他是余某某的同事，与余某某暂住在一起。2008 年 3 月 3 日晚，余某某吃了晚饭七八点钟左右就出去了，并于次日凌晨一两点左右才回来睡觉。

证人聂某的证言证实：他是余某某的同事，与余某某暂住在一起。2008 年 3 月 4 日早晨，他看见余某某和冯某某一起睡在暂住处，但冯某某平时是和其妻子住在其他地方的。中午，他看见余某某拿出一只黑色移动电话，与其平常用的黑色摩托罗拉移动电话不一样，他问余某某移动电话哪里来的，余某某说是冯某某的，但晚上余某某还在使用该移动电话。

11. 证人韩某某、赵某某的证言证实：她们均系被害人王某的同事，在本市延锋百利得汽车安全系统有限公司工作，2008 年 3 月 3 日王某和她们一起上中班，4 日凌晨 0：30 下班，洗换一下衣服后一般是凌晨 1 时左右离厂。

12. 被告人余某某到案后在侦查阶段所作的 6 次供述及当庭供述中，被告人冯某某到案后在侦查阶段所作的 7 次供述及当庭供述中，均对两人共同抢劫并致被害人王某死亡的事实供认不讳，供述内容与本案其他证据能够相互印证。

2008 年 3 月 5 日、3 月 14 日、3 月 17 日，被告人余某某、冯某某分别对作案现场、作案工具、购买作案工具及丢弃作案工具的地点等进行了辨认，确认：（1）南汇区周浦镇沪南公路 3150 弄双秀北苑小区东侧绿化带内便道系两人实施抢劫犯罪并杀害被害人及作案后抛弃被害人随身背包的地点；（2）秀浦路 668 号上海秀龙中药有限公司东侧围墙处，系两人逃跑过程中，抛弃作案工具钢棍、被害人钱包及钱包内物品的地点；（3）南汇区周浦镇西大街 200 号一杂货店系两人购买胶带的地点；（4）被告人余某某对六台实物移动电话进行辨认，确认其中 2 号移动电话（即被劫移动电话）与从被害人处劫得的移动电话一致；被告人冯某某对六台实物移动电话进行辨认，确认其中 3 号移动电话（即被劫移动电话）与从被害人处劫得的移动电话一致；（5）经余某某对公安机关提供的五根实物金属管进行辨认，确认其中 1 号钢棍（即作案所用钢棍之一）与两人作案所用的钢棍一致；（6）经余某某辨认，沪南公路 3097 号江淮汽车销售店南侧绿化带一水沟系其丢弃被害人移动电话卡的地点；（7）经余某某辨认，浦东新区北蔡镇艾南村南张家宅一街道 18 号一杂货店系其购买作案工具手套的地点；（8）经冯某某辨认，浦东新区北蔡镇新浦路 658 号五金店系其为准备犯罪工具而切割钢棍的地点。

13. 公安机关出具的《案发经过》证实：被告人余某某系被抓获归案；余某某到案后，协助公安机关抓获了被告人冯某某。

14. 上海市精神卫生中心《司法鉴定意见书》证实：被告人余某某、冯某某作案时及目前均无精神病，均具有完全刑事责任能力与受审能力。

15. 身份资料表明：原审被告人余某某出生于 1987 年 12 月 2 日，实施犯罪行为时年龄为 20 周岁零 3 个月；上诉人冯某某出生于 1985 年 5 月 24 日，实施犯罪行为时的年龄是 22 周岁零 10 个月；两名被告人都早已达到完全刑事责任能力年龄。

作为公诉人，如何对这起可能判处死刑的案件证据进行审查呢？

第一次办理这样一起抢劫杀人的案件，虽然有心理准备，但是当我看到余某某、冯某某抢劫杀人时的残忍程度，仍然让我极度震惊，尤其是当我提审冯某某的时候，他描述杀人过程是如此轻松愉悦，像是在讲述一个有趣的与己无关的故事，我有些愤怒，问话的口气变得粗暴起来。但很快我的理智占据了上风，告诫自己不能感情用事，必须将犯罪的各种情节弄清楚。

犯罪发生，一个或者数个生命受到残害，是那么的不幸，无论是对被害人亲属、被告人及其亲属，还是对社会大众而言，这都是不幸。但是不幸之后，如果被告人被判死刑，还要有生命的殒逝，这又是何等的不幸！所以作为检察官对一个被告人提起公诉，如果建议判处死刑，那要对证据慎之又慎，对被告人有利的证据也要仔细审查核对并在出庭时予以适当地考量。

死刑案件的证据以客观证据为王。一般而言，对每一起死刑案件，都要列出客观证据的目录，物证类如犯罪的工具、贩毒的毒品等，书证类如记录纸、笔记本、信件、VCD 光盘、DVD 光盘、数据光盘、电脑硬盘、移动电子数据载体等，技术类如 DNA 鉴定意见、指纹鉴定意见、痕迹鉴定意见、微量物质鉴定意见、毒物鉴定意见、尸体鉴定意见，侦查类记录如勘验、检查、辨认、侦查实验等笔录，能够作为证据使用的基础类事实。公诉人要在很多证据中发现关键证据是功夫之一，因为有时证据太多，事实太多，模糊了视线，干扰了我们的思维，就可能使我们的案件证明发生根本性的偏向，导致错误的发生。

血指纹、烟蒂和钢棍（事实证据）

关于本案移送审查起诉的证据，我能够找到的客观证据有下面这些。在这些证据中，特别值得注意的是血指纹、烟蒂和两根带血的钢棍。

关于《流动人口婚育证明》。一般人不会将这种证明随身携带，更不会在路上拿出来，在发生突发事件的时候拿出来的可能性就更不存在，况且是带血的。根据生活常识和经验法则，我们就可以推断这枚指纹很可能是罪犯留下来的关键证据之一。如果经过鉴定，排除了受害人，那指纹一定是罪犯留下的。对此指纹必须采取重点措施，出庭时，这枚指纹必将起到至为关键的作用。

《手印鉴定书》说明本案现场《流动人口婚育证明》本上提取的血迹手印痕迹系被告人余某某左手拇指所留。这个鉴定确定余某某翻动过被害人的物品，留下了自己的指纹，很可能就是罪犯之一。

我们可以根据烟蒂上留下的唾液检验出吸烟人的 DNA 样本，如果被害人不吸烟，很可能是罪犯留下的烟蒂。如果留下指纹的人没有吸烟，则很可能不是一个人作案。本案最终确实有两名罪犯共同实施了抢劫杀人。但是这两名罪犯都不吸烟，烟蒂是过路的行人留下的。但无论如何，我们不能对烟蒂视而不见，即便是行人留下的，也要查证，不留下任何疑点。

带血的钢棍，也是我们出庭时必须重点关注的证据之一，因为带血，又是在现场发现的，我们有理由相信它就是犯罪的工具，从直觉上我们认为它上面的血迹很可能就是被害人的血迹，一般不会是罪犯留下的。

DNA鉴定和血液鉴定都是生物物证检验，根据DNA生物个体或群体识别技术，通过解释生物个体固有特征，作出个体同一认定或种属认定的确认或排除鉴定，进而可以证明有关事实的发生与否。生物物证的审查重点是生物物证和比对样本的提取、保管、移送、检验及论证过程的客观性和科学性。

经过鉴定，两根钢棍上的血型并不一致，是两个人的血迹。其中一根上面的血迹是被害人的血迹。以此事实为基础推断另一根钢棍上的血迹很可能就是罪犯留下的，也可能是制作这根钢棍的人留下的。最后查证的事实是留下血指纹的罪犯在另一根钢棍上划破了自己的手背，留下自己的血迹。

物证以其外部特征、物质属性、存在方式以及状态来证明案件情况，可以为查明案件事实提供线索和依据，是认定案件事实的可靠依据，也是验证案件中其他证据的有效手段，应当作为最佳证据优先予以运用。

审查中要特别注意挖掘并运用以下物证：作案工具，包括为进行犯罪而准备的其他工具，为毁尸灭迹、掩盖罪行而准备的工具等；赃款赃物，包括来源和去向；犯罪嫌疑人实施犯罪时所穿戴的衣着及其黏附痕迹等；被害人尸体状况、损伤特征、黏附的生物物证等；被害人、嫌疑人个人物品及其状况等；现场遗留的皮屑、毛发等微量物证；血液、体液、手（脚）印等痕迹物证。

物证审查中应重点查明：物证的来源，物证存在于现场的方位，与周围环境物品关系，物证原始特征等状态，并合理解释物证证明内容，充分挖掘物证在证明案件相关事实中的作用。

案发现场及关联现场的痕迹物证是揭露和证实犯罪行为过

程的重要依据。审查中要特别注意挖掘并运用以下痕迹物证：反映犯罪嫌疑人进出现场的；案发现场相关人员遗留的；现场相关物品、涉案物证、书证上遗留的。审查中应重点审查痕迹的形成与案件事实之间的关联性。可以通过痕迹形成的时间推断案发时间；通过痕迹形态、分布位置推断形成痕迹的行为过程或形成痕迹的工具；通过对打击痕迹的状态分析行为人作用力的大小等。

《尸体检验报告》确认被害人系生前被他人用钝器打击头部致颅脑损伤而死亡。经过比对，头骨的凹痕与现场发现的钢管尺寸相符，确认钢管就是致被害人颅骨破裂的工具。

尸体检验、人身检查是分析被害人死（伤）亡原因、致死（伤）工具、确认损伤状况的依据，也是查明犯罪过程的重要途径。审查尸体检验报告、人身检查笔录，应当结合创口分布、创道走向、伤势特征等损伤状况的细目照片进行分析。通过对损伤的部位、创口数量及其形态、创道深度等情况的分析，查明犯罪嫌疑人加害方式、力度，进而判定犯罪嫌疑人的主观故意内容；通过对损伤特征的分析推断作案工具；根据尸体现象查明死者身体伤痕是生前形成还是死后形成，以及根据尸体状况确定被害人死亡时间等。通过对被害人身体上的精斑以及口腔、指甲等处检出的生物物证，可以查明死者生前接触的有关人员。因此，要注意审查在检验、检查过程中是否在被害人身体、尸体有关部位提取到犯罪嫌疑人毛发、皮屑、血迹、体液等生物物证，进而建立关联性。被害人尸体高度腐败或死后被肢解、毁容等导致无法辨认应当审查是否进行 DNA 鉴定确认死者身份。

手机与技术侦查

公安机关在抓获余某某的同时，也查获了被抢劫的诺基亚2610型手机。当然这是公安机关移送审查起诉时的表达。我们可以这样来表达：根据被劫的诺基亚2610型手机，公安机关抓获了余某某并将该手机缴获。关于手机，现代侦查技术的最简单的手段就是手机定位，根据手机的定位又可以查到犯罪嫌疑人的位置。因而在本案中，首先是技术侦查的应用，准确地将犯罪嫌疑人定位，然后才可能抓捕和缴获罪证。这一证据在庭审中出示，基本上可以起到一锤定音的作用。由于侦查手段的应用，发现了一系列的客观证据，并由此发现了更多的派生证据，比如从余某某处发现了另一名罪犯冯某某的手机号码和照片，为抓捕另一名罪犯提供了方便，在另一名罪犯那里又缴获了被害人的其他物品，这些证据一环扣一环，形成了完整的证明体系。

手机、固定电话、网络等通信工具使用情况有助于查明案件事实，可以通过调查涉案人员的通信情况，确定案发时相关人员通信情况及其所处方位，对案件发生经过起到证明作用。

对作案过程中使用手机等通信工作的，审查中要注意查明是否已将手机等通信工具的使用情况作为当事人的一项基本信息记录在案，并对通信工具使用的相关情况进行调查取证。要注意审查：犯罪嫌疑人的手机是否扣押在案，扣押在案或已发还的手机是否对手机储存的信息予以提取、复制；查明与案件关联的手机、固定电话等通信情况与案件事实的关联性；查明涉案手机的联系人范围、移动轨迹，确定犯罪嫌疑人或被害人等相关人员在特定时间、特定区域活动情况及联络情况。审查中发现犯罪嫌疑人在作案期间使用手机之外的其他通信联络工具或载体的，如固定电话、网络电话、聊天工具、全球定位系统等，要注意挖掘并查证。

对于技术侦查的结果的体现方式，一般也要有一个法律形式，比如带有结论性的法律文书或者视听资料等。对这些证据的审查，首先要看有无使用技术侦查手段所获取的证据以及证据制作和说明情况；看看侦查机关采用技侦手段收集的相关证据有无密卷记录，是否造成证据环节的缺失。比如前面的杀人抢劫案，侦查机关对被抢手机的定位侦查，由于密卷没有移交检察机关，突然就有了一个抓获被告人的情况说明，中间就缺乏必要的说明。要看看对特情的使用及身份有没有相应审批材料予以确认；是否存在犯罪引诱的问题。我们认为犯罪引诱的合法性应当限定在毒品犯罪和恐怖犯罪的范围内，超出部分都属于违法，比如有的地方出现引诱出售非法制造的发票案、贩卖淫秽物品牟利案等情况，这都是不恰当的行为，应当严格禁止。对于技侦手段获取通话记录及短信是否在侦查初期就受到了重视？一般情况是超过电信部门保存的时限就不能提取相关的通话记录和短信，因此要及时获取这些信息；提取之后，要用适当的形式固定并让被告人（犯罪嫌疑人）签字确认。

公安机关坚决反对将技术侦查手段公开，理由是这会为以后的破案工作带来困难。目前在法庭上是否提出证据来源于技术侦查手段就比较棘手。如果按照公安机关的意愿，不说出是技术侦查手段，律师就会问你这些证据哪里来的，律师会要求相关人员出庭说明。即使你出示侦查手段，律师就更会要求你公开，否则就是伪造证据。我们认为就技术侦查手段而言，目前也仅限于很少一部分罪犯不了解，因为现在的电影、电视作品早已将这种定位跟踪技术公开了，尤其是在美国影片中，被追踪者发现自己怎么都摆脱不了追踪，最终发现是手机暴露了自己。有一部电影中的一个情节，一个夹藏在一沓钞票中的芯片就足以让持币人的行踪暴露无遗。在上海，现在很多贩毒分子已经不用手机了，而是通过最最原始的人与人面对面的联络，商定交易的各种细节，就连毒资也不往银行里面存了，全都放在自己家的保险柜里。几个月前，南京还有一位美女晒大笔现金，经查她的情人就是贩毒分子。我们与其羞羞答答、欲盖弥彰，不如大大方方地告诉犯罪分子，你所有的犯罪手段、犯罪工具在现代技术条件下，都将"石化"，都逃不出有强大技术支持的司法机关的法网，除非你任何现代工具都不用。如果什么现代工具都不用那就更好破案了，所以你还不如不犯罪。一个公开的宣示就能迫使犯罪复归原始状态，犯罪的效率会大大降低，成本会大大地增加，犯罪被发现的可能性更大，因而犯罪的发生率会大大降低，社会环境会更加安全、和谐。

技术侦查措施包括电子侦听、电话监听、电子监控、秘密拍照或录像、秘密获取物证、邮件检查等秘密的专门技术手段。技术侦查措施收集的材料作为证据使用的，应当予以审查。审查技术侦查措施收集的证据材料应重点查明是否履行了规定的审批程序；侦查人员是否制作了相应的说明材料，并且签名和盖章；采取技术侦查措施收集的物证、书证、视听资料及其他证据材料，如果要转换的，转换的形式是否符合证据要求；等等。对于利用技术侦查措施侦破的案件，按照国家规定技术侦查措施收集的原始材料应保存在侦查机关的，要审查侦查机关是否出具了有关案件来源和侦破经过的情况说明；承办人认为必须了解或者查明侦查措施的过程及方法的，可以到有关机关进行核实。

带血的羽绒服

从余某某暂住处查获一件黑色羽绒服，袖子上有血迹，羽绒服口袋内有一副白色手套；《鉴定意见》证实现场提取的钢管上血迹、余某某所穿的黑色羽绒服上血迹系被害人王某所留。被害人的血迹留在余某某的身上，更进一步确认了余某某的犯罪嫌疑人的身份。

审查搜查、检查笔录应查明是否提取了犯罪嫌疑人身体及其衣物上的可疑斑迹、携带的物品；是否详细记载了提取的部位、状态（如喷溅状、点滴状）并进行固定、拍照；是否详细记录了其人身特征、损伤情况及生理状态；等等。

对于死刑案件，审查中要注意从证人证言、口供等言词证据中发现可能存在客观性证据的信息或线索，进而挖掘并查证。对犯罪嫌疑人供述的作案过程，要与现场勘查记录、尸体（人身）检验报告相比对，寻找印证点和矛盾点，根据审查和补证情况对相关证据作出如何采用的取舍；证明犯罪嫌疑人购买、携带、丢弃、隐匿作案工具、涉案物品的行为过程，不仅要结合证人证言进行辨析，还要与搜查、扣押、提取笔录进行比对，没有提取的要补充提取，从而查明相关证据是否相互印证；案件发生途经相关公共场所和单位的，要审查是否存在监控资料，在相关现场安装有监控设备的，要审查是否已按法定程序予以提取，没有提取的要补充收集。

过度的解释

余某某的身上有被害人的血迹，他的指纹留在了被害人的证明文件上，他的血迹留在了距离犯罪现场约 200 米远的草丛中的钢棍上，而钢棍就是实施犯罪的工具。这几项证据都是客观的证据，都是直接指向罪犯的事实。几项证据结合，就不是一个过路人偶然碰到这件突发事件所能解释的。我们姑且假设一下，余某某碰巧经过一个抢劫杀人的现场，他翻看了现场被害人的尸体，被害人的血迹留在了自己的手上和衣服上，他翻看了被害人随身携带的物品，碰巧看到了一张《流动人口婚育证明》，他拿了起来，知道被害人就是一名在附近工厂上班的女工，两个月前刚刚生育过一个男孩，现在上夜班刚刚下班，回家的路上遭遇不测，因此他的血手印就留在这张证明上，他想自己正需要一部手机，现场正好有一部手机，他就随手拿起被害人的手机，离开了，回到自己的租住地。我们无法知道为什么在凌晨 2 点左右他到距离自己租住地 10 公里以外的这条小路上，对此他必须有个合理的解释。我们可以不顾他的解释的合理还是不合理，但是我们无法忽视距离尸体 200 米以外的草丛中的钢棍上留下了他的血迹，为什么？经过鉴定，这两根钢棍就是杀害被害人的工具，解释就只能有一种，唯一的一种，那就是余某某就是抢劫杀人的凶手，他就是犯罪分子。这些证据足以排除一切合理怀疑地确认余某某就是罪犯或者是罪犯之一，即使没有被告人的供述，或者被告人极力否认自己犯罪。

如果还有人认为余某某碰巧那天拿了两根钢棍，在犯罪现场涂上了被害人的血迹，由于害怕被当成罪犯而被抓，将钢棍扔到了距离案发现场 200 米以外的地方，那也是成立的，但是钢棍如何就是用来杀害被害人的工具呢？因为该钢棍经鉴定是犯罪的工具。科学合理的解释就是余某某用该钢棍杀害了被害人。如果你非要说也许有人拿了一根粗细轻重完全相同的钢棍作案，作案后又将钢棍带走了，真正的罪犯还没有抓住。笔者不能说你是错的，但是结合全案证据，笔者只能说你的解释充满了偶然性，偶然性的解释变为必然性，那就超越了合理解释的限度，成为一种过度的解释。对有利嫌犯的证据过度解释可能造成罪犯逃脱惩罚，对不利嫌犯的证据过度解释可能造成冤假错案。

解释的过程实际上就是推定的过程，也是根据日常生活经验、法则以已知事实推出未知事实的一种断定规则，可以分为法律推定和事实推定。在事实推定方面首先主要限于推定犯罪的意图，比如与人打架，你使用了致命的武器，枪支、斧头等很容易致人死亡的工具，就此可以推断你杀人的意图是存在的。就如本案，犯罪分子在深夜持有两根钢棍，见到过路的行人就劈头盖脸地打将下来，钢棍的打击力度如此巨大只要一次打击就将被害人的头盖骨打碎了。根据推定规则，即使被告人再三强调是为了抢钱，并不想杀人，但我们可以毫不犹豫地推定其杀人的故意存在，其放任死亡结果的发生毫无疑问。其次是推定犯罪的故意，比如根据案件的客观事实，我们可以推定某人在实施犯罪行为时的主观心理状态，从而得出其犯罪意图，进而得出其犯罪的主观罪过形式。在本案中，犯罪分子抢取了被害人的手机和一百多元钱，对其身体没有进一步的侵害如侮辱、奸淫等，我们可以推断其目的就是图财。两种推断的结合就可以得出本案是一起图财害命的案件，定性就出来了，抢劫！如果在法庭上证据出示到这种程度，罪犯还不承认自己的罪行，那就可以断定罪犯的主观恶性十分严重，在量刑时必须予以考虑。

推定还有一种即推定明知。某公司的董事长、总经理交给下属没有发生任何交易的虚开的几百万元的发票，让手下报销并将现金交给他。下属将大部分的现金交给了董事长，而自己留了 20 万元。后董事长被判贪污罪成立，而那位下属说自己并不知道董事长贪污，认定他为共犯，他认为缺乏主观方面的明知。但财务人员按照上级明显违反财经制度的指示报销发票，他应当很清楚这种行为的不法性，不管上级的罪名是什么，手下都构成了帮助共犯，他的罪名与上级的罪名相同。主观上犯罪的明知内容即为推定的内容。

分析论证应当以客观性证据为核心，坚持用客观性证据证明或验证案件相关事实认定。在审查报告中笔者一般从客观性证据分析论证开始，然后再从其他证据入手分析论证。有时也依客观性证据为主线分析论证，辅以其他证据来加强客观性证据的证明力，说透案件事实和罪过程度。也有根据案件发生过程进行分别论证，但每个环节论证必须突出客观性证据的分析论证。

在分析论证客观性证据的过程中，要准确把握客观性证据的证明内容，既要防止对客观性证据的解释过度，也要防止解释不足。

你能到法庭上作证吗——关于言词证据

言词类证据，就是用语言表达出来的有关案件各方面的描述，人物、事件、时间、环境、过程等，比如证人证言、被害人陈述、犯罪嫌疑人或者被告人的供述。这几种言词证据都具有主观性强、不够客观的特点。被害人陈述往往夸大受害程度，对现场不可能仔细地浏览记忆。犯罪嫌疑人或者被告人的供述往往朝着有利于自己的方向发展，有的供述干脆就是谎言，一点真实性都没有，有的供述还有误导侦查的意图在内。证人，作为案件的局外人，由于自身的原因也由于外在条件的限制，比如时间、地点、方位等的影响，很少能够完整而准确地说明犯罪的细节，有时作完证以后，在辨认时竟然指认一个特征完全相反的人是嫌犯。

报　案　人

证人龙某某的证言，证实他发现犯罪现场并报案。证人报案的早晚，对于有些案件的侦破起到至关重要的作用，但是对于本案，报案的早晚对案件的侦破影响不大，因而龙某某的证言对案件的定性和量刑作用不大。

被害人的老公

证人王某某（被害人的丈夫）的证言，证实被害人是他的妻子王某。王某某的证言确认了被害人的身份，其对妻子受害惨状的描述使人们对犯罪分子的残暴有了更为直观的认识和了解，特别是该被害人两个月前刚刚生产了一个男婴，母亲的去世，使得人们对这个孩子的将来充满了担心和忧虑，更激起了人们的义愤，对量刑有着巨大的影响。

钢棍制造者（矛盾指认的排除）

证人夏某某的证言和辨认笔录，证实冯某某在案发前一天到他的店内购买钢棍并要求他打磨成两根，也就是现场发现的钢棍。后来又说余某某是要求他打磨两根钢棍的人。由于他辨认笔录两次前后矛盾。但有一点可以肯定，在十张供辨认的照片中，夏某某准确无疑地指出了冯某某，在另十张供辨认的照片中，夏某某又准确无疑地指出了余某某。当问及几个人去购买钢棍，夏某某又不敢肯定。我猜测冯某某和余某某两人都去过这个商店，但没有证据，因此我们认为夏某某的证言没有庭审证据价值，应当排除。我们也认为，夏某某的证言可以作为我们定案的参考信息，佐证我们的判断，对形成我们的内心确信极有帮助，可以验证案件一个方面的事实。

作案工具是犯罪嫌疑人与犯罪结果、行为建立联系的纽带，作案工具的来源可以说明主观故意内容，可以验证供述的真伪；查明作案工具持有和使用人，可以区分实行行为人。因此，应当重点审查作案工具的来源及提取过程，查明作案工具是在犯罪现场提取还是在犯罪嫌疑人身上或住所提取；作案工具不是在作案现场提取的，应当审查是侦查机关提取在先，还是根据犯罪嫌疑人供述后在抛弃、隐匿作案工具地点提取的；根据在案材料不能查明的，应当要求侦查机关补充说明。作案工具上提取到血迹、毛发、指纹等痕迹或生物物证的，要审查是否已检验或者鉴定，以查明是犯罪嫌疑人遗留还是被害人遗留。如在本案中，两根作案用的钢棍上不仅有被害人的血迹，也有作案人的血迹，经过鉴定，即可以确认留下血迹的人为嫌犯之一。提取在案的作案工具，应当交由犯罪嫌疑人或知情人辨认，并查明作案工具的准备过程，以便判读犯罪嫌疑人的主观故意内容；如果作案工具不能提取到案的，应当审查不能收集到案原因及其合理性。

他当天晚上没有上班

余某某的同事叶某某证实，余某某有作案时间，叶某某证实在案发的那天晚上，余某某并没有上班，不知去向，也许回到了自己的租住地，也许到某个影院或者网吧或者逛大街了，也许就是去犯罪了。这一证言不是指控证据，而是一种条件证据，对查明的犯罪起到佐证、旁证的作用。

他回来很晚，且多了部手机

证人聂某的证言，证实他是余某某的同事，案发当日早晨，他看见余某某和冯某某很晚才回来，他们一起睡在暂住处，但冯某某平时是和妻子住在其他地方的。中午，他看见余某某拿出一部黑色诺基亚手机，与其平常用的黑色摩托罗拉手机不一样，他问余某某移动电话哪里来的，余某某说是冯某某的，但晚上冯某某走后，余某某还在使用该移动电话；这一点引起了他的怀疑，他认为他可能是偷来的手机。对于赃物的提取也要及时、规范，以防丢失，或者造成不可挽回的损失。曾经有一个抢劫案件，侦查人员预先知道了赃物的去向，但没有及时提取，而是先去找证人提供证言，结果数十万元现金下落不明。

是我杀的人，不值得，就一百多块

被告人余某某到案后供述，承认自己用钢棍砸了被害人的头，从被害人身上扯下被害人的拎包，将其中的东西倒出来，用出生证明拨弄其他物品，翻看了一下，拿走了一百多元钱和一部手机，离开现场很远才将钢棍扔掉。后来他和冯某某将现金分了，手机他留下了。

交代的犯罪细节与现场勘验笔录记载一致，与冯某某关于犯罪细节的供述完全一致，但是他强调说冯某某没有动手打人，他还说为了一百多元这点小钱，就杀了人，自己也可能被判处死刑，真是不值得！

是我杀的人

另一罪犯冯某某到案后供述，承认自己犯罪，是他用钢棍砸了被害人的头，余某某从被害人身上扯下被害人的拎包，将其中的东西倒出来，用出生证明拨弄其他物品，翻看了一下，拿走了一百多元钱和一部手机，离开现场很远才将钢棍扔掉。后来他和余某某将现金分了，手机余某某留下了。

交代的犯罪细节与现场勘验笔录记载一致，与余某某关于犯罪细节的供述完全一致，但是他也强调说余某某没有动手打人，具体实施犯罪的就是他自己。

我们想知道为什么这两个犯罪嫌疑人都急于承认自己就是实施犯罪的人，急于自己承担刑事责任，而不是像其他共同犯罪那样，将罪责推给别人。经过调查，原来这两个人是表兄弟，他们的母亲是亲姐妹。余某某有一个兄弟，而冯某某是家中的独子，因此余某某想自己承担责任，把机会留给冯某某；还有余某某认为自己年龄较轻，判刑不会太重，因此自己承担责任对两个人来说都是最好的结局。而冯某某则认为自己已经结婚，且有了个男孩，而余某某还没有结婚，更没有孩子，因此他想将责任全部承担下来，让余某某逃避刑事责任。我们不得不承认他们都是很讲"义气"的人，但是对待被害人如此残酷无情，犯罪前后的行为反差如此巨大，让人唏嘘不已。

我看到了，就是他（言词证据的真实性）

刑事案件的其他证据，比如环境证据，包括天气、道路、照明、能见度、周边建筑、声音，部分内容可能已经归入现场勘验笔录，但也有很多勘验笔录漏掉的信息，对形成证据的证明体系极有帮助，这是不能忽略的。余某某、冯某某抢劫杀人案还有：公安机关出具的《案发经过》，证实两名被告人的到案情况，被告人余某某被抓获归案并协助公安机关抓获了被告人冯某某；身份资料，证明两名被告人都超过了 20 周岁，达到完全刑事责任能力年龄，只是余某某刚过 20 岁，而冯某某快 30 岁了；精神卫生中心《司法鉴定意见书》，证实两名被告人具有完全刑事责任能力与受审能力。

关于环境因素，案发时的明暗度，对案件也有十分重要的影响，如余某某、冯某某抢劫杀人案，由于作案时间在凌晨 1 点左右，有一个证人作证说他在距离案发的小路 100 多米，他看见两名被告人从那条小路走出来。我看了现场勘验笔录，并没有光度的记述，实地去看一看，即使在最明亮的夜晚，处于 100 米远也很难看清从那条走出来的人的模样。证人证言就被及时地排除了。但证言从一个方面证明了案发当时有两个人从这条小路经过，验证了被告人所作的两个人一起从小路的一头走出的供述。

他是不是精神病患者（司法医学精神鉴定）

案件办理过程中，冯某某提出余某某从小就患有癫痫病，但是经过对其家人和朋友的调查和了解，并对其就读的学校老师进行调查，证明这纯属冯某某为了减轻余某某的刑事责任而编出来的谎言。但是为了慎重起见，侦查机关还是委托了具有法定鉴定资质的省级医疗单位对余某某进行了鉴定，不仅对余某某进行了鉴定，而且对冯某某也进行了鉴定，结论是这两名被告人没有精神病，具有完全刑事责任能力和受审能力。

鉴定意见是鉴定人运用自己的专门知识或技能，通过科学技术手段和方法对涉案物品或人身等作出分析意见和结论，是发现和认定事实的重要手段。对鉴定意见应当在审查基础上采信，对尸体、人身检查以及物证鉴定等鉴定意见应当重点审查：委托鉴定的程序等是否符合法律规定，检材提取时间与委托时间是否矛盾，鉴定人员的资质是否适格，检材的提取、保管、移送、鉴定程序等是否规范，鉴定意见中关于检材的来源与现场勘查笔录或相关提取笔录是否对应，鉴定过程是否规范，鉴定方法是否科学，鉴定意见分析论证是否清晰严密，鉴定结论是否科学，鉴定意见是否告知案件当事人等。

对于涉及犯罪嫌疑人、被告人和其他当事人的物证、书证、视听资料、电子数据等要审查是否需要鉴定，对于需要鉴定而未鉴定或只作部分鉴定的情况，应当查明原因，条件具备的应要求补充鉴定。鉴定意见存在下列情况或疑问的，应重点加以核查，必要时应重新鉴定：对同一事项进行多次鉴定的；鉴定主体不符合法律规定的；检材来源不明的；对鉴定过程、鉴定意见存在重大疑问的；鉴定意见与在案其他证据存在矛盾，应当查明原因并综合分析的。

审查中发现对同一事项多次鉴定且鉴定意见不一致的，其他未移送审查的鉴定意见应当要求侦查机关补充移送。

根据以上证据我们可以将案件还原一下：表兄弟冯某某、余某某手头拮据，两人商量，找个弄钱的办法，来钱最快的办法就是抢劫，遇到反抗怎么办？那就做掉。如何做掉？找个工具，两个人一起干，不愁搞不到钱。到哪里去找？到一个五金店，做两根顺手的钢棍。冯某某或者余某某或者两人一起就去夏某某的店里定做了两根钢棍。到哪儿去抢劫？当然找个偏僻的地方，否则会被当场抓到，太不值得了。兔子不吃窝边草，不能靠近自己住的地方，那就在离我们这儿十几公里的康桥如何？当然好，人少，路宽，容易逃跑。什么时候？当然是夜深人静的时候，晚上不容易被发现，否则也容易被抓。案发当天，两人都请了假，跟打工的单位说今天有事。现在到了现场，就是案发的小路上。有个人骑着电瓶车过来了，灯光照到了他们身上，他们假装走路，靠近这个骑电瓶车的人，冯某某故意撞了一下骑车人，骑车人倒下了，没等他站起来，冯某某、余某某二人就用钢棍劈头盖脸地打将下去，骑车人发出了痛苦的叫声，原来是个女的，不能让她叫，两人用尽全身力气，将钢棍打在她的头上，只那么两下，她就沉默了，倒在地上，不动了。不知道怎么回事，余某某的右手竟然流血了，涂在了钢棍上。余某某用左手从她身上扯下拎包，翻了翻其中的东西，看到一张流动人口怀孕准予出生的证明，包里还有 125 元钱和一部手机，拿起这些，两人赶紧跑了。跑了一段路，两人将钢棍扔掉。两人打车回到了余某某的租住地，太晚了，冯某某当晚就住在余某某这里，两人将 125 元分了，手机就留给余某某吧。

这个案件能够获得的证据都直接或者间接地指向两名被告人，形成了完整而结论排他的证明体系，可以达到了排除任何合理怀疑的程度。

某些人即便是犯了罪，仍然有些人性的闪光点，比如本案的被告人，他很讲义气，也有担当的勇气，没有任何抵赖就承认了自己的犯罪行为并作了详细的供述，包括犯罪的所有细节，为案件的侦破和司法程序的顺利进行带来了方便。只是由于他的罪行太过严重，情节极其恶劣，否则不一定会被判处死刑。

但是也有的死刑案件，被告人不但不承认自己的犯罪，而且还会以刑讯逼供为由逃避责任，给案件的承办带来很多麻烦，这里不但涉及证据的充分，还涉及非法证据的排除，更值得注意的是在什么情况下才能达到"足以排除任何合理的怀疑"？合理怀疑的边界是什么？是不是被告人或者其辩护律师随便提起一个毫无根据的说法，司法机关都要去查证？就此问题，我会在后文中予以阐述。

六、证据获取的其他方式

女黑车司机被害案

有一个死刑案件，被告人不断地提出各种各样的理由拖延诉讼的进行，以至于法官最后都快要失去了耐心。案件大致这样的：

陈某某携带事先准备的铁榔头，在上海市某区一个偏僻的路口，租乘被害人傅某某驾驶的小轿车，伺机抢车。当车驶至某新村某幢楼西侧停下时，陈某某趁傅某某找零钱之机，使用所携带的榔头连续猛击傅某某的头部，致傅某某昏迷。之后，陈某某因远处有人经过怕被发现而弃车逃离现场。傅某某因颅脑损伤经抢救无效死亡。该案件被告人最后被判处了死刑。

本案的客观证据有以下几项：《现场勘查笔录》证实案发现场情况，一件带有大量血迹的黑色夹克衫和内装有一把红色铁锤、一张地图等物的塑料袋，一件灰色"CHONGMENG"牌西服，西装的口袋中发现有松江火车站内使用的行李寄存票根。

根据这个票根，侦查人员找到了松江火车站工作人员左某某，从他那里调取了一张写有陈某某姓名和身份证号的蓝色纸条，根据这个身份证号码找到了陈某某，并将其抓捕归案。

其中，《文检鉴定书》证实纸条上的笔迹与陈某某的笔迹相同，《DNA鉴定报告》证实该件西服上带有陈某某的DNA，《尸体检验报告》证实傅某某系生前被他人用钝器击打头部等处致颅脑损伤而死亡。

证人证言等言词证据包括：松江火车站的工作人员左某某对陈某某进行了辨认，确认陈某某就是在车站留下姓名和身份证号的人。证人鲁某某多次作证说看到陈某某就是案发当日在发案轿车内击打被害人并逃逸的那名男子。另两名证人蒋某某、施某某也证实从发案轿车上下来的男子外貌特征及案发时间、地点、案发现场情况等与证人鲁某某的证言相一致。证人陈某兰、许某才、许某忠的证言证实在现场留下的黑色夹克衫、西服是陈某某穿过的衣服。根据以上证据，公诉人认为足以认定被告人实施了抢劫行为，并在抢劫的过程中杀死了被害人，抢劫罪名成立，请求判处被告人死刑。

然而被告人及其辩护律师则不这么认为。被告人承认那些衣物是他的，但他声称自己在火车站寄存的包裹后来丢失，具体在哪里丢失，自己也不知道，可能是在上火车之前，也可能是在火车上被小偷盗走，至于为什么他的衣物会出现在犯罪现场，他也不清楚。他承认租过被害人的车，但是他没有实施抢劫杀人行为，谁干的，他也不清楚。律师说被告人的衣物出现在现场可能是熟悉被告人的人偷了他的衣物，在抢劫杀人之后故意将被告人的衣物放在现场，一是迷惑侦查人员，二是将罪责转嫁给被告人以逃避自己的刑事责任。

鲁某某多次作证说看到陈某某就是案发当日在发案轿车内击打被害人并逃逸的那名男子。但是律师去过案发现场，鲁某某经过的案发现场的小路距离案发现场有 400 多米远，即便是在阳光明媚的中午，要看清并记住 400 米远的人的相貌也是困难的，何况案发当日天气有些阴，有气象台提供的数据为证。如果说距离 400 米远，看清一个人的穿着的颜色倒是有可能的。

另两名证人蒋某某、施某某也证实从发案轿车上下来的男子外貌特征及案发时间、地点、案发现场情况等与证人鲁某某的证言相一致。这两名证人的证言同样因为距离的问题受到怀疑，其中一人的视力并不好，如何能够看得那样清楚？

指控犯罪的证据不能排除所有合理的怀疑，无法得出唯一的必然的结论，案件到此陷入了僵局。侦查机关坚持认为就是被告人实施了这个犯罪，不肯撤销案件，法院则认为证据不足，请检察机关撤回起诉或者补充侦查，看看能否搜集到足够的证据。检察机关则给侦查机关提出能否使用狱侦贴靠？

死刑案件在关键事实上缺乏客观性证据，不能排除合理怀疑的，不能定案。客观性证据缺失或者不充分，不能当然得出案件证据不足的结论，需结合全案证据进行综合分析，慎重提出处理意见。客观性证据无法形成完整的证据体系，但能够分别证明案件事实的不同环节的，通过在案其他证据的链接，能够有机连贯起各个不同环节，进而证明整个案件事实的，应当予以认定。比如在本案中，一个特殊情况的发生改变案件的进程，即狱侦贴靠的使用。

狱侦贴靠或者特情

在罗伯特·利特尔的著作《罪恶之圈》第 19 章，一名面似阿拉伯妇女的以色列人黛丽菈（Delilah）被安排进入一名阿拉伯妇女玛丽（Maali）的囚房，她全身血污，显然受到了刑讯逼供，她受到的痛苦和她的坚强赢得了玛丽的同情，他们成了好朋友，互相安慰，互相帮助。不久监狱的看守通知黛丽菈，她的丈夫因为自残而被送进了医院，律师现在来保释她，让她去医院照顾自己的丈夫。临行前，黛丽菈问玛丽有什么话带给她的丈夫，玛丽说出了丈夫的联络地点和带话的内容。黛丽菈实际是以色列的情报人员，她获取的情报让以色列方面破获了一个恐怖活动网，玛丽因此自杀。黛丽菈就是我们所说的狱侦贴靠或者特情。①

我们在审查起诉的过程中，也会经常碰到某某证人的证词，说明某被告人曾经对证人说过犯过什么什么罪行，经查证属实。而在卷宗中很少见到证明证人与该案的关联关系的说明。遇到这种情况十有八九是狱侦特情，但为了保险起见，还是要弄清楚这名证人是怎么回事，要和侦查人员联系，搞清楚这名证人的具体情况，如果是监狱内的贴靠人员，对其证言也十分慎重才好。

一般而言，为了侦查案件的需要，经过特别批准，在需要挖掘犯罪线索或者证据的犯罪嫌疑人或者被告人身边安插一名或者几名特侦人员，可以是已经定罪量刑的已决犯，可以是戴罪立功的等待判决的被告人，也可以是侦查人员自己进入关押场所贴近犯罪嫌疑人或者被告人，套取相关的犯罪信息或者证据。狱侦贴靠获取的证据有时在形式上与实际有出入，比如临时安插到侦查对象身边的人员往往使用虚假的姓名，而在证言上则使用真实的姓名，某些情况下，这是被告人极力否认这一证据效力的主要原因，因此要对此作出特别的说明。

柳暗花明

在"黑车"司机被杀案中，侦查机关将快要刑满出狱的刘某某安排进陈某某所在的监室，虽经努力，陈某某对刘某某一直充满戒心，一个字也不露，狱侦贴靠没有取得任何结果。过

---

① Vicious Circle, Robert Littell, Woodstock & New York, pp. 140 - 143, 2006.

了一段时间，与陈某某同监室的谢某某释放出狱，在离开监狱前，他向监狱的看守说要见监狱的领导，于是某个管区的主管与他聊了聊，谢某某确认该人就是领导以后向他提交了一张有字迹的锡纸，并说这张纸是同监室的陈某某让他交给朋友的，他不知道写些什么，但他想肯定不是什么好事，自己也怕担责任，于是就交给了警方，并说明以后有什么事都与他无关。原来在同处一室的几个月里，谢某某与陈某某成了好朋友，陈某某向谢某某透露说自己抢劫轿车并杀了人，听说谢某某很快就要出狱了，他说请谢某某帮个忙，谢某某说没有问题。待到谢某某释放出狱的那天，陈某某将一张有字迹的锡纸交给谢某某，纸条上的内容是陈某某要求朋友为他作伪证，如果警察找到这位朋友，朋友就说某天，实际就是案发那天，朋友一整天都和他在一起。经过鉴定，字条上的字迹确系陈某某所留。柳暗花明，得来全不费功夫啊！

开庭时，陈某某否认自己抢劫杀人，所有证据都指向犯罪，但都不能确认犯罪人，所有证人的证言都受到严重质疑，指认陈某某租乘被害人车辆的证人证言只是一个犯罪条件，证明陈某某租乘过被害人的车，但不能确定就是陈某某实施犯罪；路过犯罪现场的证人证言由于证人与现场距离较远的缘故也不能确认就是陈某某作案；被告人和辩护律师针对贴靠证人谢某某的证言都说是被告人的戏言，不足为凭。但是当公诉人拿出陈某某请谢某某转交给他的朋友的字条时，被告人终于认罪了，承认了自己抢劫杀人的犯罪事实。

这个字条就是典型的书证，以其反映、记载的信息内容证明案件事实，在本案中证明陈某某急于掩盖的杀人事实。书证可以直接证明案件的性质、作案动机和目的，可以鉴别其他证据的真伪，揭穿虚假的言词证据，在定案中起着十分重要的作用。审查中要特别注意挖掘并运用以下书证证实案件相关情节：

日记、记事本、通信信息等所记载的信息与案件的关联；购买、租借作案工具的凭证；住宿记录、车船票、驾驶或乘坐营运交通工具的路、桥收费票据、加油票据等书面凭证；与犯罪相关的资金往来的存折、银行卡、存取款凭证、银行交易记录；犯罪嫌疑人实施犯罪时与被害人搏斗或其他原因形成的身体损伤诊疗记录期间的气象、水文资料等。

对以记录内容证明案件事实情节的证据，也要重视审查和验证，如车载监控、区域监控的相关资料，报案记录、投案记录、抓获经过、破案报告等能说明相关情况的书面材料。书证审查中应重点查明：书证的形成过程，书证反映内容与案件的关联，强化书证在证明案件相关事实中的作用。

对于侦查机关使用狱侦手段办理案件的，承办人应当细致审查侦查机关制作的两名以上狱侦贴靠人员分别陈述犯罪嫌疑人流露出来的作案事实或者抗审心理情况的讯问笔录，仔细比对笔录的相同点和不同点。值得注意的是，侦查机关往往一次只用一名狱侦贴靠人员，而不是同时派两名；如果在不同时间使用不同的贴靠人员获得了相同的信息，贴靠人员互不认识，不了解彼此的角色和任务，那么这类信息的真实性即可得到确认。对于只有一个贴靠人员接近贴靠对象，得到的信息要仔细甄别，了解贴靠人员的背景资料，获取信息的方式、途径、贴靠人员的目的。有的贴靠人员为了立功，针对贴靠对象故意编造信息，一旦通过认证，将造成灾难性的后果。几年前袁连芳诬告陷害案①就是教训，袁连芳为了获取特情经费、立功减刑，先后两次作为狱侦贴靠造成冤假错案。

承办人应当在审查起诉阶段对狱侦贴靠人员陈述进行复核

---

① 参见《袁连芳：为两起惊世血案作证获减刑的神秘囚犯》，载中华论坛，http://club.china.com/data/thread/1011。

的讯问笔录。狱侦贴靠人员讯问笔录，应当附有侦查机关设立狱侦贴靠人员的内部报告文书和两名以上侦查人员制作的、分别向他们布置贴靠犯罪嫌疑人工作的谈话笔录。这是贴靠人员证言合法性的必然要求。狱侦贴靠人员复核讯问笔录，应当记录检察人员告知"根据刑事诉讼法第60条和第123条的规定，证人有如实提供证言的义务，故意作伪证的要负法律责任"的经过，及贴靠人员陈述侦查人员布置其贴靠犯罪嫌疑人的经过等内容。对于涉嫌违反法律规定取得物证、书证的，承办人员应当要求取证人员详细说明取证过程，取证过程中有证人的，应当询问证人核实具体情况。

狱侦贴靠的取证过程不仅要内容合法，程序也要合法有据。

上述物证、书证如果来源不明，或者不是原物、原件，或者未经过辨认、鉴定，或者照片与实物不相符，或者在收集、保管、移送及鉴定过程中受到破坏或者改变，或者提取、固定没有细目照片，或者提取、固定的程序有严重瑕疵，或者证明内容与犯罪嫌疑人、被告人供述或证人证言存在矛盾，应重点加以核查、补正。

定案的客观性证据之间，或与言词证据之间存在矛盾的，应当及时进行甄别，以排除定案证据之间的矛盾或矛盾能够得到合理解释。

对于客观性证据之间的矛盾，审查中应当结合每个证据获取、记录、移送等各个环节进行逐一比对分析，找出原因，排除矛盾。

对于鉴定意见与其他证据之间的矛盾，审查中应当分析检材来源、鉴定过程、鉴定条件等情况，与其他证据进行充分比对确认，排除矛盾或作出合理解释。

对于客观性证据与言词证据之间的矛盾，审查中应当通过补充讯问、询问，查明产生矛盾的原因，审慎作出排除或采信相关证据的决定。

现场勘验、检查笔录是反映犯罪嫌疑人与犯罪现场关联性的重要证据，审查时应结合笔录的记载内容、现场照片、提取笔录、扣押笔录、被告人供述、被害人陈述等，全面分析判读现场勘验、检查笔录蕴含的案件相关信息，查明犯罪嫌疑人在现场是否遗留手（脚）印、作案工具、血迹、体液、纤维、穿戴物品等实物或生物物证，查明犯罪嫌疑人进入中心现场的路径以及在现场的活动轨迹，查明是否可能存在应当提取的物证而未提取、已提取的物证未移送审查的情况。

对现场提取的物品、痕迹等客观性证据的审查，应通过比对现场照相、录像等方法，重点审查现场概貌、提取方位、重点部位特征、细目状况等，确保证据提取的合法性和客观性。

现场勘验、检查笔录存在下列情况或疑问的，应当查看现场并重点核查：与现场照片、扣押清单、移送清单、提取笔录不相符的；与犯罪嫌疑人的供述、被害人陈述、证人证言不一致的；多次对现场进行勘验的；现场被破坏的，勘验原因不明的；检查，但未分别记录说明的；检查现场时间距离案发时间过长的；犯罪嫌疑人归案后不能准确辨认或指认现场及物品的。侦查机关已对现场勘验、检查、搜查、辨认等过程进行全程录像，但未随案移送的，核查时可以要求侦查机关补充移送相关视听资料进行审查。

审查辨认笔录应当在查明辨认是否符合相关规范的基础上，重点审查侦查人员在组织辨认前是否已询问并记录了辨认人对辨认对象的特征、形态的描述，尤其是隐蔽特征描述的记录是否全面，以判定辨认活动的客观性。

组织犯罪嫌疑人对作案现场进行辨认的，辨认笔录应详细记录辨认过程。审查现场辨认笔录应当查明辨认人在辨认前是否对现场方位、附近标志物、进入现场路线、现场实物摆放、作案中遗留物品等情况进行供述；审查犯罪嫌疑人指认犯罪现场、丢弃赃物和作案工具、抛尸现场等过程所拍摄固定的影像资料是否与犯罪嫌疑人供述相符合。

犯罪嫌疑人对埋尸地点进行辨认的，应当审查在挖掘前是否详细讯问并记录尸体摆放的方位、形态、姿势以及附属物等内容的供述，并与实际挖掘后的状况进行比对。

侦查实验是采用模拟重演的方法，证实在某种条件下行为与结果之间因果关系的方法。其目的是确定相关行为是否发生、发生的条件，以及会发生何种结果的一项侦查措施。其作用是用以检验相关证据的客观性。侦查实验笔录应当着重审查以下内容：侦查实验是否依法进行，笔录的制作是否符合法律及有关规定的要求，参加实验的人、见证人是否签名或者盖章；侦查实验笔录的内容是否全面、详细、准确、规范；是否准确记录了侦查实验的事由，侦查实验的时间、地点、天气状况、环境状况；文字记载与绘图、照片、录像是否相符等；侦查实验的条件与案件发生时的状况是否接近；侦查实验结论是一次实验得出还是多次反复实验得出；侦查实验笔录记载情况、结论与犯罪嫌疑人供述、被害人陈述、证人证言、鉴定意见等其他证据是否印证，有无矛盾。

客观性证据的综合审查运用

审查案件要注意分析物证、书证等客观性证据收集工作的全面性。审查后认为证实案发起因、作案过程和工具、危害后果、毁灭罪证、逃避处罚、销赃窝赃等行为的客观性证据未能全面收集提取或遗漏移送的，应当要求侦查机关补充侦查、移送，或作出合理解释，必要时应当自行补充侦查。

审查发生在公共场所、重要交通路口、娱乐场所等社会治安监控重点区域的案件，应当查明侦查机关是否收集相关视频监控资料，收集后是否移送；未收集和移送的，可以要求侦查机关补充收集和移送，也可以自行补充侦查。审查的案件涉及金融、交通、旅馆、网吧等要求强制性登记的行业，应当查明侦查机关是否提取了相关书证材料；未能提取的应当要求补充或作出解释说明，也可以自行补充侦查。

具有下列情形之一的，应当调阅侦查机关的侦查内卷进行审查，以审查是否存在应移送而未移送的客观性证据：发现侦查机关已收集的证据材料未随案移送的；对侦查机关出具的破案经过等材料存在疑问的；对侦查机关确定犯罪嫌疑人的根据存在疑问的；侦查机关采用技术侦查措施所获取的定案证据未移送审查，或需要了解技术侦查过程的；其他需要查阅侦查内卷情形的。

对于证据证明力的审查，应当结合案件的具体情况，从各证据与待证事实的关联程度、各证据之间相互印证性等方面进行综合分析论证。

审查中要加强对客观性证据的深化运用，除通过同一认定等技术鉴定外，要注重运用经验法则、逻辑法则和自然规律进行解释，充分挖掘客观性证据的证明力，证明案件事实。

下列客观性证据与案件的关联度极强，应当作为认定案件相关事实的关键证据加以分析运用，但能够结合日常生活经验法则予以排除的除外：案发现场提取的明确清晰地记录了犯罪嫌疑人作案过程的即时监控录像；现场监控明确记录案发时间犯罪嫌疑人出入现场的；收集在案的隐蔽性强、细节性特征明显、非亲身经历难以知晓的物证、书证、尸体特征、电子数据等客观性证据，系在犯罪嫌疑人主动供认、指认、辨认的情况下获取的，并能排除串供、逼供、诱供等可能性的；现场遗留的物证、书证、手（脚）印、血迹、毛发、纤维等系犯罪嫌疑人所留的；从犯罪嫌疑人处扣押或根据犯罪嫌疑人供述提取的作案工具上有被害人指纹、血迹、毛发、纤维等痕迹、生物物证的；从犯罪嫌疑人的身体及衣服、鞋子、手包等随身物品处检测出被害人的指纹、血迹、毛发、纤维等生物物证的；被害人的乳头、生殖器、腹股沟、指甲等私密处的斑迹、皮屑、人体细胞等生物物证系犯罪嫌疑人所留的；从犯罪嫌疑人人身或住处搜查或提取到被害人的专用物品的；犯罪嫌疑人持有或处置的物品系被害人所有，且不能作出合理解释的。

审查结案的原则案件审查结束后，案件承办人应当制作案件审查综合报告，对证据情况进行全面分析论证，提出对事实认定和处理的意见。

对于客观性证据缺乏的死刑案件，审查报告中应当分析客观性证据缺乏的原因及对定案的影响；审查中已进行补充侦查的，应当说明补查的工作情况。

运用客观性证据形成的定罪证明体系应当符合以下要求：每一个客观性证据都必须是通过勘验、检查、扣押等法定手段收集的；每一个客观性证据的解释必须受到合理约束，不能夸大或缩小客观性证据的证明内容；定案证据必须形成证据锁链，客观性证据不能证明犯罪主要事实的，必须结合在案的其他证据，形成完整的证据链；客观性证据组成的证据体系应当充分，证明结论具有排他性。

补充侦查

有些案件的事实和证据存在明显的瑕疵，比如主要事实不清，或者证据不足、量刑事实不清、证据不足，或者共犯地位不清，或者共犯在逃或者漏罪未查的，你都可以提出退回侦查机关补充侦查的建议，报告领导按照法定程序办理，但以两次为限。如果需要补侦，而你不提出，则要负相应的责任。退回补侦之后，也不要放任不管，你要和补侦人员保持联系，时时掌握补侦的进展情况，这个时候良好的人际关系就起到了至关重要的作用。不要以为这是公事，就可以公办。关系好，什么都好说，都好办，关系不好，应付应付你，什么都免谈。如果不是十分关键的事实或者证据，你也可以提出自行侦查的意见报经领导批准实施。一般而言，案件主要事实已经查清，主要证据确实，仅需要查明个别事实或者情节或者证据材料、或者需要补充侦查的事项简单或者补充的证据容易收集到或者经过退补而侦查机关未达补侦要求或者侦查机关在补侦过程中严重违法，都可以首选自行补侦。

刑事诉讼证据的补正

公诉人在审查逮捕或者审查起诉中，发现案件证据需要侦查部门补正的，应当及时联系，提出补正要求，列出需要补正的证据清单，明确补正方式和内容，并以书面形式发给侦查机关。检察机关可以要求侦查机关进行补正时采取书面形式的，应当由办案人员签名并加盖单位印章，有录音录像资料的，应当一并提供；涉及见证人或者证据提供人的，也应当制作询问笔录。

法院开庭审判前，公诉人发现案件证据规范性存在问题的，可以要求侦查人员进行补正；在法庭审理过程中，公诉人认为证据规范性存在瑕疵，可以在一定期限内进行合理解释的，也可以要求侦查人员在一定期限内进行补正或者解释说明。

七、如何提审被告人和羁押必要性审查

如前所述，提审不单是为了核实证据，正确认定案件事实，还为了监督侦查活动是否合法，有无刑讯逼供等违法行为，同时也是考察犯罪嫌疑人的精神状态和悔罪表现，为其提供辩护的机会，倾听其辩解理由。注意讯问犯罪嫌疑人必须有两名人员参加，而且讯问只能由检察人员进行。要告知其诉讼权利，尤其是申请回避的权利；然后，讯问犯罪嫌疑人是否有犯罪行为，让其陈述有罪的情节或者无罪的辩解，然后根据犯罪嫌疑人的陈述情况，结合阅卷所确定的复核证据的重点，有针对性地提问；如果是共同犯罪的案件，提审被告人应当分别进行，并且要做好笔录。

如何提审

第一，要做好讯问前的准备。拿到一个案件，无论卷宗有多少本，你都要在提审被告人之前将它看完，做好阅卷笔录，尽量详细地熟悉案情，哪怕是最细微的事件，只要是事关指控的成败，都要详述于心，最好用红笔写出你要在提审被告人的时候加以核对的事实或者证据，就该点设计出相应的问题，有时也需要类似京剧《杨家将》中寇准与八贤王的创意智慧。总之，讯问之前，熟悉案情是最基本的功夫，是讯问的基础，尤其是在被告人可能翻供的情况下，你要和他斗智，全靠你对案情的熟悉程度。如果可能的话,卷宗里任何一点你都要记住,尤其是被告人以前说过什么,一个字不漏,全记在心里。对于案件中的其他证据,你一定要全面掌握,以便与讯问时被告人的回答和辩解相互比对,看看能否相互验证。这样你就可以在讯问时掌握他的心理变化,既有利于你对案件事实和证据的进一步确认,也有利于你对他悔罪态度的确认,对量刑建议的形成有很大的帮助。

第二,要仔细研究被告人的心理。学会换位思考,把自己放在被告人的位置上,想想如果我是被告人,我会怎样思考,设身处地地为犯罪嫌疑人想一想——如果我是他,我会怎么想?从人性的一般规律看,如果被告人真的犯了罪,他自己最清楚。这时有两个矛盾的主体在他心里搏斗,一个希望否认认罪,逃避处罚。另一个担心自己逃避不了处罚,担心自己不认罪会加重处罚。如果一个被告人是被冤枉的,除非刑讯逼供或者自愿冒名顶替或者精神不正常,他一定会为自己辩解,并且一定会提出无罪的线索以供司法机关调查核实,仔细调查核实一定会发现真相的。所以遇到那些反应强烈尤其是言辞激烈甚至辱骂的被告人,对他的辩解要慎重再慎重,一定要核查清楚。当然也有心理素质超强的被告人,死猪不怕开水烫,说什么都不承认自己有罪的。我们办理的彭某某、李某某等走私、贩卖毒品犯罪的案件,对彭某某的提审就碰到了这种情况,尽管同案犯都供述了彭某某偷渡到缅甸购买毒品并运到上海出售的犯罪行为,但是彭某某一问三不知,拒绝回答任何问题,提审就没有了意义。同样,提审网恋诈骗案的嫌犯黄某某,他的表现更为可笑,对任何问题,他都一个回答"我没犯罪",不断重复,像个录音机,连个声调都不变,无视周边的人,无视周围的环境。初次见到此人,任何人都会以为他精神不正常,但你能想象吗,一个小学都没毕业的人将一名南京大学的双学士骗得团团转,不仅将 700 万元交给了他,还没有收据,没有看清收钱的人,没有联系电话,没有联系地址,为了让收钱的人顺利返回,她还替收钱的人叫出租车,听从他的指示将电脑里的聊天记录全部删除;不仅将这些证据删除,而且还将电脑硬盘重新格式化。你能想象这样的人的心理吗?其抗拒心理多么强烈就可想而知了。对这类人,你要有耐心,将问题都问清楚,不要太在意他是回答还是不回答。

第三,创造庄严的讯问氛围。一般而言,氛围越庄严,嫌犯越容易交代自己的犯罪事实。庄严的氛围首先要从你自己的言行举止做起,你表情严肃,做事认真规范,语言规范准确,举止端庄,对方就会严肃认真地对待你提出的每个问题,虽然他会仔细权衡利弊,但总的趋势是配合的。如果你举止轻浮、言语粗鄙、行事不规范,那就必然导致被讯问的人的轻视,进而招致轻者完不成任务且达不到提审的目的,重者可能受到被讯问者的侮辱或者谩骂。总之,要形成你主导下的可控的讯问环境,你要有足够的底气压住阵脚,有强大的气场,让被讯问者服服帖帖、规规矩矩地听从你的引导。另外,还要提醒你注意服装,如果是检察机关统一发放的服装,那没有什么问题,但自己挑选的服装则要慎重,不要奇装异服;头发的式样也很重要,庄严为上,不要染发,纯自然最好。现在有很多人将白发染为黑色,这是个人选择,也能更好地与周围环境协调起来,也可以说是对其他人的尊重。但是如果白发苍苍的检察官去提审被告人,那份庄严感自然而然就存在,我自己就有这样的经历,不信你可以试试。如果你很年轻,建议你装也要装老成点,当然不是要你将头发染成白色。

第四,讯问的技巧。一般而言不要一开始就单刀直入,直奔主题。我一般先问问他在看守所住得怎样,吃得怎样,生没生过病,有没有挨打,家人是不是来看过他。先从关心的角度了解他的现状，也了解了有没有刑讯逼供的可能或者指控，与被讯问者拉近距离，让他从感情上接受你。小孩是每个人的软肋，如果你关心到他的孩子，往往事半功倍，比如孩子多大，谁在照顾他，是否上学，成绩如何，等等。你会发现有些人提到孩子，话没说几句，泪已千行。而他无处话凄凉的窘境被你排解，他内心很快就认可你了，对你也就不会再隐瞒什么，更多的是"已经这样了，没什么好隐瞒的"。前面的贩毒案，李某某就是这样被我们打动的，我们先问她身体如何、吃得怎样、是否适应、有什么要求，谈到她的孩子，她顿时泪眼汪汪，说到唯一牵挂的就是她的孩子，没人照顾，我们及时安慰，并适时劝慰她彻底坦白自己的罪行，她很彻底地交代了自己在共同犯罪中的作用，以及其他共犯的各自地位，为案件的成功起诉建立了扎实的基础，甚至在法庭上她还帮助检察官完成对其他罪犯的指控，反驳其他共犯的狡辩。

第五，针对翻供的对策。以前我看到过一个关于提审技巧的文章，写得很好，具体在什么地方看的，我已经记不清了。但是关于翻供的对策，我觉得很有见地。大致如下：

首先，要多和他说话聊天。利用信息的不对称，利用自己信息多而全面的优势，引导被讯问人多说话，你不要打断他的话，即使你知道他在说谎，他只要说话就好，就会给你提供更多的找其漏洞的机会，有时开庭的时间也是被告人关心的问题，什么样的关注点都有，因为每个被告人都是特别的个体，有自己特别的地方，就看你能不能找到。

其次，分析他的心理，找到他的期盼。每个被告人都希望自己能够尽早出去。你要向被讯问的人说明，有人将出去的希望寄托在不认罪上，有人则将出去的希望寄托在与司法机关的配合上。你要怎么选择，无论你怎么选择，对办案人员来说并不重要，如果你选择不认罪，办案人员就是多花点时间、多浪费点力气而已。但对你自己和家人，则关系到能不能早出来获得自由并和家人团聚。你还可以问问他有几个人是因为不认罪而被放出去的。当初犯罪，就是出于侥幸心理，人不能在一个地方跌倒两次。你要是出于侥幸心理不认罪，自己就是错上加错。你可以跟他说"我能理解你减轻自己责任的想法，这是人之常情。但凡事要适可而止。过度狡辩、抵赖、翻供，则是个人品德的问题，不仅不能逃脱惩罚，相反可能会因为认罪态度不好而得到更重的刑罚"。

再次，对付翻供的，要因人而异。有的被告人很注重事物的逻辑理性，追求天衣无缝，是个完美主义者，害怕翻供被戳穿，因此他要是翻供，就力求要翻得没有任何漏洞，力求相关人员信以为真。但是一个谎言要用十个谎言来掩盖，他不停地说谎，到后面他自己就记不住哪些他说过，哪些他没有说过。你要做的就是将他的话记下来，越多越好。然后找他的漏洞，问得他无法自圆其说。他的自信心随着一个一个的漏洞的浮现而备受打击，用不了多长时间，他的心理防线就崩溃了，彻底投降。

复次，要区别对待。对付翻供也要随机应变。事实上并没有什么神功秘籍，可以对着书照办。有的时候，对付这个犯罪嫌疑人有用的，对付别的犯罪嫌疑人就未必有用。有人要自由，那好，交代就更快地获得自由。有人重义，那好，你承认就是好汉行为，不要像个懦夫，冯某某、余某某抢劫杀人案中的冯某某就是这样的人，我们提审他时对他说，你要是好汉，那你就实话实说，要是小人，你就沉默。他说自己做事自己当，主动交代了抢劫杀人的主要情节，我们就细节提问时，他还不停地主动纠正我们的错误。当然他也说过"二十年以后又是一条好汉"的话。有人只听好话，那就多说些好听的。有人怕硬的，那就来点粗暴的，但别触及法律的边界，不要构成违法。具体怎么做，要因人而异。

最后，你要对被讯问人的回答有个预想，要从多角度提问，特别是涉及一些并不违反法律的逻辑陷阱。

要重视翻供提供的信息。在证据比较充分的情况下，承办人就很容易不认真听取被告人的翻供。翻供实际上代表着被告人的关注焦点，因为他最清楚自己是否犯罪，哪个地方最容易暴露、哪个地方最容易成为指控的关键，他的翻供有时不自觉地暴露了这些核心的要点，恰好成为你指控犯罪的关键。因此在任何时候，你都要认真仔细地听取被告人的翻供内容，对照案件证据状况，看看是不是足以反驳这些翻供。越是复杂的案件，越是要给对方说话的机会。而且，听取翻供供述，不要一味带着有罪推定的观点去分析。要对照案件证据中立地看，有时还真的能发现案件中的缺陷，方便你弥补这些漏洞，避免出庭时被动。如果被告人确实是被冤枉的，听取翻供更属必要，你可以纠正错案，如果不是错案，你也可以确认被告人的认罪态度的好坏，为后面的量刑辩论做好准备。

还有一类犯罪嫌疑人，走南闯北，见多识广，要套出他们的供述需要你有丰富的社会阅历才能应付自如。比如我曾经办理过一个盗窃案，案犯一直拒绝交代自己的犯罪行为，该案犯是我曾经居住过的地方的人，两句话还未说完，他就说我们是老乡，那我只能顺水推舟，老乡见老乡，两眼泪汪汪，你犯事，我悲伤。看看我怎么能帮助你，先讲解一下我的工作要求，以事实为根据，以法律为准绳，在法律的范围内，我尽量做到对你有利，比如医生，知道你什么毛病，需要开什么药，开多少药，就开什么药，开多少，决不开贵的药，也决不多开，浪费你的财产，对你有利的，我会提醒你，不会装作没看见，你不懂，我可以为你解释，明白不？但是我尽力帮助你，你也别给我找麻烦，超出法律范围的事我做不了，明白不？说明底线，然后再开始聊天，谈谈家乡的美酒，谈谈家乡的美景，在美丽的湖边，看运河上的轮船，吃着家乡的水晶山楂糕，还有谈谈家乡的趣闻轶事，还真有不少事我们两人都知道，还知道某位官员的改革，将中小学和医院全都改为私立学校和医院，引起争议，中央电视台《焦点访谈》两次都以那里的改革为题，说着说着，两个小时快过去了，现在谈谈你的案子，你说全面彻底，我才能更加全面地判断你的行为的严重性，拿出对你更为有利的出庭意见，以情感人，以理服人，以利诱人。后来虽然还有反复，该人还是将主要犯罪事实都交代清楚了。

羁押的必要性

一般而言，为了让刑事诉讼能够顺利进行，有时就必须将犯罪嫌疑人或者被告人关押起来，否则他跑掉了，或者继续犯罪、串供、制造伪证、毁灭证据、转移赃款、赃物，刑事诉讼就很难继续下去了；或者打击报复被害人、举报人、控告人。但是当上述的担心消除以后，是否需要关押犯罪嫌疑人或者被告人就值得研究一下，因为这涉及人权的保护问题。

由于犯罪嫌疑人或者被告人的原因而不必继续关押的情形有以下几种：

第一，怀孕的妇女或者哺乳期的妇女，一般不必关押，即使未来判处她实刑，也可待判决生效后再羁押入监服刑。

第二，年龄超大行动不便的老人或者年龄较小的在校学生。

第三，患有严重疾病的犯罪嫌疑人或者被告人，或者审查起诉时已经在医院看护治疗，未来的判决的执行也可能是保外就医，没有关押必要，要及时变更或者解除强制措施。最近，在某市有个司机因为停车费的争执而将某停车场保安故意伤害致死，在公安机关抓捕他的时候，该司机从高楼跳下，造成粉碎性骨折，伤势较重，对他采取了取保候审的强制措施。

第四，家庭变故使得某些犯罪嫌疑人或者被告人必须解除羁押而出去承担相应的社会责任。比如，家有生活不能自理的被监护人，如婴儿、老人、病人，又没有其他人可以代替履行责任的。以前发生过因为母亲被捕，年幼的女儿饿死的惨剧。为了不再发生这样的惨剧，也有必要在特殊情况下人性化地处理。

由于司法机关或者诉讼需要而不必继续关押的情形有以下几种：

第一，犯罪嫌疑人或者被告人已经超期羁押。

第二，羁押的期限可能超过判决可能决定的刑期的，要及时解除或者变更强制措施，否则会引起国家赔偿之诉。

第三，轻微刑事案件，被告人和被害人已经和解的，要及时解除或者变更强制措施，否则也会引起国家赔偿之诉。

第四，案件事实、证据发生重大变化，或者犯罪嫌疑人、被告人真诚悔过，或者积极退赃，或者赔偿，或者坦白，或者自首，或者立功，有可能被判缓刑的。

第五，案件事实、证据发生重大变化，犯罪嫌疑人、被告人可能被判无罪的。

至于启动的程序，各地的做法不统一，按照你所在的检察院的规定办理即可。

八、非法证据的排除规则

目前，我国的非法证据排除针对的对象主要是非法言词证据，也就是采用刑讯逼供等非法手段取得的犯罪嫌疑人、被告人供述和采用暴力、威胁等非法手段取得的证人证言、被害人陈述。经过依法确认的非法言词证据，应当予以排除，不能作为批准逮捕、提起公诉的根据。除了非法言词证据以外，还有一些非法的实物证据，比如明显违反法律规定取得的物证、书证，有可能影响公正审判的，如果不能补正或者作出合理的解释，那么这些证据也不能作为定案的根据。

在彭某某、施某某、周某某、李某某运输毒品案，周某某在一审作出判决后，提出了上诉，其理由之一就是公安人员在讯问他的时候采取了刑讯逼供和威胁、欺骗的手段获得了他的供述。他在上诉状中详细地列举了的供述是非法取得的理由：首先是在审讯的初期，公安人员对他拳打脚踢，后来不让睡觉、不给水喝、轮番轰炸般长时间审讯。其次，办案人员对他说这个案件的主犯是彭某某、施某某两人，只要他交代了，即便判他有罪，也就几年，很轻，一定会判他缓刑的，开完庭以后他就可以回家了。事实上，一审判决作出了 15 年有期徒刑的量刑。最后，由于他眼睛老花，又散光，当讯问笔录让他阅读时，他要老花眼镜，承办案件的人员拒绝了，还跟他说就是你自己说的那些话，于是他就相信了，随便就签了字。没想到开庭时宣读的他的供述与他自己的真实意思相差如此之大，所以决定上诉。

程序的启动

　　最主要的非法证据排除程序启动方式当然是公诉部门自行审查发现非法证据。除此之外，当事人也有权发现非法证据并请求检察机关予以排除。检察机关应当在收到移送审查起诉的案件材料之日起 3 日内告知犯罪嫌疑人及其法定代理人和他们委托的人有权提出非法证据排除请求。同时检察机关应当明确告知犯罪嫌疑人及其法定代理人和他们委托的人有权就犯罪嫌疑人遭受刑讯逼供等事实，提供涉嫌非法取证的人员、时间、地点、方式、内容等相关线索或者证据。犯罪嫌疑人及其法定代理人、委托人应当在得到告知后 2 日内提出排除请求。当事人提出排除申请必须采取书面形式。检察机关依职权或者申请在作出排除决定或者不排除决定 3 日内告知侦查机关、犯罪嫌疑人、被害人，并告知救济权利。

　　看到指控刑讯逼供这样的上诉状，任何检察官都会感到紧张的。依照人民检察院刑事诉讼规则第 68 条的规定，承办人一旦接到这样的指控，应当依照程序立即逐级报告至检察长，检察长批准以后，承办人才能展开相应的行动，这等于启动了一个非法证据排除的程序，对指控的非法证据收集行为进行调查核实。

　　接到周某某的上诉状以后，我们立即开始阅卷，有了初步的了解以后，首先要向领导汇报，接下来就要核对他所说的情况，告知周某某应当由他承担证据合法性审查程序的初步责任，周某某必须提供涉嫌非法取证的人员、时间、地点、方式、内容等相关线索或者证据。

非法证据的调查

按照刑事诉讼法的规定以及非法证据排除规则，对被告人审判前供述的合法性，公诉人不提供证据加以证明，或者已提供的证据不够确实、充分，该供述不能作为定案的证据使用。检察机关公诉部门应当承担犯罪嫌疑人庭前供述合法性的证明责任。对于辩方提出的非法证据的合理质疑，承办人员必须认真调查，承担严格的证明责任。公诉部门不仅要对取证行为的合法性承担证明责任，还要对证据必须具备的合法性要素作出进一步证明。特别是在犯罪嫌疑人以及辩护人对证据的合法性提出异议之后，公诉部门未能就该证据系合法手段取得或者已提供的证据不够确实、充分的情况下，应当承担不能以该证据证明指控的犯罪事实的法律后果和责任，该证据必须予以排除，不作为定案的根据。作为调查的一种重要方式，审查起诉环节有必要通过听证程序，为侦查方与辩护方就非法证据排除的争议问题提供一个发表意见与提出证据材料的平台，强化非法证据调查程序过程中侦辩力量的对抗性。

检察机关公诉部门依照职权审查发现的非法证据应当很多，公诉部门只要主动了解情况、调查核实等方法和途径，掌握尽可能多并且详细的证据材料，就可以判断证据是否存在非法性。但是在基层检察机关案件数量多、人手少的情况下，依照职权发现的非法证据少之又少。相反依照犯罪嫌疑人、被告人、辩护人申请后初步判断具有非法性或者非法可能性的证据倒占据多数。

公诉部门在调查非法证据时，应从证据是否符合法定形式，证据的取得是否符合法律、法规和司法解释的要求以及是否有影响证据效力的特定违法情形等多方面予以分析。对于涉嫌通过刑讯逼供手段取得的犯罪嫌疑人供述与涉嫌通过暴力、威胁等非法手段取得的证人证言等非法言词证据，承办人应当在核查侦查人员讯问、询问等程序性材料的基础上，向侦查人员询问取证人员、时间、地点、方式、内容等基本情况，调取取证时固定的录音录像，严格查证是否存在刑讯逼供或者暴力取证等情况。有必要提取犯罪嫌疑人、被告人羁押期间有无因刑讯致伤痕迹的体检证明和监管人员证言等证据。

同时，检察机关公诉部门在审查起诉阶段有必要对犯罪嫌疑人认罪供述进行复核，制作复核讯问笔录。复核讯问笔录应当记录检察人员告知犯罪嫌疑人、被告人权利的经过。因为根据刑事诉讼法第50条及相关司法解释的规定，严禁刑讯逼供和以威胁、引诱、欺骗以及其他非法方法取得犯罪嫌疑人、被告人的供述。凡经查证确是属于采取刑讯逼供或者威胁、引诱、欺骗以及其他非法方法取得的犯罪嫌疑人、被告人的供述，不能作为指控犯罪或者定案的根据。应当明确记录犯罪嫌疑人、被告人关于是否受到刑讯逼供、威胁、引诱、欺骗的供述。检察机关对犯罪嫌疑人进行复核讯问时，可以请律师在场并签字，以对证据的合法性进行见证。同时辅以同期的不间断的录音、录像的方式证明合法性。这在证明侦查人员取证合法性的同时，可以大大减少非法证据的产生。

回到上述案例，我们首先问周某某为什么不在一审期间提出供述不实或者向法庭提出。周某某则说他之所以没在一审法庭上提出这个问题，主要是他相信承办人所说的话，法庭不会判他很重的刑罚，而且一定会缓刑，没想到结果判得这么重，因此他一定要提出上诉。我个人觉得他的话有一定的逻辑合理性，但是未经调查核实，很难作出真实与否的判断。

一般情况下，起诉书副本送达后开庭前，被告人提出其审判前的供述是非法取得的，应当向法院提交书面意见。被告人书写确有困难的，可以口头告诉，由法院的工作人员或者其辩护人作出笔录，并由被告人签名或者捺手印。法院应当将被告人的书面意见或者告诉笔录复印件在开庭前提交检察院。当然这里并不是说被告人在法庭上就不可以提出供述是非法取得，相反他完全可以在庭审的任何阶段提出，比如被告人及其辩护人在开庭审理前或者庭审中提出被告人审判前供述是非法取得的，法庭在公诉人宣读起诉书之后，应当先行当庭调查。法庭辩论结束前，被告人及其辩护人提出被告人审判前供述是非法取得的，法庭应当进行调查，甚至在被告人最后陈述时都可以提出这个问题，法庭也必须开展调查。任何时候，被告人提出这个问题，法庭都必须予以回应，有条件的应当马上进行调查，如果不能立即进行调查，应当中止审理或者延期审理，待调查的条件具备以后，应当开庭调查。

在周某某运输毒品的案件中，二审法院没有向我们送达告诉笔录，没有提交书面意见的复印件。因此接下来我们就涉嫌刑讯逼供的人员、时间、地点、方式、内容等应当予以调查的事项提审了周某某。

就刑讯逼供的人员，他说他眼睛不好，看不清承办案件的人员，只能记得大概的模样，明确指出哪张照片，他已经做不到了。我们将两名承办该案的公安人员的照片混杂在十张照片中让他辨认，他立即认出了承办人，从我个人的经验看，他在辨认时的眼力不像是眼睛有毛病的人。

我们又问是什么时候对他刑讯逼供的，他也说记不清到底是哪天了，但是肯定有。我们又查看了他作出有罪供述的讯问笔录，我们又问周某某具体受到刑讯逼供的日期，他仍然不能准确地说明，一会儿说是某年 7 月 23 日，一会儿说是 8 月 23 日，过了一会儿就变成 9 月 23 日了，时间的跨度很大，并不接近作出有罪供述的日期，我们怀疑他在说谎。

问到地点时，周某某的回答倒是很干脆，就是在现在的看守所，事实上从他被抓获不久就一直羁押在这个看守所里，所有的讯问也都发生在此。

问到用什么方式对他刑讯逼供的时候，周某某说承办人员轮番打他的脸，踢他的屁股，好几天也不让他睡觉，不给他喝水，用强光照射他，等等。我们查看了看守所关于周某某的健康记录，并没有受伤治疗的记录，也未见到他对看守人员的申诉他受到伤害。进入看守所以后，周某某的身体状况一直很好，连感冒都没有患过，也算是一个奇人。这正好验证了我们对他没说实话的判断。

根据周某某的指认，我们到承办该案的公安分局，找到从抓获归案起就负责该案的林警官，林警官说周某某进入看守所的初期表现不错，问什么就回答什么，基本没有抵赖，也没有提出什么非分要求，后来快开庭的时候，不知道为什么，突然就和后来提审的承办人顶了起来，开始胡说八道了，竟然说有人刑讯逼供，说承办人员对他诬告陷害，真是岂有此理。但是最初的讯问都没有录像，也没有录音，所以你们现在来问这个问题，还真不知道如何来证明，如果要承办人出庭也可以，但是尽量不要安排他们出庭。我说这得看情况，如果庭审需要，那也没办法，该出庭还得出庭。另外与其他几名参与审讯的承办人联系，说法一致，与林警官的说法一样，完全否定刑讯逼供的存在。我跟他们说如果需要的话，你们得准备出庭，他们说尽量不要出庭，因为根本就没有刑讯逼供的事，而且也没有这样的先例，自己也没有这方面的经验，只是在杨佳案的庭审过程中见过一次鉴定人出庭的情况。我告诉他们按照新刑事诉讼法的规定，涉嫌刑讯逼供的人员有出庭的义务，只要自己准备充分，该说的都说到，应该不会有什么问题的。他们勉强地答应了。

接下来就是和承办这个案件的法官联系，是在开庭前法官召集一下律师参加或者被告人也参加的庭前会议解决这个问题，还是在法庭上解决，我个人倾向于庭前会议解决这个事情，不要拖到法庭上。高级人民法院的承办法官最早看到他的上诉状，也觉得有必要澄清一下，于是庭前会议的日期就定了下来，由法院通知律师、检察官在某天下午与法官一起到被告人羁押的某区看守所，在一个小审讯室里完成这次庭前会面。

在法律发达的国家，刑事诉讼的任何一方有权对证据收集合法性申请调查。在我国刚刚修订的新的刑事诉讼法中也含有相关的规定，即新刑事诉讼法第 56 条规定的证据收集合法性的法庭调查的启动，一种是司法人员（当然包括公诉人在内），尤其是审判人员在法庭审理过程中认为可能存在以非法方法收集证据情形，就应当对证据收集的合法性进行法庭调查，另一种就是由当事人，尤其是被告方即被告人及其辩护律师有权申请人民法院对以非法方法收集的证据予以排除。

申请调查证据收集合法性的条件

只要被告方口头或者书面提出申请，并提供了以下证据之一，法院就应当启动调查程序。

因刑讯或变相刑讯致伤、病、残的医院证明和病历、羁押场所体检证明及工作人员或同监羁押人员证言；连续 12 小时以上讯（询）问、且未给予必要休息和饮食时间的笔录；连续传唤、拘传等变相拘禁情况的法律文书、讯问笔录；提示案件关键事实和重要情节、引导供述、陈述逐步贴近或最终与案件关键事实和重要情节吻合等诱供、指供情况的笔录、录音录像；

暴力、威胁、冻、饿、晒、不给必要的医治用药、不让休息睡眠等刑讯、变相刑讯等手段收集的笔录。

另外，就目前而言，辩护律师很难看到侦查机关通过技术侦查措施而获得的证据材料。如果被告方认为通过技术侦查措施获得证据存在非法的情形，只要提供了类似上面的证据，也就可以向法院申请启动证据收集合法性调查程序。

证据收集合法性调查的程序

调查程序分为庭前会议调查和庭审调查两种。

庭前会议召开前，法院应将各方提出的申请和提交的证据或者证据线索移送有权调查的机构，由调查机构进行调查核实，一般应当由检察机关进行调查核实。检察机关在调查核实过程中收集取得的相关证据材料，应当在庭前会议调查前移交法院提供辩护人查阅。辩护人查阅证据材料、准备庭前会议调查需要时间的，法院应当给予必要的保障。

依照《中华人民共和国刑事诉讼法》第182条的规定，庭前会议调查就是在开庭之前进行的调查，法院可以将公诉人、辩护人召集在一起，听取各方的意见，并确定证据是否非法，是否排除。

被告人能否参加庭前会议？这就要看法院的判断。但一般而言，被告人应当参加，这就相当于法律发达国家的预审制度，预审当然就必须有被告人出席，对包括证据收集合法性在内的诸多事项进行评估。

庭前会议调查应当采取的步骤

首先，由被告方说明排除非法证据的申请、理由及相关证据或线索材料。

其次，由公诉人出示收集取得的证据，对调查核实情况和证据收集的合法性加以说明。

再次，控辩双方发表意见。

最后，法院综述归纳控辩双方意见，并制作笔录，各方审阅并签名确认。

庭前会议调查期间，法院可以进行法律释明和调查引导，但不能作出是否排除相关指控证据的决定。经庭前会议调查，检察机关可以决定在案件法庭审理期间不再出示相关指控证据，被告人、辩护人也可以决定撤回排除相关指控证据的申请。

还有一种证据收集合法性调查的方式，即庭审调查

被告方在案件法庭审理期间申请排除非法证据，且提供的相关证据或线索材料符合本意见第一条规定的，法院应当启动庭审调查。如果申请要求排除的证据是确定罪名成立与否的关键证据，或者是足以影响对案件基本事实和其他证据进行法庭审理的重要证据，一般应当中止案件法庭审理。除公诉人决定当庭说明或举证答辩外，一般应当休庭准备后再启动庭审调查。申请要求排除的证据不属定案关键证据，也不足以影响法庭对案件基本事实和其他证据进行调查的，除公诉人决定当即说明或举证答辩外，可以在法庭对案件基本事实和其他证据调查结

束后，经过休庭准备，再启动庭审调查。

庭审调查的可能步骤

首先，被告方陈述排除非法证据的申请、理由，出示相关证据或线索材料。

其次，调查机关（一般为检察机关）出示收集取得的证据，对调查核实情况和证据收集的合法性加以说明。

再次，控辩双方发表质证辩论意见。

复次，法院综述归纳控辩双方意见。

最后，法院评议并作出是否排除相关指控证据的决定，并制作笔录，由各方审阅并签名确认。

经庭审调查，法院决定不排除相关指控证据，被告方以相同理由和证据及线索材料再次申请排除非法证据的，法院可以决定不再重启庭审调查。

调查的再启动

经过庭前会议调查，法院已经作出了相应的决定后，在庭审过程中又有了新的证据或线索，被告方再次提出申请，坚持排除相关指控证据申请的，或者检察机关坚持出示相关指控证据的，法院可以决定是否启动调查程序并决定是否排除相关证据。

证明证据收集合法性的证据

第一，证据收集人员的陈述笔录或书面情况说明。

第二，证据收集过程见证人员的证言笔录。

第三，证据收集人员和见证人员到会或到庭作证。

第四，证据收集过程的原始记录资料和录音录像资料。

证据收集合法性的证明标准

根据《中华人民共和国刑事诉讼法》第 58 条的规定，检察院证明证据收集的合法性应当达到证据确实充分，排除合理怀疑的程度。对于指控非法取证的证据和线索材料，检察机关可以作反向证明，即被告人伤、病、残现状系原发、自残、事故、他人行为所致；反映无间断连续讯（询）问超过 12 小时的笔录系时间记载错误；反映非法拘禁、变相非法拘禁的法律文书和讯（询）问笔录系时间签署错误；反映刑讯、变相刑讯、诱供取证的讯（询）笔录和录音录像虚假不实或真实性难以确定；反映上述非法取证情形的其他证据或线索材料虚假不实或真实性难以确定，反映的相关违法取证人员查无其人。

如果检察机关无法获取上述证据，则不能证明证据收集的合法性，法院应当依法宣告对相关证据予以排除；对于"真实性难以确定"的情形，由法院结合其他证据情况决定是否排除相关证据。

因为周某某提出了刑讯逼供的抗辩，二审主审法官安排的庭前会议是在看守所举行的，这主要是为了方便被告人周某某，也为了方便承办案件的警官出席，因为办理该案的刑警办公室就在看守所旁边。各方共同出席，看到公安的承办人，周某某感觉很惊奇，说："你们怎么也来啦？"承办人说："你不是说我们刑讯逼供吗？"周某某说："我没有说你们刑讯逼供。"我们让承办该案的所有承办人都到会等候，周某某指控谁，我们就让谁到会上对质，而每个承办人一出现，周某某就否认该人有刑讯逼供的行为，我们一一排查确认，最后没有任何一名承办人受到周某某的指控，周某某的主张当然被否定。

关于刑讯逼供这个问题，我一直在想为什么辩护律师没有提出这个问题。问周某某，周某某说律师可能没有注意到这个问题，也许他和律师说过，但是律师忘了这件事。在二审裁定出来以后，有一天碰巧遇到了周某某聘请的一审辩护律师，我告诉律师二审裁定驳回上诉、维持原判了，辩护律师说这很正常，基本体现了罪刑相当。我问他据他的了解，周某某是否受到刑讯逼供。辩护律师说不好讲。我问为什么不好讲，他说是律师职业道德要求如此，也为了保护当事人的合法权益。我再三声明裁定已经作出，任何事情都不会影响到这个最终裁定的，并且为了验证我开始就不信有刑讯逼供这件事的判断，请律师跟我实话实说。辩护律师透露的情况让我们大跌眼镜。辩护律师在看守所会见他的时候，周某某问他有什么方法可以推翻他前一段时间作出的有罪供述，辩护律师说只有他受到刑讯逼供的情况下才能否定他的供述的合法性，才能全面推翻他以前的供述。周某某问律师是否可以就说是被殴打、威胁、欺骗的情况下作出供述。辩护律师问他是否真被打了或者威胁、欺骗，周某某说没有。辩护律师建议他说如果真的没有刑讯逼供，那就不要提到刑讯逼供，但是如果他自己在法庭上提到刑讯逼供，辩护律师不会说出真相。但不知为什么周某某在一审法庭上没有提出这个话题。没想到在上诉时他提出了。律师的感觉是周某某对他没有说实话,所以一审开庭时,他的辩护也是泛泛而谈,没有实质性的利好辩护,只有如第一次犯罪、偶然犯罪、悔罪较好、一贯表现较好、身体不好、眼睛有问题、犯罪情节较轻、危害不重、上有老下有小,等等,更没有作出无罪辩护意见。

关于庭前会议,在新刑事诉讼法实施以前,上海方面就已经有了这方面的实践,只是不叫庭前会议,具体的做法也各有不同,比如有的由检察官在开庭前与律师联系,了解是否有新的证据而检察机关还没有掌握的,或者律师对案件有什么特别的关注的地方;有的由法官与律师联系,了解案件的证据和辩护意见,然后由法官再与检察官联系,了解出庭意见,如果有明显的冲突,则核实并协调,以期在庭审时达到最好的效果,节省司法资源,也有利于保护被告人的合法利益,一切凭着公开、公平、公正的原则进行。新的刑事诉讼法对庭前会议作出了规定,将原来行之有效的司法实践予以法律化,将原来不便明说的做法合法化,实际上是司法实事求是的表现,也是司法进步的表现。这一法律化的表述有诸多需要进一步解读的地方,最高人民检察院《人民检察院刑事诉讼规则(试行)》第431条规定,庭前会议涉及的事项包括案件的管辖、回避、出庭证人、鉴定人、有专门知识的人的名单、辩护人提供的无罪证据、非法证据排除、不公开审理、延期审理、适用简易程序、庭审方案等于审判相关的问题提出和交换意见,了解辩护人收集的证据等情况。我们认为在庭前会议的内容方面,证据开示或者证据交换、刑事和解、认罪程序或者诉辩交易都应当是其中的一部分。在最高人民检察院的《人民检察院刑事诉讼规则(试行)》中,对检察官参加庭前会议的目的也有表述,即通过参加庭前会议,了解案件事实、证据和法律适用的争议和不同意见,解决有关程序问题,为参加法庭审理做好准备。我们认为庭前会议的最终目的是司法效率与实现公平正义的有机结合，不应局限在为了庭审做准备，如果发现辩护人提供的无罪证据属实，检察机关就不再是为了出庭做准备，而要考虑是否撤回起诉，进而撤销案件，都应是必然的结果。

后来该案关于刑讯逼供的抗辩在二审庭审中再次出现，也许周某某将此作为最后一根救命的稻草，当然他也听说无论怎样说，二审法庭都不会加重他的刑罚，所以才敢这样胡作非为吧？现在的法律规则可以提出非法证据的抗辩，但是还没有相关的滥用此项权利的惩罚措施，尽管法官可以在量刑时基于自由裁量而适当从重处罚，但由于没有明确针对此类行为的法律规定，法官也不是那么理直气壮，同时也容易受到律师和社会舆论的攻击。现在到了相关的权力机关考虑出台针对该类行为的惩罚性规范的时候了。

在法庭审理过程中，被告人或者辩护律师对讯问活动合法性提出异议，公诉人的应对方式可以有以下几种：第一，条件允许，可以就被告人或者辩护律师提出的线索或者材料，提请法庭当庭播放相关时段的讯问录像、录音，对有关异议或者实施进行质证；第二，条件不允许，则提出暂停审理的请求，在法官主持下检察官、法官、律师迅速举行一个交流会，确认是继续开庭还是延期审理，如果不能得到一个结论，则延期审理，如果能够当即否定证据的非法性，则继续开庭，但是公诉人应当当庭说明排除证据非法性的理由。

一般而言，没有在庭后提出非法证据排除请求的，非有特别证据，否则不能推翻经过庭审质证的证据。

非法证据的认定排除

　　检察机关公诉部门根据调查与证明工作作出相关证据是否具有违法性的初步审查判断结果。对于违反法律规定，以刑讯逼供、暴力取证或以威胁、引诱、欺骗以及其他非法方法收集的言词证据，或严重影响司法公正的其他证据，不能作为指控犯罪的根据，必须予以绝对排除。上述取证行为属于严重妨碍公民权利、严重妨碍司法公正的手段获得的证据，对于这类证据显然必须一律予以排除。同时，对于程序违法取得的言词证据应当根据取证行为对法律秩序和基本法律准则的破坏程度以及对犯罪嫌疑人、被告人基本公民权利的侵害情况，区分为严重妨碍司法公正的程序和技术性违法或手续性违法程序两类。对于严重妨碍司法程序的取证行为获得的证据，应当一律予以排除。同时对于非法取得的书证、物证等明显违反法律规定，可能影响公正审判的，在不能补正或作出合理解释的情况下，该项证据不能作为定案的根据，应当予以排除。检察机关公诉部门在审查证据合法性的过程中，原则上对于违反搜查、扣押等程序取得的物证、书证等，如果侦查机关的取证人员主观上并非出自故意或重大过失，客观上造成的后果不严重，在予以补正或作出合理解释后可以不排除。

　　在有证据证明被怀疑的非法性成立的情况下，承办人员认为确实应当排除该非法证据，应当在审查报告中说明哪些证据是非法证据，排除这些证据的具体理由是什么，直接予以排除，不能再将这些证据提交法庭或者用于认定被告人其他责任的根据。如果因此而导致案件的撤销，不能起诉犯罪嫌疑人，则按照法定的程序完成审批程序以后，依法处置。原则上，对于证据无法补充完善且影响定罪量刑的案件，应当按照三级审批的程序完成。

"毒树之果"是否应当排除？

非法证据排除的社会伦理基础是为了保护人权，防止刑讯逼供等侵犯人权的行为发生。如果允许通过非法的刑讯逼供获取相关的犯罪信息，然后再去调查取证，形成控诉的证据，仍然没有从源头上消除刑讯逼供等侵犯人权行为发生的原因。因此，我们倾向于"毒树之果"也不能作为合法的证据予以使用，必须作为非法证据予以排除。基于这样的认识，对于有瑕疵的证据的态度就有必要考虑是否会导致刑讯逼供的发生为判断是否排除的标准。

瑕疵证据的转化与补正

《人民检察院刑事诉讼规则（试行）》第66条规定，收集物证、书证不符合法定程序，可能严重影响司法公正的，人民检察院应当及时要求侦查机关补正或者作出书面解释；能够补正或者作出解释的，承办人也要审查，如果合法、合理、具有关联性，具有证据资格的，可以作为提起公诉的依据。不能补正或者无法作出合理解释的，对该证据应当予以排除。

对于经过转换、补救等措施可以补充完善，或虽然不能补充完善，但经审查有其他证据予以印证，且与客观事实相符的证据可以作为指控犯罪的根据。因此，对于不同类的瑕疵证据，可以重新制作、合理转换、制作说明等补救措施：

第一，对于犯罪嫌疑人的供述、证人证言、被害人陈述、辨认笔录、鉴定意见等有条件重新制作的，应当依法重新制作。

第二，经当事人事后认可的非法言词证据也可以作为定罪量刑的根据。

重新依法制作是重新赋予证据合法性，而从节约司法成本的角度考虑，经当事人事后认可的非法证据在本质上和合法的证据一样，都是当事人对案件情况的真实意思表示，应当予以认可。同时，对于一些难以重新制作但在案件中具有不可取代的作用的非法言词证据、鉴定意见、搜查笔录等，可以采取补救后制作说明的方式予以完善。

关于这一点现在仍然有争议，我们倾向于即使经过当事人的认可，也不能作为证据使用。但是目前我们的法律规则确认这样做的合法性，经过修订的刑事诉讼法第 54 条第 1 款后半段明确规定"收集物证、书证不符合法定程序，可能严重影响司法公正的，应当予以补正或者作出合理解释；不能补正或者作出合理解释的，对该证据应当予以排除"；《人民检察院刑事诉讼规则（试行）》第 66 条第 1 款规定了相同的内容，同时在第 2 款规定"对侦查机关的补正或者解释，人民检察院应当予以审查。经侦查机关补正或者作出合理解释的，可以作为批准或者决定逮捕、提起公诉的依据"。问题在于如何防止某些别有用心的人利用这项规定非法搜查、非法扣押或者非法侵入他人住宅？再者如何保证侦查机关的补正和解释的合法性？如何保证检察机关的审查不会受到关联关系的影响或者基于省事的想法或者更好地表达为节约司法资源而对取得物证、书证的非法性刻意地忽视？关于这些，权力机关也应当有所考虑。

第三，对于未严格遵守法律规定收集的物证、书证等实物证据，由检察机关根据证据在案件证明中所起的作用权衡决定。鉴于实物证据具有稳定性、客观性、时效性等特征，一旦错过时机可能再也没有机会提取，且与言词证据相比受人为因素影响较小，所以理应区别对待。对于那些在案件中不起重要作用的，原则上予以排除；对于那些对指控犯罪有重大影响且无法替代的，但因各种原因无法重新收集、固定的非法实物证据，应当结合案件的其他证据综合判断其内容的真实性，经查证属实的，可以作为指控犯罪的根据。

非法证据排除的异议沟通

对于侦查机关获取的证据，检察机关公诉部门认为该证据属于非法证据应当予以排除的，应当通知侦查机关并说明理由，连同与证据相关的案卷材料送达侦查机关。相关证据对于案件具有重大影响的，排除该证据后需要补充侦查的，应当同时通知侦查机关，说明补充侦查的方向，相关证据没有直接排除的，需要重新制作或予以完善的，侦查机关应当按照法律规定的取证要求进行完善。

对于检察机关公诉部门排除非法证据后的补充侦查或者完善决定，侦查机关应当立即执行，并将执行回执及时送达检察机关；如果未能执行，也应当将回执送达检察机关，并写明未能执行的原因。

侦查机关不服检察机关公诉部门提出的排除非法证据的意见的，可以向检察机关公诉部门提出复议。对于侦查机关要求复议的排除非法证据的案件，检察机关公诉部门应当另行指派审查起诉部门的办案人员复议，并在收到提请复议书和案卷材料后的 7 日以内作出是否变更的决定，通知侦查机关。

检察机关在审查起诉环节作出非法证据排除或者不排除决定后，反映非法取证情况的犯罪嫌疑人、被害人也可以申请复议一次。如果由于排除非法证据导致不诉决定的，被害人可以在针对不诉决定向上一级检察机关申诉中提出审查要求。但是检察机关作出不予排除的决定不影响在提起公诉后被告人向法院提出排除申请的权利。检察机关作出的排除决定不影响被害人直接向法院起诉中以该证据作为控告依据。

非法证据排除的后果

证据经过审查确认为非法，依照法律应当予以排除，则可能出现以下几种后果：

第一，如果排除非法证据之后，现有证据仍然能够证明犯罪，承办人应当继续进行公诉行为。

第二，如果排除非法证据之后，现有证据不能证明犯罪，应当退回侦查机关补充侦查，如果获得了足够的合法证据，可以证明犯罪，则继续公诉行为。

第三，如果经过两次退回补充侦查，仍然没有足够的证据证明犯罪，检察机关可以考虑建议侦查机关撤回案件，或者直接作出不起诉的决定。

第四，针对发现的非法证据取证情况，认为该行为构成犯罪需要追究刑事责任的，应当依法移送立案侦查，一般应当移送检察机关的渎职侵权犯罪侦查部门；如果认为该行为不构成犯罪不需要追究刑事责任，但应当追究其行政或者纪律责任的，可以向侦查机关提出检察建议，要求给予相关人员以相应的处罚。

关于沉默权的问题

新刑事诉讼法第 50 条规定"不得强迫任何人证实自己有罪",一方面,对此规定的理解可以是不得采取非法手段获取犯罪嫌疑人的供述,即是非法证据的禁止规则;另一方面,如果犯罪嫌疑人或者被告人就是不说,保持沉默,是不是也不能强迫其讲话?我们认为这是肯定的。不能强迫自证其罪的前提就是不能强迫犯罪嫌疑人或者被告人说话,如果这个前提不能保证,那又如何保证后一权利的实现呢?沉默权的问题只是个技术问题,即使犯罪嫌疑人或者被告人保持沉默,只要侦查机关愿意,现有的侦查手段足以破获任何犯罪。我们目前办理的许多案件都是"零口供"案件,也没有听说那个案件因为"零口供"而被撤销的。但是新刑事诉讼法第 118 条仍然规定"犯罪嫌疑人对侦查人员的提问,应当如实回答",我不知道如果犯罪嫌疑人就是不说话,侦查机关该如何应对?是车轮战、强光照射,不让他休息、不让他喝水吃饭,或者给几个巴掌?

沉默权和禁止刑讯逼供等非法取证行为是司法公正的保证手段,保证沉默权是禁止刑讯逼供的前提和保证。

关于诱供

如果一名被告人在法庭上提出侦查人员诱供来推翻自己先前的有罪供述,庭审因此而暂时中止或者延期审理,那么作为公诉人就有必要准备反击的对策。首先,你可以了解一下有无审讯时的录像,如果有,并且能够直观地反驳被告人的主张,那就可以直接与法官沟通，恢复庭审。其次，你可以与侦查人员联系一下，看看他们有无相关的证据反驳被告人的主张，比如他们有录音或者人证。如果没有录像，也没有录音，更没有证人，那你就必须请侦查人员与你配合一下，完成庭审的调查程序以便反驳诱供的主张。对于侦查人员出庭接受调查，在以前是不可想象的，但在新刑事诉讼法实施后，这种情况会成为一种常态，因此你要有所准备。你在法庭上要设计一套问题，策略地完成这个调查程序，既能达到你的目的，又不至于拖延诉讼或者让侦查人员为难。我个人建议是按照时间顺序从侦查人员初次接触被告人开始设计问题，这些问题看似烦琐而不是十分必要，但事实证明这些问题将使你事半功倍，任何省略都可能导致更加烦琐的事情。

你可以像下面这样设计问题：

问：你最初如何与被告人接触的？

答：说明（侦查人员的解释）。

问：接触时你是否穿着警服？

答：是穿着警服（侦查人员的说明）。

此处要让侦查人员说明服装的式样。

问：你如何向被告人亮明身份的？

答：我告诉被告人我是警察，并向他出示了工作证（或者类似的回答）。

问：是什么理由让你调查被告人的？

答：说明（回答应当包括实施调查的根据）。

问：你初次与被告人接触的时候旁边还有别人吗？

答：说明（有或者没有，也可以是我的搭档，某某某）。

问：被告人当时是被拘留了、逮捕了，还是未被采取任何强制措施？

答：说明。

问：是否向被告人宣读了权利义务告知书？

接下来的问题是：

被告人明白他拥有的权利义务吗？

被告人是否说过"我没有什么可说的"？

被告人是否表示要与谁联系？

是否给他与别人联系的机会？

如果给了他这个机会，他是否躲开侦查人员与他人联系，当时的环境和条件是什么？

被告人当时的精神状态和行为如何？

问这些问题的目的是表明：被告人明白自己被拘留或者逮捕的原因；已经告诉他享有的权利，尤其是聘请律师的权利；告诉被告人可以不说话；让他联系律师。

如果被告人想联系律师，侦查人员要确保被告人有条件与律师联系，如果他没有聘请律师，要确保法律援助律师及时到位。被告人与律师联系的各种细节可以描述出来，比如联系的方式、联系的地点、语言的翻译，等等。

要明确表明从初次接触被告人起到被告人作出供述之间不存在施压的机会或者可能。司法人员对被告人所说的一切都要记述下来，至关重要的是：没有施压；没有威胁；没有刑讯逼供；提供了与律师联系方式以便获得法律帮助的机会；告诉被告人可以不说话；被告人身心健全，没有影响其作出自由选择的任何不利因素。

下面的问题并不是所有案件都可能需要的，但有备无患。

被告人初次与司法人员会面的地点在哪里？

如果是在床上，被告人是否清醒？

侦查人员到来时，被告人在卧室做了什么？

侦查人员是什么时间到达的？

被告人的第一反应是什么？

侦查人员说了些什么？

被告人对侦查人员所说的反应是什么？

拘留或逮捕的理由是什么？

被告人对拘留或者逮捕的反应是什么？

被告人是否被允许穿上衣服？

那时，侦查人员与被告人有什么语言交流？

被告人是否提出使用电话？被告人是否与父母或者其他人通话？

被告人如何穿上衣服的？

被告人是否被戴上手铐？

描述一下此时被告人的举止。

被告人如何离开自己的房间的，如被领着走出或者自己走出？被告人对同住人说了些什么，尤其是告诉他们他将到什么地方？

被告人在什么地方上了警车？警车是什么型号的？

将被告人带出房间或者押上警车是否受到被告人的反抗？

回警局的过程中，侦查人员是否告诉被告人目的是哪里？行驶的路线？行驶过程中是否停过车？如果停过车，理由是什么？被告人坐在车里什么位置上？侦查人员是否与被告人谈过话，如果谈过，谈了些什么，有无记录？

达到警局以后，如何将被告人送进谈话室的？路线是什么？被告人是否与其他警员有过接触或者交流？

描述一下谈话室，大小、设备、墙上的提示、照明、家具的摆放，等等。

此时被告人是否提出什么要求，比如要见律师或者其他什么人？

问题问到此处，最好还要再问侦查人员一下，此时的被告人的行为举止如何。

自从上海市检察院建立咖啡室以后，许多办案人员将未羁押的被告人、证人、鉴定人带到咖啡室进行相关的讯问、询问或者交流。这一点对自愿的供述或者作证非常有利，请他们喝咖啡或者抽烟或者一块蛋糕，就建立了一个自愿供述的舞台。如果公诉人曾经这样对待被告人，那就没有必要遮遮掩掩，大大方方地说出来，这种礼貌的礼遇不可能被说成诱供。

如果侦查人员曾经讲手机借给被告人用于与他人联系，你也可以大大方方地说出来，侦查人员已经最到限度地保障了被告人的权利的实现，不会造成诱供的条件或者环境。

对于被告人作出有罪供述的过程更要详尽描述或者复述。包括供述笔录是谁做的记录？是否有录音或者录像？笔录上是否有被告人的签名和手印？是否原件？是否有更正？更正的地方有无被告人的签名？在庭上你可以问讯问的侦查人员，我看到讯问笔录最后有被告人的签名，每一页上也有签名，你能告诉我谁签的名？什么时候签的名？签名的时候你是否在场？我看到手印，是谁的手印？笔录上还有一些更改，更改的地方也有手印，这些更改是谁作出的，手印是谁留下的？（如果是被告人作出的更改并留下手印，自然就得出了被告人自愿的结论）。

如果需要你还要解释第一次接触被告人与被告人作出有罪供述之间这段时间里有什么影响司法公正的特别事件。为什么会有时间间隔？间隔这段时间里侦查人员做了些什么？其他人有机会接触被告人吗？间隔时间里，被告人处在什么地方？

最后公诉人要提出结论性的问题：

你是否威胁过被告人？

你是否对被告人说过你供认犯罪对你会有好处这样的话？

你是否对被告人承诺说你认罪就可以取保候审？

你是否对被告人承诺说如果你认罪就可以轻判？

你是否曾将手放在被告人的身上？

你是否打过被告人或者武力威胁过被告人？

你是否看到其他人有过上述行为？

被告人是否曾要求停止讯问？

被告人是否提出你忽略过的要求？如果提出过，为什么？被告人是否提出要聘请律师？

如果提出过，如何让他与律师联系的？

以上这些问题看似冗长，但却是涵盖了所有可能涉及的领域。毕竟是由检察官来证明供述的自愿性，而非被告人自己来证明供述是在胁迫或者引诱或者允诺的条件下作出的。因此细致、细致、再细致并不过分。要点就是要确立一下事实：被告人确实想告诉侦查人员到底发生了什么事情，被告人受到了合法的礼遇和尊敬，得到了聘请律师并得到其法律帮助的机会，被告人身心健康，对发生的、正在发生的和将要发生的事情有明确的认识和应对的能力，被告人没有受到任何威胁利诱。

如果出庭的侦查人员不止一人，对每个人提的问题都要涵盖上述内容。

九、诉还是不诉
——检察官的自由裁量权 与宽严相济

宽严相济刑事政策

检察官行使自由裁量权经常受到刑事政策的影响，目前影响最大的刑事政策就是宽严相济刑事政策，所以，在决定诉或者不诉时，首先，要明确检察官如何行使自由裁量权。其次，要对宽严相济刑事政策的基本内容与要求、其法律边界、犯罪情节对它的影响等有正确的认识。

宽严相济刑事政策是指对刑事犯罪区别对待，做到既要有力打击和震慑犯罪，维护法制的严肃性，又要尽可能减少社会对抗，化消极因素为积极因素，实现法律效果与社会效果的统一；对轻微犯罪处罚更轻，对严重犯罪处罚更重，所谓轻轻重重。轻轻重重的刑法思想早在先秦时代就有，到了西汉初年，《二年律令》则以明确的法律形式确立了宽严相济的刑罚思想并以此来保障社会和谐。① 该令规定对过失犯罪从宽、对故意犯罪从严、对偶犯从宽、对惯犯从严、对以卑犯尊者从严、对以尊

① 参见崔永东：《"宽严相济"的〈二年律令〉与社会和谐》，载《人民法院报》2010年6月18日第7版。

犯卑者从宽、对老幼犯罪从宽、对自首犯从宽、对官员犯罪从严、对司法腐败行为从严、对团伙犯罪从严、对侵犯皇权犯罪从严。现代意义上的宽严相济刑事政策则出现在 20 世纪中叶的西方发达国家，他们根据犯罪现状，相继调整了刑事政策，实行刑法改革。对于轻罪，在刑法脱伦理化理念的影响下，对于某些基于宗教保护的"无被害人"犯罪，实行非犯罪化；如果是犯罪嫌疑人认罪的轻微刑事案件，则实行诉辩交易，从轻从快处置，或者相对不诉。大力推行刑事司法私人化的刑事和解制度，限制国家刑罚权，实现恢复性司法立法化。在司法实践中，暂缓制度适用于司法的各个阶段，如警察可以轻罪暂缓立案，检察官可以轻罪暂缓起诉，法官可以轻罪暂缓判刑或者刑罚暂缓执行，同时推行刑罚执行的场所开放性和社区矫正普遍化。对于重罪，比如严重的暴力犯罪、恐怖犯罪、有组织犯罪等，在各个层面上加大打击力度。在美国立法中，设立了暴力犯罪特别累犯制度，与我国刑法中的毒品犯罪特别累犯制度相似；1970 年通过了反黑法，即《反犯罪组织侵蚀合法组织法》，该法规定对有组织犯罪可以溯及既往而从重处罚有组织犯罪；2001 年因为"9·11"事件，美国国会通过反恐法，即《美国2001 年爱国者法案》，对恐怖犯罪有条件地实行有罪推定，有条件地容忍刑讯逼供行为。1992 年德国《打击非法毒品和其他形式的有组织犯罪法》和 1999 年日本《犯罪侦听法》，也认可部分非法证据可以利用，并非完全排除，规定无授权窃听而取得的证据的合法性。① 北欧地区在 20 世纪 80 年代也提出了刑罚轻轻重重的思想，北欧社会治安良好，社会福利好，犯罪率不高，所以北欧的轻轻重重偏重于轻轻这一面更多一些，而轻轻也是

---

① 以上内容参见储槐植、赵合理：《国际视野下的宽严相济刑事政策》，载http://law1. cnki. net/kns50/clkd/clkt/detail. aspx? DBName = clkj&FileName = SDFX20070310。

在立法意义上而言的，比如将原来视为犯罪的非犯罪化，原来适用监禁刑的犯罪非监禁刑化，对轻微犯罪实行社会保安措施化，当然北欧的轻轻重重思想与其社会改良主义的理念是一脉相承的。

在我国20世纪70年代后期开始实行改革开放的政策，犯罪率也随之不断上升，到了20世纪80年代初期，社会治安严重恶化，中央提出严厉打击各类刑事犯罪的号召，全国各地展开了轰轰烈烈的"严打"运动，不论违法犯罪的轻重一律从重处罚，当时曾有一些治安管理处罚案件被上升到刑事犯罪的案例。通过"严打"，我国社会治安形势在一定时期有了好转，但是时间不长，刑事犯罪又呈现高发状态，中央又一次提出"严打"方针，社会治安好转，时间不长，犯罪率又上升，如此反复多次，直到2005年12月中央政法委书记罗干在全国政法工作会议上提出宽严相济刑事政策。罗干在该次会议上提出"贯彻宽严相济刑事政策，一方面必须坚持严打方针不动摇，对严重犯罪依法严厉打击，什么犯罪突出就重点打击什么犯罪，在稳准狠和及时性上全面体现这一方针；另一方面，要充分重视依法从宽的一面，对轻微违法犯罪人员，对失足青少年，要继续坚持教育、感化、挽救方针，有条件的可适当多判一些缓刑，积极稳妥地推进社区矫正工作"。新中国成立以来，首次提出轻轻重重的政策，纠正了一味从重的刑罚倾向。2006年3月，这一政策在司法机关的工作报告中开始体现出来，在2006年3月"两高"对人大的工作报告中都提出要对犯罪区别对待，贯彻和坚持宽严相济的刑事政策。2006年下半年，该政策上升为党的政策，党的十六届六中全会通过的《中共中央关于构建社会主义和谐社会若干重大问题的决定》指出"要实施宽严相济的刑事司法政策"。宽严相济刑事政策是对严打政策的能动反思的结果，吸收了惩办与宽大相结合刑事政策的合理内容和保障人权的理念，在从宽和从严两个方面为司法工作指明了方向。

宽严相济刑事政策的实质主要是指对于社会形势和犯罪态势的科学判断，针对具体犯罪和具体犯罪人的不同情况，应当实行区别，综合运用从宽和从严两种手段处理案件，以做到既打击和震慑犯罪，维护法制的严肃性，又尽可能减少社会对抗，化消极因素为积极因素，最大限度实现法律效果和社会效果的统一。宽严相济刑事政策的核心是区别对待，目标是促进社会的和谐稳定，关键是要做到该宽则宽，当严则严，宽严相济，罚当其罪。然而在司法实践中，对于宽严相济刑事政策的基本精神当然有不同的理解，主要有几种观点：

第一种观点认为，宽严相济刑事政策是惩办与宽大相结合刑事政策的继承和发展，其本质上还是坚持以严为主，辅以从宽。对犯罪的处罚首先要考虑从严处理，甚至可以更严厉。只有非常少的几种场合才可以从宽，比如政法委提出的轻微违法犯罪人员和失足青少年，为了教育、感化、挽救而从宽处理。

第二种观点认为，宽严相济刑事政策的基本精神是从宽，是构建和谐社会的大背景下的时代要求。当今时代的要求是什么？在国内，司法过程中人权保护意识得到加强，人权保护制度逐渐建立，最近又先后出台了非法证据排除规则，死刑证据标准的规定；在国际上，《公民权利和政治权利国际公约》中第14条规定的各项诉讼权利早已通行，轻刑化趋势明显，死刑废除运动声势浩大。随着我国融入国际社会，这些因素对中国的刑事司法无不有重大的影响。宽严相济刑事政策与惩办宽大相结合相比，语言顺序有了明显的变化，而这种变化反映了思维的变化，体现了政策重心的转移。

第三种观点认为，宽严相济刑事政策是宽严始终是对立统一的不可分割的两个方面，宽是以严为后盾的，严是基础。抛开严而讲宽是不能成功的。宽严相济不是对"严打"的取代，更不是对"严打"的否定，而是将"严打"这一特殊的方针纳入基本刑事政策中来。"严打"体现在宽严相济刑事政策中，在宽严相济刑事政策中坚持"严打"方针，以严为主。只有这样社会稳定才有可能实现，社会稳定了，才有讲宽的可能。

第四种观点认为，宽严相济刑事政策重在宽与严的"相济"，相济说白了就是互相帮助，宽严相济的关键在于宽与严的平衡，利益的协调，有机的结合。

我们反对单纯从宽或者单纯从严地理解宽严相济刑事政策，按照我们的理解，对于法律规定从宽处理的条款，就应当以宽为基础，辅之以严；对于法律规定从严处理的条款，就应当以严为基础，辅之以宽。而要正确执行宽严相济刑事政策，还应对该政策以下含义予以掌握、理解并灵活运用：

首先，该宽则宽，该严则严。本质上就是区别对待，根据刑法和刑事诉讼法的规定，对应当从严处罚的犯罪要严厉打击，对应当从宽处理的犯罪要从轻处理。其实，从轻或者从重，不能仅仅局限在刑法中，还要体现在刑事诉讼法的实施过程中，比如，对待轻微犯罪，可逮捕可不逮捕的，就不逮捕，取保候审或者监视居住。

其次，宽中有严，严中有宽。我们在办理具体案件时，要合理区分行为人的刑事责任大小，讲到宽的方面，不是说要绝对地宽，在应当从宽的情况下，如果还有从严的情节，也要从严；在应当从严的情况下，如果有从宽的情节，也要从宽来掌握，合理适用法律，注意区分责任的大小，不能片面地教条地强调从严或者从宽。按照我们的理解，在一定时期，具有近似事实条件、近似证据条件、罪过相当、主体条件基本一致，在考虑从宽或者从严时，不能有太大的差别，也就是说要满足基本的平等。

最后，宽严并用，宽严有度。司法要做到平衡司法、平衡执法，也就是说要保持刑法、刑事诉讼法适用的均衡性，不能超越法律的规定去从宽或者从严，从宽与从严要两者兼顾，不能偏废，时时刻刻将从宽与从严的效果与司法的政治效果、社会效果、法律效果紧密地结合起来，将它作为完成三项重点工作最重要的手段。

公诉工作中如何体现宽严相济
刑事政策"宽"的一面

无论是在立案侦查，还是在审查批捕或者审查起诉过程中，要体现宽严相济刑事政策中"宽"的一面，就必须在掌握刑事法律规定的体现"宽"的理念的规范，并考察案件的各种从宽情节，在从宽的基础上，斟酌"严"的情节和法律规范，然后对案件作出全面的评估和判断，作出恰当的决定。也就是说，体现从宽的法律逻辑应当是优先考虑具备法定从宽的情节，以及其他从宽的酌定情节，以此为基础，再来考察从严的一面，经过对案件的全面的平衡，最后作出决断。遵循这样的逻辑，可立案可不立案的案件，以不立案为基础，考虑必须立案的其他理由，如果必须立案的其他理由并不充分，应当不立案；可批捕可不批捕的案件，以不批捕为基础，考虑必须批捕的其他理由，如果必须批捕的其他理由并不充分，应当不批捕；可起诉可不起诉的案件，以不起诉为基础，考虑必须起诉的其他理由，如果必须起诉的其他理由并不充分，应当不起诉。

贯彻宽严相济刑事政策，无论如何强调依法从宽或者从严都不过分。从宽或者从严都必须在法律的框架内执行。我国刑法有以下关于从宽的规范：

九、诉还是不诉——检察官的自由裁量权与宽严相济

（一）刑法总则

刑法总则中的体现"宽"的一面主要有以下十个条款：

1. 刑法第 18 条第 3 款规定的"尚未完全丧失辨认或者控制自己能力的精神病人犯罪的，应当负刑事责任，但是可以从轻或者减轻处罚"。某日上午，因吸毒而精神受到损害的犯罪嫌疑人冯某彬以自己的身份证登记入住上海市某酒店，并电话招来王某艺等 7 人到该房"溜冰"（吸食冰毒）。当晚犯罪嫌疑人冯某彬打电话购买摇头丸，贩毒分子将摇头丸送到酒店，此时冯某彬头痛发作倒地抽搐，卖毒者将摇头丸放在酒店房间的桌子上并告诉了冯某彬，冯某彬像是抽搐又像点头，贩毒分子随即离开。两个小时后，冯某彬稍微清醒一些，他将摇头丸分给王某艺等人吸食。承办人针对犯罪嫌疑人冯某彬是否批捕以及后来是否起诉产生了分歧。有人认为在贩毒分子来到房间交付摇头丸时，犯罪嫌疑人冯某彬正好精神病发作，无法完成毒品交易的购买行为，证据链在犯罪嫌疑人冯某彬精神病发作后断裂，无法达到认定犯罪所需的主观认识和因果关系，冯某彬不应当负任何刑事责任，不应批捕，也不应起诉。有人则认为贩毒分子将摇头丸送到酒店时，冯某彬头痛发作倒地抽搐，卖毒者将摇头丸放在酒店房间的桌子上并告诉了冯某彬，贩毒分子离开，虽然冯某彬精神病发作，但当贩毒分子将摇头丸放在桌子上并告诉冯某彬时，冯某彬还点了点头，然后贩毒分子才离开，冯某彬清醒后将摇头丸分给他人吸食，容留他人吸食毒品的主观故意和客观行为已经具备，冯某彬应当负完全刑事责任，既应批捕，也应起诉。我们认为，在贩毒分子交付毒品时，冯某彬精神病发作倒地抽搐，但这并不否定冯某彬后来容留他人吸食毒品的主观故意和客观行为，但在实施容留他人吸毒的过程中，其精神还处于半清醒状态，属于尚未完全丧失辨认或者控制自己能力的精神病人，依法适用"可以从轻或者减轻处罚"条款。

以不批捕、不起诉为基础，考虑到冯某彬是本地人，以前涉案也没有逃跑的现象，可以考虑不批捕，但本案中的冯某彬多次容留他人吸食毒品，应当予以刑事处罚，不起诉不能达到罪刑相当，因此对冯某彬应当起诉。

2. 刑法第 19 条规定的又聋又哑的人或者盲人犯罪，可以从轻、减轻或者免除处罚。被告人王某卫 1988 年因工伤致盲，1993 年 1 月与被害人钱某登记结婚。1996 年 3 月因夫妻双方经常发生争吵，钱某向区法院提出离婚的诉讼请求，法院不予支持。1997 年 3 月钱某再次向法院提出离婚诉讼请求，同年 10 月 8 日，法院宣判准予离婚。1997 年 10 月 13 日晚 19 时许，被告人王某卫到钱某住处，欲与钱某发生性关系，遭拒绝后，被告人王某卫将被害人推倒在床，强行与其发生性关系。被害人向公安机关告发，被告人被抓获。王某卫对自己的行为供认不讳，但是认为自己和被害人是夫妻，他仍然有权和被害人发生性关系；辩护人认为王某卫虽然构成了强奸犯罪，但是因为其是盲人，依法应当从轻、减轻或者免除处罚；我们认为王某卫与钱某的夫妻关系因为判决的缘故而处于不确定的状态，但即便是在确定的婚姻状态里，强行发生性关系也是犯罪。因此，王违背了妇女意志，构成对妇女性权利的严重侵犯，与从未有过夫妻关系的普通强奸罪具有同质性，应当以强奸罪惩处。因为其是盲人，是减轻刑事责任的理由。如果没有法定的必须逮捕的条件，可以考虑不予逮捕，但强奸罪是性质极其恶劣的自然犯罪，即便被告人是盲人，依法可以从轻、减轻或者免除处罚，有不起诉的条件，综合考虑本案的各种情节，仍然应当起诉王某卫。

3. 刑法第 22 条第 2 款规定的对于预备犯，可以比照既遂犯从轻、减轻或者免除处罚。被告人蒲某意图抢劫，尾随一妇女身后。当该妇女回家、打开房门进屋并准备关门时，蒲某以为其家中无人，强行挤进房内，并随手锁上门，该妇女被吓得惊叫一声。她的丈夫闻声起床，拉开电灯，见蒲某站在门口，便问："你是干什么的？"蒲某答不上来。蒲某被扭送到公安机关。蒲某供认他到该妇女家的目的是抢钱。我们认为本案中蒲某心怀抢劫犯意，尾随他人并强行入室，有抢劫预备行为；但蒲某尚未开始以暴力、胁迫方式抢劫财物，即被擒获，因而停止在预备过程中、着手实行抢劫之前，应属抢劫预备。依照法律可以比照既遂犯从轻、减轻或者免除处罚。基于蒲某的表现，我们判断蒲某再犯的可能性较小，主观恶性不大，犯罪后果不严重，不捕、不诉是恰当的选择。事实上，该案还是起诉到了法院，两审之后，蒲某被判缓刑，而被害人不服，向当地检察机关申诉，某省人民检察院提起抗诉，法院再审认为，被告人蒲某有抢劫的故意并尾随妇女强行入室，因被及时制止而抢劫未成，其行为已构成抢劫罪（未遂），但情节轻微、社会危害性较小，可以免予刑事处分。结果与前两次审判结果一致，但浪费了更多的司法资源，不可取。

4. 刑法第23条第2款规定的对于未遂犯，可以比照既遂犯从轻或者减轻处罚。被告人沈某因赌博欠债，难以偿还，便图谋盗窃本单位保险柜里的现金。某日晚21时许，被告人撬开了单位财务的房门，但因无法打开小保险柜，未能窃取柜中的现金。被告人将小保险柜搬离财务室，藏在单位仓库旁的试验室里，想等待时机再撬开小保险柜，窃取现金。次日，案发。第三天人们在试验室找到了小保险柜，柜门尚未打开，柜内人民币也原封未动。承办人对本案争议的焦点是应否起诉被告人，原因在于犯罪嫌疑人的盗窃行为是既遂还是未遂。我们认为沈某的行为应属犯罪未遂。对于保险柜这样的笨重物件，需要搬运出单位，犯罪人才取得控制，单位才失去对财产的控制。对于保险柜中的钱财，犯罪人在没有取得对保险柜控制的情况下，必须打开保险柜才能取得对财产的控制。本案被告人当时因无法打开保险柜，于是将其由财务室搬到另一房间，被告人仍未取得对该财物的控制，该单位也未失去对该财物的控制，所以，该盗窃犯罪未完成，被告人的行为属于未实行终了的未遂，可以比照既遂犯从轻或者减轻处罚。诉与不诉，首先考虑不诉，再综合本案其他情节，最终作出决定。另有一案，被告人王某怀疑高某向公安机关揭发了其持械斗殴的不法行为，对高某恨之入骨，扬言要将高某勒死。某日晚，王某携带绳一条，将高某骗到某黑暗弄堂里。乘高某不备，王某用绳从其背后套住脖子，将高某勒倒，并用拳头犯击高某的头部，将高某打昏，而后拖到弄堂尽头的公共厕所里，用绳勒紧高某的脖子。王某认为高某已死，逃离了现场。王某走后不久，高某苏醒过来，到派出所报案，王某被抓获归案。王某的杀人行为属于未遂。同时，此案反映故意杀人罪作为结果犯，只要没有发生法定的死亡结果，对犯罪人应当比照既遂犯从轻或者减轻处罚。但是鉴于本案社会危害性之大，犯罪嫌疑人人身危险性较强，首选起诉。

5. 刑法第 24 条第 2 款规定的对于中止犯，没有造成损害的，应当免除处罚；造成损害的，应当减轻处罚。某日晚，被告人赵某钦乘邻居陈某云一人在家之机，闯进陈某云家，提出和陈某云发生性关系。陈某云不同意，赵某钦即把陈某云按在床上，扒掉陈某云的裤子准备强奸。陈某云说"我妹妹一会儿要来"，并看了一下手表。赵某钦闻听，跳起身，向陈某云赔礼后走掉。在本案中，犯罪嫌疑人赵某钦因为被害妇女的机智周旋而停止犯罪，被认为是"自动放弃"，中止犯罪，因为没有造成损害，应当免除处罚。检察机关首先考虑采取不起诉，鉴于被害人在犯罪嫌疑人赔礼道歉的情况下也同意不处罚赵某钦，最终选择了相对不诉。下面的案件则不能免除处罚，检察机关应当考虑起诉。被告人李某宇与熟人钟某一同从上海前往广州做生意。晚上，二人在某火车站候车室候车。李某宇见钟某熟睡，乘机从钟某的包中取出现金2800元，装在自己的上衣口袋里。上火车后，钟某发现现金少了，问李某宇："我的钱哩?"李某宇说："我怕钱丢了，拿来装到我上衣口袋里了。"钟某说："你赶紧给我。"李某宇说："这么多钱，让人看见，丢了怎么办？我先给你保存着，少不了你一分钱。"当火车行至广东省韶关站时，李某宇以下车买食品为由乘机溜走，独自返回上海。钟某一周后从广州回到上海，多次向李某宇索要被其拿去的现金。某日，钟某又找到李某宇要钱。李某宇将钟某骗至奉贤西渡镇黄浦江边人迹罕至处，将其推入一深坑里，然后向坑里扔水泥块，钟某头部被砸伤，随即求饶说："你欠我的钱我也不要了，不要杀我。"李某宇住手，将钟某拉出深坑并一起到医院包扎伤口。本案中李某宇的行为构成杀人罪的中止。李某宇的行为造成钟某的头部受伤，因此造成伤害而应当减轻处罚，不能免除处罚。遇到此种情况，检察机关应当首选起诉。

6. 刑法第27条第2款规定的对于从犯，应当从轻、减轻处罚或者免除处罚。徐某、李某、王某三人是高中同学，也是好朋友，徐某与李某结婚，徐某为筹款买房，向王某提出借钱，王某始终未允。再次向王某借钱，王某即提出要以与李某发生性关系为条件。徐某表示要与其妻商量后再定。徐某与妻商量时，遭到拒绝。1996年某日中午，王某在徐某家喝酒，李某也喝了不少酒，不胜酒力先睡下了。被告人王某趁机进入卧屋，想奸淫李某，但王某解不开李某的牛仔裤，徐某见状找来一把大剪刀将李某腰带剪断，并将李某的牛仔裤脱下，王某将李某奸淫两次。离开时交给徐某5万元，徐某写下了借条。晚上李某醒来，发现被强奸，遂报案。检察院以强奸罪起诉王某没有争议，但是否应当起诉徐某存在不同的看法，因为徐某是李某的丈夫，一般认为丈夫对妻子不能构成强奸罪。但是在本案中，徐某帮助他人实施对自己的妻子的强奸，可以构成强奸罪的共犯。徐某在本案中是主犯还是从犯？相对于强奸行为而言，其帮助行为应当认定为从犯，应当以强奸罪从轻、减轻或者免除处罚。徐某基于共同生活的需要而借钱购房，我们认为对徐某可以考虑相对不诉，但要充分考虑其妻的态度。

7. 刑法第 28 条规定的对于被胁迫参加犯罪的，应当按照他的犯罪情节减轻处罚或者免除处罚。张某、李某两人在上海打工，但收入不多，张某告诉李某晚上到第六百货商店盗窃。李某不同意，张某说不同意就掐死李某，李某害怕，晚上 8 点半和张某到了第六百货商店，张某偷了柜台上的贵重商品后交给李某，李某将赃物带回住处。经变卖，张某分得 3500 元，李某分得 2000 元。李某是胁从犯，综合本案的各种情节，对李某不起诉更为适当。但并非所有的胁从犯都不必起诉。例如，杨男与唐女长期通奸，即便是在唐女与左某结婚后，通奸仍在继续。杨男曾多次提出杀害左某，并威逼唐女同意。杨男说："你不同意杀死他，我就杀死你。"一天，杨男、唐女乘左某到黄浦江边钓鱼之机，尾随至江边，趁左某不备之际，杨男用铁棍猛击左某的头部，将左某打倒在地，并推入黄浦江，伪造了"淹死"的现场。唐女虽未动手杀害左某，但她相随杨男一起到作案现场，事后又向有关单位谎报其丈夫到江边钓鱼失踪。本案中，唐女因为受到杨男的威逼而同意谋杀丈夫，并将丈夫行踪告知杨男、带杨男尾随其夫到江边的帮助行为，因此唐女是杨男杀人的胁从犯，应当按照她的犯罪情节减轻处罚或者免除处罚，如果本案中没有发生左某死亡的结果，对唐女可以不起诉，但因为左某的死亡使案件的危害后果变得十分严重，不起诉就难以体现法律的正义。还有一个案例，宋某和 15 岁的张某在公园偏僻处玩耍，见幼女姜某走来，宋某便指使张某去截住姜某。

张某不肯去，宋某便给张某一个嘴巴，张某被迫将姜某截住。然后，宋某让张某帮助把姜某拉到草丛中，予以强奸。张某在主犯宋某的暴力胁迫下，帮助其实施了强奸犯罪，是共同犯罪中的胁从犯，应当按照他的犯罪情节减轻处罚或者免除处罚。鉴于张某是未成年人，并受到暴力的胁迫，犯罪实属迫不得已，主观恶性较轻，首选不起诉。

8. 刑法第 29 条第 2 款规定的如果被教唆的人没有犯被教唆的罪，对于教唆犯，可以从轻或者减轻处罚。甲教唆乙盗窃丙的手提电脑，他会以 2000 元的价格从乙的手里买下这台电脑。乙说偷别人的东西不对，并将甲教他盗窃的事告诉了警察，甲被抓获。这是典型的被教唆的人没有犯被教唆的罪，对于甲，检察机关首选不起诉。下面的案例则有所不同，犯罪分子教唆他人犯 A 罪，而被教唆的人则实施了社会危害性更为严重的 B 罪，比如甲教唆乙盗窃丙的手提电脑，他会以 2000 元的价格从乙的手里买下这台电脑。乙趁丙不注意，抢下电脑就跑，将电脑交给甲，甲付给乙 2000 元。乙的犯意由于甲的教唆而产生，并因此产生了比盗窃更为严重的侵害后果，甲教唆的行为与收购赃物的行为之间，存在方法行为与结果行为之间的牵连关系，成立牵连犯，应在盗窃罪（教唆）和收购赃物罪之间从一重罪即盗窃罪处断。虽然被教唆人没有犯被教唆之罪，对教唆者却不能按照刑法第 29 条第 2 款的规定适用法律。对教唆人首选起诉，然后再考虑其他从轻的情节，决定是否起诉。

9. 刑法第 67 条规定的对于自首的犯罪分子，可以从轻或者减轻处罚。其中，犯罪较轻的，可以免除处罚。李某听人说上海的监狱条件特好，吃得好，狱警不打人，还可以读书，李某随即到公安机关说自己偷了别人的钱，要进监狱。经查证，李某先后两次盗窃，共得人民币 2000 元。对于本案，承办人也产生了诉与不诉的分歧。我们认为鉴于李某的主观恶性较轻，不诉似乎更为恰当。然而下面的案例则不同，杨某于 2008 年至 2010 年间先后盗窃 17 次，盗窃得款物 6000 余元，并且于 2010 年 3 月 6 日晚拦路抢劫一女青年手表一块，2010 年 5 月 28 日晚再次拦路抢劫时被发现，杨某潜逃。6 月 7 日晚，杨某被其父亲找回，在其父母的劝说下前往公安机关自首，在途中恰遇两名熟悉本案情况的公安人员，当即上前将杨某抓住。杨某在父母劝下前往司法机关投案自首，虽在途中被抓获，但仍符合自首的条件，主观上有自首的愿望，客观上有自首的实际行动，应视为自首。鉴于杨某犯罪行为较为严重，依法只能适用"可以从轻或者减轻处罚"的条款，而不可以免除处罚。起诉则是首要的选择。

10. 刑法第 68 条规定的犯罪分子有揭发他人犯罪行为，查证属实的，或者提供重要线索，从而得以侦破其他案件等立功表现的，可以从轻或者减轻处罚；有重大立功表现的，可以减轻或者免除处罚。犯罪后自首又有重大立功表现的，应当减轻或者免除处罚。林某在 2009 年下半年，在某偏僻处连续抢劫 5 次，每次只取被害人 20 元，从不多取。听其女朋友说公安机关正在调查这些抢劫案，林某想早晚被抓住，不如自己交代，也许处罚轻些，随即到附近的派出所交代了自己的犯罪事实。并将其邻居翟某某抢劫他人劳力士手表的事实告诉了公安机关。经过查证，翟某某抢劫的事实得到确认。由于林某连续 5 次抢劫，公安机关移送审查起诉，检察机关承办人则对是否起诉林某产生了分歧。有人认为连续 5 次抢劫，虽然数额不大，但属于情节严重之列，起诉是不二的选择。有人认为林某不会再犯，起诉的必要性不充分。我们赞同第二种观点。虽然林某有 5 次抢劫的犯罪事实，但他已经感觉到法律的威慑力，主动停止了犯罪，主观恶性不大，不起诉也可以作为一种优先的选择。

（二）刑法分则

刑法分则中体现"宽"的一面主要有以下几个条文：

九、诉还是不诉——检察官的自由裁量权与宽严相济

1. 刑法第 383 条第 1 款第 3 项规定，对犯贪污罪的……犯罪后有悔改表现、积极退赃的，可以减轻处罚或者免予刑事处罚，由其所在单位或者上级主管机关给予行政处分；第 4 项规定，个人贪污数额不满 5000 元……情节较轻的，由其所在单位或者上级主管机关酌情给予行政处分，这里就是不作犯罪处理的意思。被告人张某某在担任上海某冶金建设有限公司办公室秘书期间，利用报销办公室费用的职务便利，于 2006 年 2 月至 2009 年 12 月间，先后 49 次采用模仿主管领导的签名或在请款、报销单的事由、金额栏上涂改，并附上其个人日常生活开销的发票等手法，从公司财务处共报销得人民币 126836.9 元予以侵吞。2010 年 1 月 21 日，被告人张某某向公司领导主动交代了上述贪污犯罪事实，并主动退还贪污的赃款。某区检察院根据刑法第 383 条第 1 款第 3 项的规定，决定对张某某相对不诉。

2. 刑法第 386 条规定，犯受贿罪的……犯罪后有悔改表现、积极退赃的，可以减轻处罚或者免予刑事处罚，由其所在单位或者上级主管机关给予行政处分；第 4 项规定的，个人受贿数额不满 5000 元……情节较轻的，由其所在单位或者上级主管机关酌情给予行政处分，这里就是不作犯罪处理的意思。1995 年 6 月起，犯罪嫌疑人虞某受上海科技开发交流中心（国有事业法人）委托担任该中心与上海科技开发中心资产经营公司（股份制公司）共同出资成立的上海科技开发实业有限公司副总经理，全面负责公司业务工作，其间，虞某利用职务上的便利，非法收受他人财物共计价值人民币 3.3 万元，允诺为他人谋取利益。2008 年 7 月 22 日，犯罪嫌疑人虞某向徐汇区人民检察院反贪污贿赂局主动交代了上述事实，退出了收受的 3.3 万元，表示要痛改前非，重新做人。鉴于犯罪嫌疑人虞某受贿数额较小，尚未为他人谋取不正当利益，没有给公司造成损失，社会危害性较小，犯罪情节较轻，又系自首，到案后认罪态度较好，退赔

了全部赃款，经检察委员会讨论决定，对犯罪嫌疑人虞某作相对不起诉处理。

3. 刑法第 164 条第 3 款规定，行贿人在被追诉前主动交代行贿行为的，可以减轻或者免除处罚。2006 年 11 月至 2008 年 7 月，上海诗蕊贸易有限公司法定代表人温某某通过施某某的介绍认识了上海德高广告有限公司经理王某某，为取得德高公司办公楼装修及公司展示室装修业务，先后送给王某某人民币 4.7 万元。2009 年 12 月 8 日经人举报，王某某涉嫌非国家工作人员受贿犯罪而被立案侦查。2010 年 4 月 22 日，即在侦查机关准备于次日约见温某某的前一天，温某某到侦查机关主动交代了自己行贿的事实并提供了王某某接受贿赂的关键证据，侦查机关根据刑法第 164 条第 3 款的规定，决定对行贿人温某某不予追究，而列为王某某非国家工作人员受贿案的证人。

4. 刑法第 390 条第 2 款规定，行贿人在被追诉前主动交代行贿行为的，可以减轻或者免除处罚。2007 年 1 月和 6 月，犯罪嫌疑单位上海德鑫公司在缺乏校舍维修资质的情况下，分别以上海住总集团建设发展有限公司、上海晶安建筑装饰实业股份有限公司、上海沪众建筑工程有限公司的名义承接了上海第四中学教学楼工程、实验楼工程、上海东二小学校舍修缮工程。上海徐汇区教育局校舍基建管理站管理员孙某某参加了上述工程的招标评审并对施工进度和质量进行管理。2007 年 8 月，上海德鑫公司法定代表人庄某某得知孙某某妻子费某某因欠赌资人民币 40 万元无法归还，为使德鑫公司违法承建的工程能得到孙某某的支持，庄某某向孙某某提出为费某某归还赌债，孙某某表示同意。2007 年 8 月 7 日，庄某某从德鑫公司开具了金额为 40 万元的中国建设银行上海市分行支票，并陪同费某某归还了赌债。2008 年 11 月 9 日，犯罪嫌疑人庄某某主动向检察机关投案，如实交代了自己的行贿行为。庄某某主动投案自首，如实交代自己的行贿行为，符合刑法第 390 条第 2 款规定的行贿人在被追诉前主动交代行贿行为的，可以减轻或者免除处罚，检察机关依法经过检委会讨论决定对庄某某相对不起诉。

5. 刑法第 392 条第 2 款规定，介绍贿赂人在被追诉前主动交代介绍贿赂行为的，可以减轻或者免除处罚。上述上海诗蕊贸易有限公司法定代表人温某某行贿上海德高广告有限公司经理王某某一案中，介绍人施某某也因为在被追诉前主动交代了自己介绍贿赂的行为，经检委会讨论决定，检察机关决定不起诉施某某。

6. 刑法第 351 条第 3 款规定，非法种植罂粟或者其他毒品原植物，在收获前自动铲除的，可以免除处罚。2009 年 8 月中旬，经人举报，哈尔滨市道里区红霞街某号花园里发现罂粟 3000 株，正在灌浆，即将收获。公安机关随即立案侦查，发现住在花园隔壁的刘某某有非法种植罂粟的嫌疑，公安机关于 8 月 17 日传唤刘某某，到案后刘某某承认花园里的罂粟是他种植的，但是他已经在前一天晚上将罂粟全部铲除焚毁了。办案人员赴现场查看，刘某某所述属实。公安机关对刘某某教育后释放，该案撤销。

体现刑法中的犯罪所适用的刑罚的轻重也反映了对某种犯罪的处罚是从轻还是从重，如果适用的刑罚是 3 年以上有期徒刑、无期徒刑、死刑，那一定是非常严重的犯罪；如果适用的刑罚是 3 年以下有期徒刑，再结合刑法总则第四章第五节关于缓刑的规定，那么这个犯罪一定是个较轻的犯罪。3 年在我国刑法中是一个区分重罪还是轻罪的分界线。因为：

首先，刑法规定被判处 3 年以下有期徒刑的刑罚，就具有了适用缓刑的条件，可以适用缓刑，本质上讲，缓刑就是不执行，不过在这个期间要遵守一定的条件，而这些条件是十分宽松的，不会影响到被缓刑人的任何重大利益或者让被缓刑人负担过重或者让被缓刑人支出很大的成本。换句话说，在法律评价上，3 年以下有期徒刑属于较轻的刑罚，犯罪是轻的，可以宽容的，对犯罪人所宣判的刑罚可以暂时不执行，只要在缓刑期间不违反缓刑条件就认为犯罪人已经改造好，刑罚就被认为是执行完毕了。

其次，事实上，3 年有期徒刑也是我国刑法规定轻罪和重罪的刑罚分界点。刑法规定法定最高刑为 3 年以下有期徒刑的犯罪都是一些轻微的犯罪，比如在危害公共安全罪一章中只规定了一个过失犯罪量刑最高为 3 年有期徒刑的，就是刑法第 129 条的丢失枪支不报罪。刑法第 158 条虚报注册资本罪，第 161 条提供虚假财会报告罪，第 222 条虚假广告罪，第 223 条串通投标罪，第 226 条强迫交易罪，第 230 条逃避商检罪，第 244 条强迫职工劳动罪，第 245 条非法搜查罪、非法侵入住宅罪，第 246 条侮辱罪、毁谤罪，等等，像这类犯罪在刑法中共有 81 个条款，85 个罪名，约占刑法总罪名数的 20%。

基于上述理由，如果我们检察机关根据接到的公安机关等其他部门转来的材料可以判断涉案罪名所适用的法定最高刑为 3 年以下有期徒刑的，就按照前面所述的逻辑，可立案可不立案的案件，以不立案为基础，考虑必须立案的其他理由，如果必须立案的其他理由并不充分，应当不立案；可批捕可不批捕的案件，以不批捕为基础，考虑必须批捕的其他理由，如果必须批捕的其他理由并不充分，应当不批捕；可起诉可不起诉的案件，以不起诉为基础，考虑必须起诉的其他理由，如果必须起诉的其他理由并不充分，应当不起诉。

起诉工作中如何体现宽严相济刑事政策"严"的一面

无论是在立案侦查，还是在审查批捕或者审查起诉过程中，要体现宽严相济刑事政策中"严"的一面，也必须在掌握刑事法律规定的体现"严"的理念的规范，并考察案件的各种从严情节，在从严的基础上，斟酌宽的规范和情节，然后对案件作出全面的评估和判断，作出恰当的决定。也就是说，体现从严的法律逻辑应当是优先考虑具备法定从严的情节，以及其他从严的酌定情节，以此为基础，再来考察从宽的一面，经过对案件的全面的平衡，最后作出决断。遵循这样的逻辑，可立案可不立案的案件，以立案为基础，考虑必须不立案的其他理由，如果不立案的其他理由并不充分，应当立案；可批捕可不批捕的案件，以批捕为基础，考虑不批捕的其他理由，如果不批捕的其他理由并不充分，应当批捕；可起诉可不起诉的案件，以起诉为基础，考虑不起诉的其他理由，如果不起诉的其他理由并不充分，应当起诉。

（一）刑法总则

刑法总则中体现"严"的一面主要有以下几个条文：

1. 刑法第29条第1款规定，教唆不满18周岁的人犯罪的，应当从重处罚。孙某某知道邻家17岁的男孩爱玩电脑游戏，便教唆他偷窃与孙某某有矛盾的另一邻居家的电脑。某日，男孩看到邻居出门，而门没有关上，以为邻居忘了关，便闯进邻居家，将邻居家的价值8000元的手提电脑拿在手里准备偷走，卧室内的老人恰好出来，抓住了男孩。在讨论诉与不诉的时候，因为男孩犯罪未遂，又是邻居家的在校学生，一贯表现良好，决定不诉。但对孙某某诉与不诉发生了争议，因为被教唆人犯罪未遂，对教唆人的责任也相应减轻，对犯罪实施者不诉，也没有起诉教唆者的理由，这是一方观点。另一方认为，虽然被教唆人犯罪未遂，可以不起诉，但是对孙某某仍应当以盗窃罪起诉，从重量刑，因为孙某某教唆犯罪的对象是未成年人，以诉为基点出发，如果没有其他从轻或者减轻的情节，比如自首等，就一定要起诉。我们赞同第二种观点。

2. 刑法第 65 条第 1 款规定，被判处有期徒刑以上刑罚的犯罪分子，刑罚执行完毕或者赦免以后，在 5 年内再犯应当判处有期徒刑以上刑罚之罪的，是累犯，应当从重处罚。杜某某因为贩卖毒品被判处有期徒刑 3 年 6 个月，2 年后假释，7 年后因为贩卖毒品被抓获，缴获冰毒 1.5 克。在决定是否起诉的时候，承办人产生了分歧，因为杜某某以贩养吸，贩毒是因为要买毒品供自己吸食，且第二次贩卖的毒品只有 1.5 克，数量较小，按照刑法第 65 条也不构成累犯，可以考虑不起诉。我们认为杜某某构成刑法第 356 条规定的毒品犯罪特殊累犯，尽管第二次贩卖毒品的数量较小，但犯罪人主观恶性较大，第一次刑罚没有达到目的，仍应起诉。

（二）刑法分则

刑法分则中体现严厉一面的规范主要有以下几类：

1. 以特定人员为对象而实施的犯罪，从重处罚的有：

（1）刑法第 104 条第 2 款规定，策动、胁迫、勾引、收买国家机关工作人员、武装部队人员、人民警察、民兵进行武装叛乱或者武装暴乱的，依照武装叛乱、暴乱罪从重处罚。这里的国家机关工作人员、武装部队人员、人民警察、民兵就是犯罪分子策动、胁迫、勾引、收买的特定对象，只有对他们实施了策动、胁迫、勾引、收买的行为，对犯罪分子就要从重处罚。

（2）刑法第 236 条第 2 款规定，奸淫不满 14 周岁的幼女的，以强奸论，从重处罚；该条第3款就是强奸罪的加重情节，也应当算是从重的规定。已婚黄某趁邻居夫妇去菜场买菜之机，以过家家的名义，诱奸了平日与自己较熟的邻家13岁女孩。在诉与不诉之间有很大的分歧，一方认为双方是邻居，如果能够和解就可以不诉；但我们认为此案即使有和解的可能，仍应当起诉，法定该种行为属于强奸罪从重处罚的情节。另外对于强奸罪，只要有轮奸行为或者强奸多人或者在公共场所当众强奸或者致人重伤死亡或者造成其他严重后果或者有其他情节恶劣的，以起诉为首选，而不起诉的余地很小。

（3）刑法第237条第2款规定，猥亵儿童的，依照前两款的规定从重处罚。前两款分别规定了强制猥亵、侮辱妇女罪，即以暴力、胁迫或者其他方法强制猥亵妇女或者侮辱妇女的，处5年以下有期徒刑或者拘役；聚众或者在公共场所当众强制猥亵妇女、侮辱妇女的，处5年以上有期徒刑。如果法定量刑幅度超过3年，我们认为首选起诉，以不起诉为例外，非得有特别情节如重大立功，才可考虑不起诉。2009年9月8日，41岁的某中学女老师周某将初一（1）班的葛某带到自己的卧室，强行脱去他的衣裤，抚摸他的身体，口吸其生殖器，致使葛某精神恍惚，日渐消瘦。葛某的异常被父母发现，周某被抓。在诉与不诉的讨论中，有人认为周某是初犯、偶犯、在自己的卧室实施犯罪影响较小，加之周某是女性，女性实施这类犯罪较少，可以不诉。我们认为对周某强制猥亵初中一年级新生的行为应当以猥亵儿童罪起诉，从重量刑，不宜不诉。

（4）刑法第279条第2款规定，冒充人民警察招摇撞骗的，从重处罚。这里值得注意的是，冒充国家工作人员招摇撞骗是招摇撞骗罪的客观方面，是犯罪的一般状态，也就是说冒充国家工作人员招摇撞骗不是从重情节；冒充检察官、法官要不要从重处罚？我们认为冒充法官和检察官招摇撞骗更要从重处罚。

检察官和法官是特殊的公务员，假冒他们对社会造成的损害会更大。被告人李某从某法官处借来法袍，谎称自己是某省法院处级审判员，以帮助安排工作或者判决对某一方有利为由，骗取多人信任，先后与数名女性同居并收取她们的钱财4000元。后因其中一人怀疑而到省法院查询才案发。① 即便本案数额再小，起诉也是必然的选择。

（5）刑法第301条第2款规定，引诱未成年人参加聚众淫乱活动的，依照前款的规定从重处罚。第1款规定聚众进行淫乱活动的，对首要分子或者多次参加的，处5年以下有期徒刑、拘役或者管制。因为其量刑最高刑是5年有期徒刑，而最低刑为管制刑，所以犯罪的具体情节对诉与不诉的影响很大，且对这种行为是否构成犯罪一直存在争议，受到西方性开放和性自由的影响，有人认为应取消这个罪名。因此实践中，以该罪名被起诉并被定罪量刑的案例很少，最著名的案例就是不久前南京农业大学的马副教授因此罪被判刑了。我们认为对该罪名也要具体情况具体分析，偶尔一次犯罪起诉的必要性不大，三次以上聚众淫乱，就有起诉的必要，是否公开聚众淫乱也是一个考量的因素。而引诱未成年人参加聚众淫乱，必须一律起诉，概无不诉的余地。如果被引诱的对象是男性未成年人，必须以聚众淫乱罪起诉；如果被引诱的对象是小于14周岁的女性，对与其发生性行为的人应当以强奸罪起诉，这里属于法条部分竞合的情形，以重罪起诉。

（6）刑法第347条第6款规定，利用、教唆未成年人走私、贩卖、运输、制造毒品，或者向未成年人出售毒品的，从重处罚。按照刑法分则第六章第七节的规定，走私、贩卖、运输、

---

① 参见曲新久主编：《刑法学案例教程》，知识产权出版社2003年版，第325页。

制造毒品是十分严重的犯罪，法定刑都很高，实践中即使涉及毒品只有不到 1 克的，也都起诉，很少缓刑。如果是利用、教唆未成年人实施毒品犯罪，是从重处罚的情节，概无不诉的可能。刘某为了让邻居家的初中生董某替他卖毒品，某日将董某叫到某宾馆，让其情妇（另一吸毒者）勾引董某发生性行为后以保护身体为由让董某吸食冰毒，致使董某染上毒瘾。董某向刘某索要毒品，刘某第一次给了，再后来，刘某让董某出卖毒品赚到钱后再到刘某处买毒品供自己吸食，两星期后董某吸食毒品的事情被其父母发现，刘某随董某父母到公安机关自首。至此董某替刘某卖出冰毒 3 克，从刘某处购买 0.7 克冰毒自己吸食。对刘某的起诉得到了一致同意，尽管刘某存在自首的情节以及通过董某出卖的毒品数量较小，出售给董某的毒品更少。

（7）刑法第 353 条第 3 款规定，引诱、教唆、欺骗或者强迫未成年人吸食、注射毒品的，从重处罚。上面的案例同样适用于本款规定。

2. 以受保护物品为对象的犯罪，从重处罚的有：

（1）刑法第 345 条第 4 款规定，盗伐、滥伐国家级自然保护区内的森林或者其他林木的，从重处罚；值得注意的是，这个从重处罚情节仅适用于盗伐林木罪、滥伐林木罪，而不适用于非法收购、运输盗伐、滥伐林木罪；盗伐、滥伐森林或者其他林木，如果数量不巨大，量刑在 3 年以下，尚有不诉的余地，然而，盗伐、滥伐国家级自然保护区内的森林或者其他林木，法定从重，按照正常的理解，应当以盗伐、滥伐森林或者其他林木数量巨大这一档刑罚幅度为依据而定罪量刑，即 3 年以上 7 年以下有期徒刑，断无不诉的理由，除非重大立功或者自首并立功。

（2）刑法第 384 条第 2 款规定，构成挪用公款罪，如果挪用的对象是用于救灾、抢险、防汛、优抚、扶贫、移民、救济款物归个人使用的，从重处罚。有两个限制，其一是挪用特定款物，即用于救灾、抢险、防汛、优抚、扶贫、移民、救济款物；其二是归个人使用。

（3）"两高" 2003 年《关于办理妨害预防、控制突发传染病疫情等灾害的刑事案件具体应用法律若干问题的解释》第 14 条规定，贪污、侵占用于预防、控制突发传染病疫情等灾害的款物或者挪用归个人使用的，构成犯罪的，分别依照刑法第 382 条、第 383 条、第 271 条、第 384 条、第 272 条的规定，以贪污罪、侵占罪、挪用公款罪、挪用资金罪罪定罪，依法从重处罚。

3. 有特殊身份的人或者利用职务便利实施普通犯罪，从重处罚的有：

（1）刑法第 109 条第 2 款规定，掌握国家秘密的国家工作人员犯叛逃罪，要从重处罚。

（2）刑法第 238 条第 4 款规定，国家工作人员利用职权实施非法拘禁犯罪的，按照相关条款从重处罚。

（3）刑法第 243 条第 2 款规定，国家机关工作人员实施捏造事实诬告陷害他人，意图使他人受到刑事追究，情节严重的，按照诬告陷害罪从重处罚。

（4）刑法第 349 条第 2 款规定，缉毒人员或者其他国家机关工作人员掩护包庇走私、贩卖、运输、制造毒品的犯罪分子的，按照包庇毒品犯罪分子罪从重处罚。

（5）刑法第 307 条第 3 款规定，司法工作人员实施妨害作证行为或者帮助毁灭、伪造证据的行为，按照妨害作证罪和帮助毁灭、伪造证据罪从重处罚。

4. 复合型犯罪从重处罚，主要是指牵连犯、吸收犯等，也就是说行为人实施了几个行为，其中任何一个行为都可以独立成罪，但是刑法规定这几个行为按照一罪处理的，从重处罚，即从一重罪处罚。

（1）刑法第 171 条第 3 款规定，伪造货币并出售或者运输伪造的货币的，依照第 170 条规定的伪造货币罪从重处罚。

（2）刑法第 247 条规定，司法工作人员在实施刑讯逼供犯罪或者暴力取证犯罪过程，造成犯罪嫌疑人、被告人伤残、死亡的，不依刑讯逼供罪或者暴力取证罪处罚，而是按照刑法第 232 条故意杀人罪或者第 234 条故意伤害罪处罚，同时要从重处罚。

（3）刑法第 248 条第 1 款规定，监狱、拘留所、看守所等监管机构的监管人员对被监管人进行殴打或者体罚虐待，如果致人死亡或者伤残的，也不依虐待被监管人罪处罚，而是按照刑法第 232 条故意杀人罪或者第 234 条故意伤害罪处罚，同时要从重处罚。

（4）刑法第 253 条第 2 款规定，邮政工作人员私自开拆或者隐匿、毁弃邮件、电报而窃取财物的，不依私自开拆、隐匿、毁弃邮件、电报罪处理，而是依刑法第 264 条规定的盗窃罪从重处罚。

5. 以特定手段实施的犯罪要从重处罚：

（1）刑法第 157 条第 2 款规定，武装掩护走私的，无论走私的物品是什么，都要依刑法第 151 条第 1 款和第 4 款的规定处罚，并且要从重处罚；刑法第 151 条第 1 款规定走私的物品是武器、弹药、核材料、假币；刑法第 151 条第 4 款规定，情节特别严重的，处无期徒刑或者死刑。

（2）刑法第 386 条规定，对受贿犯罪的，根据受贿所得数额及情节，依照本法第 383 条的规定处罚。注意，索贿的从重处罚。

6. 有特定犯罪情节的从重处罚：

（1）刑法第 238 条第 1 款规定，非法拘禁的过程中具有侮辱、殴打情节的，依非法拘禁罪从重处罚。

（2）刑法第 356 条规定，因走私、贩卖、运输、制造、非法持有毒品罪被判过刑，又犯刑法分则第六章第七节所规定的各种犯罪的，从重处罚。这里要注意的是不论是否构成累犯，都从重处罚。有学者认为这是特殊累犯，突破了刑法总则中的累犯的概念，最重要的一点是取消了构成累犯的时间限制。另外，还有人提出设立黑社会性质组织犯罪特殊累犯制度。

7. 特定时期的犯罪要从重处罚，如刑法第425条规定擅离、玩忽军事职守罪，如发生在战时，则从重处罚；刑法第426条规定阻碍执行军事职务罪，发生在战时，则从重处罚。

8. 与特定对象结合的犯罪要从重处罚，如刑法第106条规定，与境外机构、组织、个人相勾结，实施刑法分则第一章第103条（分裂国家罪和煽动分裂国家罪）、第104条（武装叛乱、暴乱罪）、第105条（颠覆国家政权罪和煽动颠覆国家政权罪）规定之罪的，依照各该条的规定从重处罚。

如上所述，体现刑法中的犯罪所适用的刑罚的轻重也反映了对某种犯罪的处罚是从轻还是从重，如果适用的刑罚是3年以上有期徒刑、无期徒刑、死刑，那一定是非常严重的犯罪。法定最低刑为3年以上有期徒刑的犯罪，对其适用的最高刑往往也是无期徒刑或者死刑，或者10年以上有期徒刑，或者是15年有期徒刑，属于刑法中否定评价十分严重的犯罪。属于这类犯罪的，在刑法中规定了28个条款，28个罪名，其中3年以上有期徒刑的条款和罪名有17个，5年以上有期徒刑的条款和罪名有4个，10年以上有期徒刑的条款和罪名有7个。这些罪名大约占刑法所有罪名的6.7%。

如果我们检察机关根据接到的公安机关等其他部门转来的材料可以判断涉案罪名所适用的法定最低刑为3年以上有期徒刑的，就按照前面所述的逻辑，可立案可不立案的案件，以立案为基础，考虑必须不立案的其他理由，如果不立案的其他理由并不充分，应当立案；可批捕可不批捕的案件，以批捕为基础，考虑不批捕的其他理由，如果不批捕的其他理由并不充分，应当批捕；可起诉可不起诉的案件，以起诉为基础，考虑不起诉的其他理由，如果不起诉的其他理由并不充分，应当起诉。

犯罪情节对适用宽严相济刑事政策的影响

除去上文所述刑法规定的 20% 左右的轻刑罪名和 6.7% 的重刑罪名以外，刑法中约有 73.3% 的罪名所适用的刑罚没有明显的从轻或者从重的特征。这些犯罪的法定最低刑可以是管制、拘役或者是 6 个月的有期徒刑，而法定最高刑也可以达到无期徒刑或者死刑。这些犯罪适用刑罚幅度之宽、罪名之广，世界上绝无仅有。我国刑法是世界上刑罚最不确定，自由裁量幅度最大的刑法。自由裁量权过大，会给司法带来更多的计算成本，也会给当事人提供不服司法的各种各样的理由，因此，可以说中国是司法难度最大的国家。换个角度思考一下，也可以说中国是司法难度最容易的国家，最容易导致司法腐败的国家。再进一步，可以说中国的检察机关可以是世界上最有作为余地的司法机关。为了准确地执行刑法，防止腐败，检察官的法律监督职能的行使更显重要。

如果要正确地实施法律监督，就有必要对判断这些犯罪轻重、影响量刑的各种犯罪的情节进行深入的研究，将刑法中的情节规定和理论烂熟于心，方能在提出量刑建议时运用自如，只有烂熟于心，才能发现法院判决出现的偏差，才能合理合法地提出纠正意见，才能正确地履行法律监督的职能。

刑法中关于情节有两种说法：一种是情节严重或者情节特别严重；另一种是情节恶劣或者情节特别恶劣。情节严重一般是对犯罪行为所造成的客观后果而言，强调损害的客观评价，而情节恶劣则偏重对行为人主观方面的否定评价，比如犯罪人的犯罪动机和目的的不正当，犯罪手段的卑鄙下流等。但是情节严重与情节恶劣在本质上是一致的，都是对犯罪的否定评价，它们有时候可以互相包含，相辅相成，犯罪后果越严重，对犯罪分子主观方面的评价越低。

情节的轻重影响我们对罪行轻重的判断，关系到案件的处理。如果犯罪情节严重，一般要从严掌握诉与不诉以及量刑轻重的选择，也就是说，情节重的，可诉可不诉的，要诉；对量刑建议可建议轻可建议重的，要建议重的。反之，如果犯罪情节轻，一般要从宽诉与不诉以及量刑轻重的选择，也就是说，情节轻的，可诉可不诉的，不诉；对量刑建议可建议轻可建议重的，要建议轻的。

情节可以分为定罪情节和量刑情节两类。定罪情节是指决定犯罪是否成立的事实或者行为的轻重。有时，法律明确规定情节严重或者情节恶劣作为犯罪构成的要件，没有这个情节，犯罪就不成立，比如刑法第248条规定监狱、拘留所、看守所等监管机构的监管人员对被监管人进行殴打或者体罚虐待或者指使被监管人殴打或者体罚其他被监管人的，情节严重的，构成虐待被监管人罪。如果情节不严重，则不能构成犯罪。这里的情节严重，则是指有一定程度的客观方面的行为和损害后果，比如使用酷刑方法虐待被监管人；或者造成被虐待的被监管人轻伤、重伤、死亡；或者造成被虐待的被监管人精神失常；或者虐待被监管人3次以上；或者虐待被监管人3人以上；或者因为虐待而导致被监管人自残、自杀；等等。

（一）对于行为犯而言，有了行为，犯罪就可以成立

但是行为的轻重程度不同，也可能影响到犯罪的成立与否。例如，刑法第238条规定，只要是非法拘禁他人或者以其他方法剥夺他人人身自由的，构成非法拘禁罪，但在实践中，不可能将所有的非法拘禁行为都当作犯罪处理，还要看实施非法拘禁行为的持续时间，非法关押的地点，作案的手段和方法，作案工具，是否致使被害人重伤或者死亡，是否使用了暴力，具

体而详细的犯罪经过，被告人与被害人的身体特征对比，犯罪现场的情况，被告人犯罪后的表现，犯罪的原因，被告人是否自首或者坦白或者立功等行为事实情节。如果综合判断下来，某非法拘禁行为情节并非很严重，就不必按照犯罪处理，可以给予治安管理处罚即可，比如对老赖（欠债者有钱而恶意不还）的短暂限制人身自由，没有其他后果，在实践中很难将其作为犯罪来处理。

（二）对于结果犯而言，结果的有无决定犯罪的有无

结果就是犯罪构成的一个必要要件，既有行为，又有结果，才有犯罪，结果就是一个犯罪的情节，而对于结果犯来讲，情节是决定对犯罪人是否适用刑罚的一个重要的事实依据。比如刑法第131条重大飞行事故罪，则要求造成严重后果的，才能成立此罪；第134条重大责任事故罪，要求必须有重大财产损失或者生命、健康等方面的重大损失，才能成立此罪；第135条重大劳动安全事故罪，要求发生重大伤亡事故或者造成其他严重后果；第136条危险物品肇事罪，要求在生产储存运输使用中发生重大事故，造成严重后果；第137条工程重大安全事故罪，要求造成重大安全事故；第138条教育设施重大安全事故罪，要求发生重大伤亡事故；第139条消防责任事故罪，则要求发生火灾并造成严重后果。如果没有这些重大事故或者重大伤亡事故或者严重后果，就不能成立这些犯罪。

（三）情节对于那些未完成的犯罪而言，是决定是否对行为人追究刑事责任的基本依据之一

未完成犯罪形态的法律适用规定在刑法总则中，而总则的规定适用于刑法分则的每一个具体的犯罪，也就是说刑法总则中的犯罪预备、犯罪未遂、犯罪中止适用于刑法分则中的每一个罪名，而每一个具体犯罪的预备、未遂、中止是否处罚，则还要看具体犯罪的情节是否严重。

（四）情节在共同犯罪中关系到犯罪人的责任区分

在共同犯罪中，各共犯在具体犯罪中的情节直接关系到犯罪人之间的责任区分，是主犯、是从犯、是胁从犯，还是教唆犯，这些既要看每个犯罪人在具体犯罪中的地位高低，也要看每个人在共同犯罪中的行为和作用来判断，决定其地位高低、作用大小的重要因素就是他们在犯罪中的具体情节。

（五）犯罪人的年龄对定罪量刑的影响

因为法律对未成年人犯罪有明确的规定，而对超过 65 岁的老人犯罪没有从轻或者减轻的规范，即便是 80 岁的老人犯罪，要从轻处罚也没有法律上的依据。但不可否认的是，人进入老年后，人的感知和认识外界的能力、行动能力、意志力等都有一定程度的降低，甚至丧失部分能力。我们认为对于超过 65 岁的老人犯罪也可以考虑：凡是法定最高刑为 3 年有期徒刑的，以相对不起诉为首选，除非该人是共同犯罪中的主犯，而从犯已被起诉或者被判处刑罚；或者该人犯罪行为造成重大社会影响的；或者是共同犯罪的同案犯而一并起诉更适宜。

（六）情节严重的认定

衡量情节严重与否的因素包括以下几点：

1. 行为的次数。单纯的一次性犯罪，比如一次盗窃 2000 元，以后没有再实施盗窃行为，我们认为这可以认定为犯罪情节较轻；反复多次实施犯罪行为，比如多次盗窃，或者以盗窃为谋生的手段，我们认为可以认定为犯罪情节严重。

2. 涉案的金额或者物品的数量。金额或者涉案物品的数量反映对公司财产所有权侵害的规模，反映了行为的危害程度，也反映了行为人主观恶性程度，更反映了行为人的人身危险性。

3. 行为造成的直接损害结果的大小。结果的大小是衡量情节的重要因素，反映了行为的危害程度以及弥补可能性的大小，比如因为受到强奸而造成终身残疾。

4. 行为造成的间接性的损害后果的大小。间接性的损害后果也反映行为的危害程度以及弥补可能性的大小，比如因为受到强奸而自杀。

5. 是否共同犯罪。单个人的犯罪相对于两人以上的共同犯罪而言是情节较轻的犯罪，而两人以上的共同故意犯罪就是法定从重处罚的情形，属于情节严重的犯罪。

6. 是否在特定时间实施行为。特定时间实施的犯罪对社会心理的影响程度不同，比如在世博会期间，政府对社会治安采取高压态势，而此时实施犯罪，一方面反映罪犯的主观恶性大，而对社会公众而言，在此时还敢于犯罪，可见社会秩序之乱达到何种程度。在国家或者地方举办重大社会活动，特别是具有国际性、全局性的活动，并为此采取了特别的社会秩序管理手段期间，如果某人实施了犯罪行为，我们认定其犯罪情节严重。

7. 是否在特定地点实施行为。特定地点实施的犯罪对社会心理的影响程度不同，比如在世博会举办地点，政府对该地点实施了特别社会治安管理措施，而在此地实施犯罪，一方面反映罪犯的主观恶性大，而对社会公众而言，在此地还敢犯罪，可见罪犯多么胆大妄为，无视公共秩序。在国家或者地方举办重大社会活动，特别是具有国际性、全局性的活动，并为此采取了特别的社会秩序管理手段的地点，如果某人实施了犯罪行为，我们认定其犯罪情节严重。

8. 是否是对特定对象实施的犯罪。对于一些特定对象实施的犯罪，刑法有的规定为严格责任，有的规定要从重处罚，比如奸淫未满 14 周岁的幼女，刑法规定不考虑犯罪人的主观，一律以强奸罪从重处罚；又比如，奸淫孕妇或者生病的妇女的，要以强奸罪从重处罚。

（七）如何区分情节恶劣与否

我们主要看以下几个方面：

1. 行为人实施犯罪行为的动机是否卑劣。为了寻刺激而实施盗窃的富家子弟，与为了给父母治病而盗窃的贫家孩子，他们的犯罪动机有天壤之别，犯罪情节哪个恶劣，也是一目了然的。

2. 行为人的目的。目的的可怜悯性大小是判断犯罪情节恶劣的又一个标尺；客观行为都是伤害的两个犯罪，一个是为了防卫自身利益，另一个是为了报复对方，犯罪情节哪个恶劣，作出判断并不困难。

3. 行为人对危害性的认识程度是否清晰也是判断情节是否恶劣的标准之一。

4. 是否采用特定的方式实施犯罪。用一般人不能容忍的方式实施犯罪，与用不是十分残忍的方式实施的犯罪相比，情节恶劣与否，则一目了然，比如用肢解的方法杀死受害人属于杀人犯罪的情节恶劣；用泼硫酸毁容的方法伤害要分手的恋爱对象，情节恶劣不难判断；同样是受贿犯罪，主动索贿的情节一定比被动接受的情节严重得多，对于索贿行为，可以不考虑数额，而一律起诉。

5. 对实施的犯罪行为有无预谋。精心策划犯罪的犯罪人主观恶性远远大于突发的激情犯罪。

6. 对犯罪发生的原因力的判断。被告人和受害人在引起犯罪的原因方面是否承担一定的责任是判断犯罪情节是否恶劣的又一个标准。比如为了讨债而非法拘禁债务人，受害人对犯罪具有原因力，相应地，犯罪人的犯罪情节就不属于恶劣。

7. 是否是共同犯罪的策划者、指挥者、组织者。如果是共同犯罪的组织者、策划者、指挥者，属于情节恶劣，反之，则属于情节较轻。

8. 犯罪人在犯罪过程中的意志力。为达到目的，不顾一切损害且顽固实施犯罪行为，不达目的决不罢休，毫无疑问属于情节恶劣；如果在犯罪过程中，刻意避免伤及无辜，则属于情节轻微。

9. 犯罪后的表现。犯罪后的表现可以分为两大类：一类是后悔、坦白、自首、立功表现等，对这类犯罪人，在适用宽严相济刑事政策过程中要从轻掌握。按照刑法的规定，犯罪后自首，可以从轻或者减轻处罚，罪行较轻的可以免除处罚；犯罪后有立功表现的，可以从轻或者减轻处罚，有重大立功表现的，应当减轻或者免除处罚；犯罪后有悔罪表现的，如果被判处3年以下有期徒刑或者被判处拘役的，可以宣告缓刑。以上这些都是刑法的规定，除此之外，还有一些犯罪后的表现也是在适用宽严相济刑事政策过程中必须予以考虑的因素，比如犯罪后积极主动补偿受害人的；或者犯罪后积极采取补救措施来挽回损失或者减少损失的；或者犯罪后真诚地向被害人及其亲属赔礼道歉，尽力赔偿所造成的损失的；或者主动退还犯罪所得的；或者犯罪后积极地尽最大努力消除犯罪的负面影响的；等等。这些都说明犯罪人具有悔改表现，其人身危险性较小，在适用宽严相济刑事政策的过程中首先要考虑从宽掌握捕与不捕、诉与不诉。另一类是顽固不化，破坏现场，毁灭证据，隐瞒罪行，嫁祸他人，或者串供、制定攻守同盟、威胁证人或者被害人、收买办案人员、逃避惩罚，甚至为此而再次犯罪。对于这类犯罪分子在适用宽严相济刑事政策过程中一定要从严掌握，严厉打击，绝不手软，因为他们的主观恶性较大，从罪刑相适应的角度出发，也不容从轻处罚。

上述各项不是单独地、割裂地运用和掌握，而是要有机地、灵活地、彼此联系地综合平衡以后，再根据宽严相济刑事政策的要求，从宽还是从严掌握。我们接到一个案件，首先看有无法定的从轻、减轻、免除处罚的情节，有没有法定的从重情节，然后根据犯罪的性质，刑法对该行为规定的刑种、量刑幅度来判断，接下来再根据犯罪的各种情节来区分是从轻还是从严。

十、诉与不诉
——自由裁量权与检察官自由心证

诉与不诉要看犯罪事实是否清楚，证据是否确实、充分，这是公诉人的基本工作。但是其前提仍然是法律的规定。具体体现在检察官的自由裁量权的行使。

决定诉与不诉的自由裁量权与法官作出判决的自由裁量权虽然存在阶段的不同，但其本质上却是相同的。检察官决定诉与不诉的自由裁量权就是检察官根据犯罪事实和证据（事实法则），依据法律的规定，凭着自己的经验（经验法则），本着善良的心愿，充分考量诉与不诉对社会整体利益、被害人和犯罪嫌疑人的个人利益的影响，对犯罪嫌疑人作出最恰当的处分。

社会大众听到自由裁量，就以为检察官恣意妄为，成为司法腐败的代名词。前一段时间，笔者连续开庭处理了好几起走私普通货物案，其中有一个被告人成某就认为司法机关不公平，理由是他和其他几名被告人犯罪行为一样，都是走私普通货物，犯罪情节差不多，首先是偷逃税款差不多，都是 600 万元左右，其次到案情况差不多，都是海关缉私局到他们公司找他们谈话，他们都主动交代了犯罪行为，都构成自首，并且都无前科、都主动配合司法机关调查。唯一不同的是他退赃积极，退交了全部赃款，而其他几位被告人退得较少，有的甚至没有退赃。结果却大不相同，他被判处 8 年，而其他几人却被判处 4 年或者 5

年。按照成某的说法，真是"坦白从宽，牢底坐穿；抗拒从严，回家过年"。

我们无意在此对判决进行评判，因为案件还有更多不为成某了解的影响判决的因素存在。但是检察官作出起诉与否的决定也对社会大众有着极其重大的影响。一个简单的判决对社会生活有着重大的影响，比如，南京彭某案的判决直接导致了许多老人倒地无人敢扶的窘境。再如，2012 年 10 月 24 日颜某某虐童事件在微博上曝光后，10 月 25 日，浙江温岭警方就以涉嫌寻衅滋事罪刑事拘留了颜某某，同时拘留了帮助颜某某拍摄虐童照片的童某。11 月 5 日，温岭检察机关审查后认为该案需要进一步补充侦查。当日，警方依法向检察机关申请撤回案件，继续侦查。11 月 16 日，温岭警方公布：温岭虐童事件经警方深入侦查，根据罪刑法定原则，认为涉案当事人颜某某不构成犯罪，现依法撤销刑事案件，对其作出行政拘留 15 天的处罚，羁押期限折抵行政拘留。一石激起千层浪，迎来网上遍地叫骂。颜某某的行为是极端恶劣的，造成的后果是极端严重的，但是却没有相应的刑法条文来规范这样的行为，不能不说是法律的悲哀。有人说是机械司法的典型。有人说是依法办事的典范。每个人都可能有自己的看法，作为法律人，还是倾向于法无明文规定不为罪的。当然，被骂的不仅是公安，检察院也是重点之一。在 10 月 25 日，温岭检察机关就对外宣称，已提前介入虐童案。更有知情人曝料，公检法一起都商讨过这个案子。也就是说，当地检察机关可能在警方对颜某某以涉嫌寻衅滋事罪刑事拘留前，就已经知道了。问题是知道了，为什么没有对公安机关的做法进行监督？即便是在 10 月 29 日警方提起逮捕颜某某的时候，检察机关也没有提出什么异议。直到审查逮捕期限届满的最后一天即 11 月 5 日，检方才说实在无法定下来，需要补充侦查。警方最后不得不撤销这个案子。通过对这个案件的处理，检察机关将自己置于非常不利的地位，人们对警方撤销案件的解读是检察机关认为不构成犯罪，检察机关无疑处于风口浪尖上了。颜某某到底应当不应当负刑事责任？法律显然没有相应的虐待儿童罪，是否就意味着检察机关就可以无所作为？如果一定要追究其刑事责任，又当以什么罪名为好？证据能否找到？检察机关在作出诉与不诉的决定之前，必须慎重对待，最重要的是看看证据如何。

因此，我们在作出诉与不诉的决定前，除了了解证据规则之外，更为重要的是了解证据的排除规则，以及自由心证的限制。

证据是多种多样的，也是千差万别的，对其进行价值判断是十分困难的，对证据价值的高低进行排序更是难上加难，不仅它们因案而异，而且它们因人而异，法律也就无法对证据价值的高低作出规定。比如我们最近处理的一个案件，王某某应其二哥的要求召集他人参与斗殴致使一人死亡，证据上只有他二哥的证言，再没有其他证据证明其召集他人参与斗殴，而他本人则坚决否认召集他人一起参与斗殴但承认自己与其他几名参与者不期而遇同时在一个地方乘坐摩的到达现场并参与斗殴。有的检察官就认为现有证据只能证明该人参与了斗殴，不能证明他召集他人共同参与斗殴，因此不能负主犯的责任，其二哥的证言价值不高，另外一些检察官则认为作为其亲二哥的证言价值非常高，因为自己亲人不会诬告自己，况且结合他与其他共犯的不期而遇并同乘一辆摩的到达现场，足以证实其召集他人参与斗殴的事实，并无疑义，可以排除任何合理的怀疑，足以认定其主犯资格。诉与不诉的争议相持不下，而这种争议正体现了个别经验一般化的尴尬，每个个体都想把自己的个人观点泛化为所有人的认识以便说服别人，而这正是导致错诉、错判的症结之一。

十、诉与不诉——自由裁量权与检察官自由心证

现代社会法律发达，如果还有哪个国家的法律规定某一证据的价值高过其他证据，那不啻为宣称这个国家法律的教条与虚伪，如果不是疏忽，必然是别有用心。

在我国，目前检察官决定诉与不诉，承担的风险就是判断证据能否排除合理怀疑的风险，这与法官的判断标准是一致的，尽管我们认为诉的出错风险应当高于判的出错风险，因此在诉判不一的情况下，对起诉方应当更为宽容，而非与法官等同看待。但事实上，一旦出现诉判不一的结果，起诉的检察官很可能从此受到歧视，甚至意味着事业的终结，没有检察官敢于个人决定对证据稍有欠缺的案件提起公诉。如果某个案件基于社会影响而不得不诉，那也是由一级一级上报，最终由检察委员会集体决定，即使发现是个错案，集体负责，没有个体为错误承担责任。而这又进一步成为某些检察官规避风险、逃避责任的重要手段，一个案件到手，发现任何疑问，自己不敢决定，逐级上报，走检察委员会程序司空见惯，因为这样就不用自己负责了。这又进一步使检察官产生了依赖，导致检察官素质的下降，不思进取，得过且过，越往上层机关，这种现象就越明显。更由于没有人为案件的对错负责，案件出错的概率就加大了，也才有佘祥林、赵作海等轰动全国的错案。检察委员会的作用非常大，其一是集中了多数人的智慧，尤其是当案件涉及的面广，而承办人的阅历较浅的情况下，检察委员会的介入相当重要，因为检察委员会成员的年龄相对较大，阅历丰富，见多识广，可以有效地防止案件的处理脱离社会现实；其二，因为我国法治不发达，从业者水平不高，职业道德水平有待进一步提高，由领导和业务处室领导组成的检察委员会对承办人可以有效的监督，成员之间也可以形成有效地监督，可以有效地防止司法腐败；其三，检察委员会的断案形式与西方国家的陪审团定案有异曲同工之处，都是司法民主的表现。当然，检察

委员会的公正还要建立在每个成员能够真正独立地发表自己的看法和观点的基础上。同时，我们也认为不能每个案件都依靠检察委员会来解决，必须尽快解决从业人员的水平问题，以期尽快体现权责统一的司法职能顺畅履行。

因为每个案件都不同，因此某一案件的证据如何评价，只能交给每个承办案件的检察官自己作出判断。比如同是故意伤害的案件，都只有一个证人证言和被告人供述，被害人没有看清侵害者是谁。但是一名检察官决定起诉，被告人被判有罪，判处有期徒刑 4 年；而另一名检察官则觉得证据不足，决定退回侦查机关补充侦查，经过补充侦查，没有获得新的证据，侦查机关又将案件移送起诉，承办的检察官以证据不足决定不起诉。由于有相同条件的案例可供参考，上级机关接到被害人申诉，指定下级机关提起公诉，被告人被判有罪，判处 4 年有期徒刑。然而不久被告人的哥哥向司法机关自首，承认自己故意伤害他人而让自己弟弟坐牢心里不安。这个错案的发现是十分偶然的，不具有普遍的意义。还有一个颇有争议的案件，某日晚上 21 点左右，李某醉酒（已证实）驾驶在某市杨高中路将骑自行车的被害人姚某撞倒在地，后孙某驾车经过此地，感觉车子硌了一下，下车查看未发现有什么情况，孙某继续驾车行驶，后被人拦截停车，停车后发现被害人姚某被孙某的车拖行近一公里，已死亡。现仅有目击证人证实被害人在第一次被撞击后倒在地上不动，自行车被撞在一边，李某驾驶的汽车撞到路边的树后停下，李某被卡在驾驶室，后经消防队员救走。事故责任认定李某、孙某对被害人的死亡后果共同承担全部责任。对这个案件的定性产生了极大的争议，一部分同志认为李某构成危险驾驶罪，还有部分同志认为李某构成交通肇事罪，因此在量刑方面出现了截然不同的结论；同样对孙某的行为定性也存在极大的争议，一部分同志认为孙某构成交通肇事罪，另一部分同志认为孙某的行为不构成犯罪，因此诉与不诉争议颇大。先期处理本案的检察官认为李某构成危险驾驶罪，适用刑法第133条之一，孙某不构成犯罪。过程中因有其他事情，本案交给另一检察官承办，而该检察官改变了本案的定性，他认为李某构成交通肇事罪，应当适用刑法第133条，而且量刑应当适用刑法133条之"交通肇事……有其他特别恶劣情节的，处三年以上七年以下有期徒刑"，他认为交通肇事造成死亡的结果，醉酒就应当归属于其他特别恶劣的情节，否则罚不当罪；该检察官还认为孙某同样构成交通肇事罪，因为他未尽到审慎地驾驶，以至于开车轧到被害人，下车查看马虎大意，又一次未尽到注意义务，根据鉴定意见，被害人的死亡是李某和孙某共同行为的结果，认定孙某构成交通肇事罪并无不当，但量刑应当适用刑法第133条之"处三年以下有期徒刑或者拘役"。我们无法了解前一检察官处理该案的具体想法，但我们认为后一承办人的做法更符合法律的精神，尽管量刑的依据与2000年11月10日最高人民法院《关于审理交通肇事刑事案件具体应用法律若干问题的解释》第2条规定的精神略有不同。但由本案也可看到承办人的个人认识对案件处理结果的影响至关重要。

承认每个案件的不同，也就是说每个案件具有不确定性，也就是诉与不诉具有可观的弹性，如果完全交由承办的检察官决定诉与不诉，难免会陷入承办检察官的主观擅断，如果承办人有些私心，案件处理的结果可想而知，公平不可见，正义乃奢望。因此必须对检察官的决定权予以一定程度的限制。

什么样的证据能够作为证据出示给法庭

我们知道并非所有的案件材料都可以出示给法庭。我国刑事诉讼法规定"可以用于证明案件事实的材料，都是证据"，基本分类为八种，分别是物证，书证，证人证言，被害人陈述，犯罪嫌疑人、被告人供述和辩解，鉴定意见，笔录（勘验、检查、辨认、侦查实验），视听资料和电子数据等。所有证明案件事实的材料都可以归入其中之一种，轰动全国的英国人尼尔·伍德被杀案的犯罪现场发现的剧毒氰化物，当然就是本案的物证了。武松杀人后写下的"杀人者，武松也"，既是物证又因为其内容而认定为书证。

检察官在决定将什么材料交给法庭之前必然要审核这些材料是否是法律规定，如果不符合法律的规定，那就没有作为证据出示的前提。

法律规定的形式要件满足以后，这些材料能否作为证据使用，还需要进一步的确认，即排除非法证据以后余下的证据才能提交法庭。我国刑事诉讼法还规定，所有证据必须经过查证属实才能作为定案的根据，也就是说必须经过司法查证的材料才能作为证据使用。有人可能会认为这种查证必须是法官的查证，检察官的调查核实不属于查证。从最终定性量刑的作用来看，这种观点并无错误，但检察官为决定诉与不诉而对侦查机关提交的证据进行审核也是司法审查的组成部分。

归根结底，证据的最核心的问题就是非法证据的排除。非法证据被排除，其他一切材料都可以作为证据使用。

首先，检察官必须判断所有这些材料都是法律许可的，比如刑讯逼供而得到的口供，不是未经授权的监听资料，还有非法搜查获得的材料都是法律禁止作为证据使用的，相当于一票否决制，一旦确认证据为非法获得，就没有必要在对其是否具有证明力进行判断。检察官就形成了第一层级的查证，而检察官的查证是具有法律上的效力的，因为据此他可以作出不起诉的决定，有的可能是将犯罪的定性改变，比如将重罪改为轻罪。

李某被控犯盗窃罪，侦查机关将案件移送检察机关审查起诉，证据有属于失窃人家的物品即一只民国时期的青花瓷瓶在被告人家中起获；被害人桑某（37岁）的陈述，指控被告人李某秘密窃取该只青花瓷瓶，花瓶一丢失，他就想到可能是李某盗窃了，他报了案，公安机关立案侦查，很快就在李某家将花瓶找到；被害人弟弟的证人证言证实此瓷瓶属于其哥哥家所有，已有35年之久；被告人李某的辩解称青花瓷瓶属于自家所有，因为"文化大革命"期间被桑某抢去，经多次索要未果，不得已而雇人取回。李某父亲的师母（91岁）证人证言，该花瓶是其夫1960年送给学生即李某父亲的礼物，因为当时李某的父亲为表示感谢从乡下带回20公斤地瓜干送给老师，师母接了礼物，记忆深刻。承办此案的检察官将各种材料审查一遍，认为不必提起公诉，撤销了案件，告知桑某可以向法院提起财产返还之诉。其不起诉的理由主要是该窃取花瓶的行为虽然与法秩序冲突，但也可以看作自力救济，标的物的归属变动不具有合法性、非正义。因而李某取回的行为不能作为犯罪来看待。桑某找到法院某位法官，该法官告诉桑某，尽管检察院不起诉，但是桑某自己可以提起自诉，控告李某侵占，同时提起附带民事诉讼，这当然是后话。我们认为本案连犯罪都不存在，更无审查证据证明力的必要了。假如有李某承认盗窃犯罪的口供，检察官第一时间就要查证该口供是否是刑讯逼供的结果。如果是，必须排除口供的证据资格，没有必要对其进行进一步的审核。

其次，拿到一份准备作为证据使用的材料，检察官还必须经过双重的严格形式审查，一方面是审查证据方法的法定性，另一方面是审查证据取得的程序合法性。对于证据方法的法定性，比如犯罪嫌疑人的讯问笔录，必须有犯罪嫌疑人的签名具结，但是现实办案过程中，犯罪嫌疑人拒绝签字并捺手印，只能由讯问人注明情况。还有一种情况是犯罪嫌疑人所说明的讯问笔录情况带有双重解释的可能性，有一份讯问笔录，犯罪嫌疑人在最后的说明中写道："以上十页笔录我看过，与警察说的一样"，如果承办人稍有疏忽，本份讯问笔录就没有了证据价值。更有特殊的情形，尤其犯罪嫌疑人是少数民族或外国人的情况下，用少数民族语言所写的内容是完全否定笔录的内容的，而翻译人没有注意到，承办人又不懂少数民族语言或者外语，那么这份笔录的价值恰好起到了破坏起诉的作用。我们在承办某外国留学生索某强制猥亵妇女的犯罪过程中，当我们提审该名犯罪嫌疑人的时候，在笔录的最后，该名犯罪嫌疑人用英文写道"以上笔录如翻译正确即如我说"，而律师则在法庭上对该份讯问笔录提出了异议，认为无法保证翻译的真实与准确，要求法庭对翻译的正确性进行调查，最后只有调取讯问的录像才得以解决。也有像赵丽蓉的小品，签名"麻辣鸡丝"导致合同的无效一样，如将名字故意写错，故意将"军"写成"君"，在法庭上说我怎么会写错自己的名字呢？

类似的问题还有很多，如鉴定人的资质问题，有无鉴定的资格，即使有了资格，是否就真的就有鉴定的能力？比如在杨佳案的审理过程中，辩护律师就提出了鉴定人的资格和鉴定能力的问题。在索某强制猥亵妇女案中，被告人也对为受害人验伤的医生的资格和能力提出了异议。所有这些问题，没有什么更好的解决方案，唯有要求相关的承办案件的人员细心周到才好。

《情况说明》是合格的证据吗？

有一项现在法庭经常采纳的证据形式就是承办人的办案过程中的《情况说明》，尤其是在犯罪嫌疑人是否构成自首方面，由于存在寻租的巨大空间，争议十分明显。由于法律没有就类似形式的材料作出规定，只是由相关的办案部门自由裁量，就有了不同的意见，有人认为如果有相应的承办人的签名捺印，它属于证人证言，可以在法庭上作为证据使用，但是如果仅有承办单位的盖章而没有承办人的签名则不能作为证据使用；有人认为它不是证据，因为法律没有规定类似的证据形式，作为证据使用没有法律上的根据，应当予以禁止。我们倾向于否定它的证据效力的观点，但是当对案件的定罪量刑影响巨大的事实没有其他证据足以证实的情况下，比如犯罪嫌疑人是否属于自首，就应当将有承办人签名按印的情况说明作为证据使用，可以作为警察证人证言，但要严格限制。能否做到作为警察证人的相关人员不能再作为本案的承办人员？就目前我国案件侦查工作的现实而言，案件侦查完毕后交给另外一组审查，已经有了相关的监督作用，上述情况下更换承办人的必要性就值得怀疑了。

诉辩交易

正确理解宽严相济的刑事司法政策，既是司法公正的要求，也是社会稳定的需要，还是司法效率的诉求。它的直接目的就是通过司法活动实现国家利益的最大化。决定诉或者不诉、以什么罪名起诉、量刑轻重等都要紧紧围绕国家利益的最大化而进行。比如，我国台湾地区某位具有重大影响（特别是对统战工作具有重大影响）的人物在大陆实施了某种犯罪行为，是否起诉、如何起诉、起诉的后果如何？如何看待公正这一国家重大利益与祖国统一之间的冲突？这都需要你权衡，在各种利益面前寻找出最佳的平衡点，并作出取舍，虽然这种取舍的决定的作出是十分困难的。建议你适当运用检察官的自由裁量权，对那些证据充分而被告人认罪的案件，或者没有多少证据支持而被告人认罪的案件，或者只有间接证据而被告人认罪的案件，或者被告人承认了多项犯罪指控而否认一两个轻微犯罪的案件等，你可以综合案件的总体情况，适当作出撤销某些指控的决定。

前提是这不是权宜之计，而是对国家、对社会、对罪犯本人、对受害人都有益。我建议，如果你能证实任何犯罪，你就有义务提起指控。正当的程序也是诉讼的目的之一，检察官的作用是接受对可证实之罪的认罪和提起公诉。

另外一个可以考虑的制度就是诉辩交易制度。笔者认为在不久的将来，我们国家的诉讼法会接受诉辩交易这项制度。将来的许多认罪谈判不是讨论罪数，而是讨论检察官代表公共利益行使职权，以现实而公平的量刑原则为基础，拟定向法官提交的量刑范围的意见。如果检察官不完全说明犯罪事实或者不能提供犯罪前科的记录，法庭不了解相关的内容，确定的量刑怎能公正？这样做不仅不诚实而且违背了你作为法律工作者的誓言和作为司法官员的职责。

在此，笔者并不是暗示决不能撤回起诉。当然他们必须撤回，如果犯罪不能被证实而你对撤回也满意；或者从根本上重复了相同的指控。

经常有被告人面临多项指控的案件发生。被告人已决定承认其中90%的犯罪而拒不承认其中的多项犯罪。被害人和警察对被告人认罪已感到高兴。在这种情况下十分有可能撤销被告人不承认的那一两项指控。被告人已承认大部分的犯罪，表明被告人不承认其中的一两项犯罪并无特别的动机，即便起诉其中的那一两个犯罪也不会有什么特别的结果或者引起量刑的巨大变化。只要记住量刑的总量原则即可。确有一些指控必须予以撤销的情形存在或者法官要求中止，这要看当地的实践情况，比如盗窃罪的指控和持有被盗物品罪的指控或者违章驾驶的指控只接受了对其多项指控之一的认罪，违反缓刑规定，并与扰乱社会秩序相关联或者不能做到行为端正而被告人对送交法院审判的指控犯罪已认罪等。在上述情况下，一般都会撤销案件。

关键是可以证实的没被重复的指控不应撤销，除非你有非常好的、有效的证据来支持你的做法。如果你存在疑问，在撤销指控前问问检察长或者你办公室内的高级成员。

风险评估

承办一个案件有各种各样的风险，比如你对案件作出的处置方案能否被领导接受，案件能否被法院接受，法官能否按照你的指控给被告人定罪，能否按照你的意愿量刑，能否按照你设计的思路、顺序有效地进行庭审，被告人能否接受你作出的处置决定，能否接受这样的审判和刑罚，被害人能否接受你作出的处置决定，你决定对被告人不起诉，被害人能否接受，你决定起诉，被告人能否接受，被告人的家属能否接受，这些都需要你小心、仔细、审慎地应对。任何一个环节处理不好，案件的处理就不能得到好的结果。

比如你对案件的处理意见与领导的意见不同，要改变领导已经形成的意见，你要下番功夫，而你确信自己的正确，那你就要用艺术的方法摆事实、列证据、依法律来影响领导，让领导觉得你的意见是正确的，自愿接受你的意见。如果领导还是不能接受你的意见，你要仔细地重温一下案件的事实和证据，站在领导的角度，看看你有无遗漏的细节或者需要考虑的因素，虚心向领导请教他得出不同处理意见的理由和考量，不要固执己见。因为检察机关实行的上级领导下级，所有的决定都是以检察机关的名义作出的，不是个人的名义，个人在案件的处理过程中核心作用就是发现问题、提出解决问题的方法供领导抉择时参考。

会否纠缠不休？

在上述诸多"能否"中，社会大众的感受最直接的是两种人对案件处理结果的过激反应，即被告人和被害人。由于这两种人的过激反应可能引发更大规模的群体性事件如"瓮安事件"或者个人的极端行为如"杨佳案"。

风险评估是承办人的事，不要指望别人会替你做这种事，一个原因是公诉人力不足，没有空闲力量专门做这种事，另一个原因是你承办案件，对案件的事实、证据、程序和量刑最清楚，你不做，谁做？

先从与案件关系最密切的人开始风险评估，那就是被告人和被害人。对于被告人和被害人或者被害人的家属，你一定要在开庭前提审、见一见，不要浪费这个机会，放弃这个权力。在提审或者见面的时候你要尽可能仔细地了解他或者她对正在处理中的案件有什么要求，看看这些要求是不是合理、合法，尤其是看这些要求能否在你处理案件的程序中解决。

如果他提出的要求是合理合法的，你能够满足他的要求，那么这个案件的处理可能就是零风险。

如果他提出的要求合理但不合法，那就需要你来决断，到底是严格依法办事，拒绝他的要求，还是先满足合理的要求，再从法律的角度寻找到合法性的根据。或者他的要求合法但是不合理，也需要你的决断，先依法满足其要求，然后再在合理性方面进行再平衡。如果能够达到各自的要求，满足他们各自的关切，案件的处理也会很顺利，不会有太大的副作用，风险等级较低。

如果他提出的要求既不合法也不合理，比如被告人完全否认自己的犯罪，坚决要求将他无罪释放，而事实和证据不容许你这样做；或者被害人或者其家属提出天文数字的赔偿要求，没有法律根据不说，被告人就是有心赔偿也赔偿不起，如果不赔偿，被害人或者其家属就坚决要求司法机关判处被告人超严酷的刑罚。满足不了被告人或者被害人或者被害人的家属这些不正常的要求，他们有的就会有过激的语言或者过激的行为。这时风险的评估要看个体的性格、教育背景和生活经历和环境、宗教信仰。

从性格上看，你在提审或者见面的时候就可以对被告人或者被害人或者被害人的亲属作出一个概括的判断，他（她）是什么样的人。

如果是那种活泼型的，爱说、感性、率直，他的犯罪行为往往属于过失类的，恭喜你碰到一个不大会制造惊天大案的人，对案件的处理相对压力不大，风险较小。

如果碰到的是十分理性的对象，也要恭喜你，他也不大会制造太大麻烦，形不成什么大危害，这样的被告人往往涉及智能型的财产刑的职务类的犯罪，暴力犯罪较为少见，因此你承办他的案件，风险不大。

如果碰到无力型的对象，他的精力和体力不足，容易疲劳，情绪常常处于不愉快的状态下，缺乏克服困难的坚持不懈的精神，容易心理过敏，小的麻烦不少，大的危害不多，稍加注意即可，风险一般。

如果你碰到那种与社会格格不入的不适应型性格的人，社会适应不良是他们犯罪的最深层的原因，主要还是判断和辨别能力较差，如果罪行不重，放归社会仍有犯罪的可能性，进行适度的自由控制和教育，尤其是让他们了解社会的本质，学会适应社会是改造他们，让他们复归社会的前提。如果你碰到的这个对象罪行较重，限制自由是一定的，风险不大。但是在限制自由期间的教育至关重要，这关系到他重返社会后有无再犯的可能。

如果你碰到的对象是偏执型或者分裂型，生死级风险，最高最强级。碰到这种人，你的麻烦就大了，这种人性格固执、敏感多疑、性格内向、语言不多、表达能力不强、嫉妒心强、感情冷漠，多以自我为中心，一旦形成某种看法，绝难改变，一旦认定某个目标，不达目的决不罢休，典型的代表就是袭警案的主角杨佳，仅仅因为一点治安小事，就发展为 6 人死亡的惊天巨案。承办这样的人的案件风险最高，可以说是事关生死。这样的案件很多，从事公诉工作的你碰到的概率不低，要学会应对。首先满足其合法合理的要求，对于非法要求，则要耐心地与他交流，说明法律不允许这样做，和他说话不能用太过极端或者刺激的词汇，态度要温和文明，有礼有节，注意不要激怒他，可以用聊天的方式，谈谈他的家人、他的生活，谈谈他的曾经的辉煌和成就、他的快乐和悲伤、他的事业，等等，足以触动他的痒处，让他感动，将他的注意力从他认定的不公转移到生活的美好，甚至你可以和他交朋友，确立他对你的信任以后，再进行相应的工作。如果这样做了，你感觉风险依然巨大，那就有必要向组织和领导汇报，由组织采取适当的措施防范可能的风险，不要一个人扛着，其一你承受不起，其二对事情的解决没有任何帮助。如果你不汇报不请示，你要承担相应的责任。

如果你碰到的是攻击型的对象，风险巨大。他们性格外向、好斗，易兴奋、易冲动，稍有不如其意的地方，他就会表现出敌意和攻击行为，但持续性不高，易放弃自己的目标。一旦做出敌意和攻击行为，后果很严重。做好防范实属必要，切切不可大意。

如果你碰到的是爆发型的对象，遇到微小的刺激就可能引发爆发性愤怒或激情，风险较大。防范爆发性愤怒或激情转化为攻击行为是关键。你可以提出相应的防范措施供组织采纳。

如果你碰到癔症型或者强迫型的对象，即便形成了癔病或者强迫症，癔病患者容易接受暗示，你尽可以做出各种各样合法的暗示，他们会很快接受，比如你暗示他的行为的犯罪性，他也会很快接受并认定你的说法的合理性；强迫症的患者往往只是对自己行为的怀疑，不停地确认自己做过某一动作，对他人不太关注。他们的攻击性不强，承办他们的案件风险不高。

当然这些说法只是普遍的规律，不乏特殊的变异个体，或因为刻骨的仇恨或者因为其他什么原因，非要弄个鱼死网破，那就更要你的慧眼来发现，及时采取措施来防范。

除了性格的因素，教育背景的影响也是至关重要的，接受教育越多暴力犯罪的可能性越小，结合性格因素，对于偏执型或分裂型的对象，如有非分要求，则闹访不断、纠缠不休，但是使用暴力的可能性不大。

家庭背景也很重要，是否单亲家庭，家庭富裕还是贫穷，也会影响到人的行为。笔者并不是说单亲家庭的好坏，而是说某个被告人可能因为单亲家庭的氛围的影响而实施犯罪；也不是说穷人就一定犯罪，但就一般规律而言，如果是中产阶层以上，暴力犯罪的可能性也较小，因此承办他们犯罪的案件风险不大。

是否办错了案？

还有一种风险评估，就是对案件是否可能犯错而定。就是将风险分为几个级别，从无风险开始到一级、二级、三级、四级，逐级累加。纯粹从诉讼的角度出发，风险可分为四类。第一类针对事实：事实清楚；事实部分清楚；事实复杂，大部分不清楚；事实不清楚。第二类针对证据：证据确实、充分；证据确实，不充分；证据有疑问，但证据很多，可以说是充分；证据有疑问，且不充分；没有证据。第三类针对程序：所有程序都合法有效；部分程序合法有效；程序都不合法。第四类针对量刑：量刑适当；量刑偏重；量刑偏轻；量刑不当。然后几类风险结合，比如事实清楚，证据确实充分，没有风险，风险为零；事实清楚，但是证据有缺陷，风险增加，可为一级风险；事实部分清楚，证据部分确实，风险更大，风险二级，需要补充侦查以降低风险；事实不清，有些证据但形不成证据链，或者部分事实清楚，但缺少证据，风险三级，需要退回或者撤销案件；没有事实，也没有证据，风险最高，可能是冤、假、错案，不但要撤销案件，很可能还要追究相应人员的刑事责任。

在事实方面，无法详述，因为犯罪行为的形态千变万化，数不胜数。但在证据方面，则可以详尽列举，比如年龄，14 周岁、16 周岁、18 周岁、75 周岁等特别规定的节点一定要查清楚，第十部分我们提到的抢劫案的被告人年龄是否达到 18 周岁就对量刑起到十分关键的作用。被告人的身份也需要查清的；精神病鉴定如果需要，绝不要省略；被害人有无过错；零口供或者翻供；有无需要追诉的同案犯；被告人提供真正犯罪人的线索或者指认实际的犯罪人的；没有客观性证据的；主要证据相互矛盾；没有直接证据证明犯罪行为是被告人实施的；有刑讯逼供抗辩的；鉴定资质的抗辩；新的检举、揭发；等等。

关于程序类的风险点也是可以查明的，比如侦查过程中如何确定某人就是犯罪嫌疑人的；特情；共犯在逃；有利于犯罪嫌疑人的证据未提交；证据丢失；政法委协调过的案件；罪名变化；认定事实被改变；退回补侦的案件；延期审理的案件；变更起诉的案件；发回重审的案件；证据未经质证的案件；超期羁押的案件。如果出现上述情况中的任一种，你都要对案件的风险进行评估。

十一、庭审基本要求

让审判人员明白你要表明什么

在对犯罪进行公诉时最重要的一点是要让法官听懂你要说明的观点和理由，出示证据，询问控方证人和辩方证人也要围绕这个中心。尤其是在上诉案件中，法官开庭时，当事人可能不出庭。案件的材料更应当让法官一目了然，既要简单明了，又能充分说明问题。假如在交通肇事犯罪的庭审中证人在作证时都提到了一幅地图，于是提交法庭。上诉时的副本写着下面的问答，你希望对手怎样待你？

问：我给你一幅案发地点的草图。你能描述一下被告人所走的路线吗？

答：好，看这幅图，假定这是北面。我说先看到被告人在这儿。接着被告人加速向这个方向行驶，在这儿没有减速就闯过红灯，沿着这个方向到了衡山路。我随着被告人在这儿越过停车标志，启动警笛和警灯。汽车就在这儿。被告人把车停在宛平路。

如果你不得不用这种材料将案件交给二审法院审理，那我只好"祝你成功"，为你祈祷。你应该记住的是记下证人所说的原话。上述副本也许你能理解，但你要不停地问自己："二审法院的法官能理解吗？"

处理这类证据，我个人更倾向用下面方法：

问：王警官，当你第一次看到被告人的时候，你在什么地方？

答：在高安路衡山路。

问：被告人驾车向什么方向行驶？

答：被告人沿衡山路向南行驶。

问：随后你又看到了什么？

答：我看到被告人闯过了衡山路和吴兴路交叉口的红灯。那引起了我的注意。

问：接下来你做了什么？

让证人用字描述他们的所见，用方向描述道路为东西南北等，用米、里、公里或者其他方式描述距离是十分重要的。让证人描述被告人的行为。只要可能，就要有特别的关于事实数量上的描述。如果需要草图，也得按照下面的思路调查完毕再拿出草图：

问：王警官，我明白你已准备了你刚才所说的案发地点的草图。你看看这张草图。它是否完全正确地描绘了你刚才所说的情形？

答：是的。

问：我给你一支蓝色的笔，你能把被告人的行车路线标出来吗？

答：（证人标出了路线）。

问：蓝色标出了的被告人的行车路线是否精确？

答：精确。

现在你有了口述的证言，又有了附图说明。二审法院的法官可以理解证言，看标出的地图对所发生的事不会再有怀疑。这要比上面所说的不明确的陈述好得多。

实际上对每个有证人证言的案件都可以采用这种方法。你能理解，辩护律师也能理解，法官也能理解。如果记录不清，二审法院不理解，你就不能期望得到你想要的结果。

照片也会引起相同的问题。检查照片的时候通常会问摄像人是否真实地拍到了摄像人所看到的场景。回答总是"是的"。如果你把照片当作证据使用，它完全不起作用。对于照片，最好问摄像者拍摄时面朝何方。接着依下列的提纲询问：

问：照片显示一条道路。这照片表明什么？

答：这是站在吴兴路由南向北拍摄的衡山路的照片。衡山路是东北西南向路，照片中间这条路就是。

问：请你注意在东北西南向路的北边有辆车就是在照片中的右边。那是谁的车？

答：被告人的车。

你可以接着问下去，没有任何二审法院会怀疑你和证人所说的话。

关于举证的几项原则

举证顺序。在庭审中，公诉人若想胜诉，举证顺序的安排十分重要，它直接影响公诉人的效果。一般来说，举证顺序应具有逻辑性，所举出的证据应环环紧扣，在法庭上如何证明案件的事实真相，先出示什么证据，后出示什么证据，应巧妙安排，以取得最佳的效果。一般的策略是先证人证言，被告人首先供述，后物证，未到庭证人的证言笔录，宣读书证等顺序举证，以达到先声夺人的效果。但是实践中具体案件各有不同，其采用的举证顺序也应有区别。

直接证据与间接证据。对于有直接证据、有间接证据的案件，应先举证直接证据，后举证间接证据。

罪与非罪、此罪与彼罪。要首先举证证明有罪，然后是罪重、罪轻的证据，最后才是量刑情节等其他方面证据。

一人一罪。公诉人向法庭出示证据时，可按证据的证明力强弱，先后向法庭出示证明被告人犯罪事实存在的各种证据。

一人多罪。可以以每一起犯罪事实为单位，将证明犯罪事实成立的证据分组举证或逐一举证。其中，涉及每起犯罪中量刑情节的证据，应当在对该起犯罪事实举证中出示；涉及全案综合量刑情节的证据，应当在全案的最后出示。

共同犯罪。公诉人应先对主犯进行举证，再对从犯进行举证。对于共同犯罪中不认罪的，应该运用迂回举证的方法，先对认罪的被告人进行举证，扫清外围，待犯罪事实被法庭确认后，再集中出示各种证据，全力攻克拒不认罪的被告人。对于数名被告人实施数起犯罪的案件，可以采用不同的分组方法和举证顺序，或者按照作案时间的先后顺序，或者以主犯参与的犯罪事实为主线，或者以参与人数的多少为标准进行举证。在办理本类案件时，应注意区分犯罪集团的犯罪行为、一般共同犯罪行为和个别成员的犯罪行为，并分别进行举证。

多罪名。一般可按罪名和犯罪事实进行总体分组排序，每一项罪名讯（询）问完毕后出示证据，或者每一起事实讯（询）问完毕后出示证据。罪名和犯罪事实的排列顺序，一般应与起诉书相同，大多按由重到轻的顺序排列。同一证据可以根据证明需要重复出示。对于重复出示的同一证据，一般仅予以说明即可。针对需要证明的内容相同的，例如主体身份都是国家工作人员的，也可以一次性分组举证，或者按照犯罪构成要件的具体内容以及采取其他适宜的方式进行。

复杂案件。一般采用分组举证的方式。按照一定的标准将证据分为若干组，确定每一组证据证明哪些诉讼主张。在对证据进行分组时，要遵循证据之间的内在逻辑关系，一般应将证明方向一致或证明内容相近的证据归为一组，也可以根据情况，按照证据种类的不同进行分组，并注意各组证据在证明内容上的层次和递进关系，以便法庭和旁听人员理解。一般来说，要先出示定罪证据，后出示量刑证据；先出示主要证据，后出示次要证据；先出示可能无异议的证据，后出示可能有异议的证据。通过合理排序，使示证活动层次分明，脉络清晰，主次有序，以取得较好效果。

举证条理

如果要举证成功，就必须采取有效而必要的方法。一般在起诉时有以下几种方法可供参考。

分段举证。首先，将整个案件划分成若干阶段，并对每个阶段要证明的问题和证明这些问题所需的各种证据材料按照一定顺序（如先主后次、先重后轻、先言后物后书证等顺序）分别列举的方法。这种按序分段，每个阶段都有一组证据材料相对集中出示，条理清晰、层次分明，结构合理，证明力强。（以杀人案为例，案情可以分成以下几段：杀人动机和故意形成；犯罪的预备，如购买凶器匕首并察看地形；杀人后肢解尸体、抛尸毁灭证据。将案情分成四组，举证时就按照一、二、三、四的顺序分别进行举证。对于同类数罪案件，则以每一次作案作为一个举证单元。）在出庭支持公诉一些重大复杂、证据较多的疑难案件时，采用这种方法效果明显。它既有效克服了一次性调查，一揽子举证造成的事实和证据不能及时准确相互对应的弊端，也防止了一事一证，举证零散，不易归纳总结等现象。其次，这种方法便于法庭及时果断地采纳证据，接受指控，也可使旁听群众准确、细致地了解案情，加快庭审节奏，提高工作效率。

连环举证。把获取的每一个能够证明案件某一局部情况或者个别情节的间接证据，依据它们之间存在的内在必然联系，按照先后顺序串联起来，组成完整的证明体系（或称证据链条），然后采用逻辑推理，组织、出示证据。针对没有直接证据，被告人拒不供认的情况采用。要注意论证每一间接证据的客观真实性，而且都能证明案件的某些情节；严守举证的先后承接顺序，防止前后颠倒；注意论证所有间接证据协调一致，环环相扣，构成体系，并且能够排除对所证明事实的任何合理怀疑。

综合举证。对于一个被告人犯有多起犯罪事实或者多人共同犯罪的案件，某些证据在该被告人多起犯罪事实中均有证明力，或者能够证明多人共同犯罪，如果在讯问完一个犯罪事实或一个被告人后就将该证据使用一次，就会造成重复多次使用，给人生硬、机械之感。如果在讯问完所有犯罪事实或所有被告人之后，将该证据综合使用一次，可以提高诉讼效率，增强庭审效果。

举证核心要点

罪与非罪的举证是重中之重，作为公诉人，如果出庭，首要的任务就是证明被告人有罪，只要是证明有罪的事实，都可以向法庭出示，主要证据可以多次强调，反复提请法庭注意，尤其是一些关键性证据，举证时语气要重，速度要慢下来，可以多次要被告人确认出示证据所要认定的结果；其他一般证据也要认真列举，经过被告人的承认和法庭的认可，但是不必多次重复确认，速度也可以快一些，只要合议庭和旁听听众听懂举证的中心问题是什么就可以了。

其次是证明被告人的行为构成此罪，还是构成彼罪，要重点证明被告人的行为特征，证明该行为符合刑法规定的此罪的构成要件的要求，此时法理上要重点明确两罪构成要件上的不同点，针对不同点而举证。

量刑情节的证明也是重中之重，在决定定罪量刑的重点问题上同样要放慢举证节奏，加大举证力度，突出重点，抓住量刑情节的要害，比如从法定情节上考虑，死亡后果的有无对于故意伤害罪的量刑影响巨大，又比如盗窃的数额，贩毒犯罪所涉毒品的种类和数量，但因有法律的规定，只要将这个结果当庭宣示即可。这种宣示的效果不如没有法律量化标准的酌定情节的证明那样有挑战性和表演性，比如为了挥霍而盗窃与因为饥饿而盗窃的动机之证明，又比如致人死亡后的后悔与幸灾乐祸的证明，杨佳杀害多名公安人员后的叫嚣"我够本了"与驾车连撞死4人的孙某某的道歉的酌定量刑情节的证明就足显其戏剧性；再比如交通肇事后积极救治受害人与驾车逃逸的证明。

共同犯罪案件一般选择主犯为重点，抓住主犯就能把握案件的主线，比较顺利地定罪量刑。我们最近办理的陈某某等四人贩毒案，我们选择本案的策划、组织和主要实施者陈某某为主要讯问对象，通过陈某某的当庭供述将犯罪过程、涉案毒品的数量、涉案人员以及他们在共同犯罪中的作用等呈现给法庭，收到了良好的庭审效果。当然也要注意主犯犯罪后的态度，如果主犯拒不交代自己的犯罪事实，想从他这里打开局面恐怕只能是幻想。这时要充分考察其他共同犯罪人的认罪态度，将认罪态度较好的共犯作为庭审的主要讯问对象，也能收到良好的效果，特别是几名共犯的供述一致，即使主犯零口供，案件照样可以认定。我们办理的戚某某盗窃集装箱货物案，戚某某不承认自己与集装箱卡车司机勾结将多辆集装箱卡车

开到自己经营的废旧物品回收站实施盗窃，而他雇用来帮他
卸货的工人王某某则供认自己实施了盗窃犯罪行为，在庭审
的过程中，我们首先对王某某进行讯问，将戚某某实施盗窃
犯罪的全过程呈现给法庭，而卡车司机的供述以及戚某某盗
窃后出卖赃物的收买者李某某的供述都证实了王某某供述的
真实性。庭审到此基本结束了，我们知道戚某某到庭后不会
有什么交代的。最后我们才对戚某某进行讯问，尽管戚某某
不承认自己的犯罪事实，但犯罪仍然得以认定，庭审效果非
常好，出乎我们的意料。

举证中的一些技巧

（一）利用路线和标志进行说明

除了草图，我们还有其他方法来说明案情。其中一个最有
效的方法是让警察或证人作证时说明路线和标志。在很多场合
你不得不这样做。你可以在草图上预先标明 A 至 B、B 至 C、C
至 D 等。

接上述交通肇事犯罪的案例，警察描述并标出地点 A、B，
接着说明被告人在上述 A、B 两地的行为。这地点的人、道路的
种类、周围的房屋、光线条件、人行道、交通流量、天气情况
以及其他所有相关因素。只要警察这样描述，你就可以把它加
入记录中，以免警察标完地图后，他人提出再次描述的要求。

**问：你也标明了左转的地点 B，接着被告行驶到 C 地，对
不对？**

答：请你描述一下被告在那个地点的驾车情况。

你应该明白，这种技巧或其他涉及草图的技巧都要你为证
人安排好将要做什么，证人作证时你会问些什么问题。视听资

料非常有用，但你的证人如果不习惯视听资料，这也需要做些准备。

（二）出示物证

向法庭出示物证也要有特别的安排和步骤。程序是识别、标识、展示。你怎么做：

1. 要证人识别物证；

2. 请求法庭记录下来，加上标识；

3. 向法庭展示，送交法官。

向法庭出示物证最好是你拿着物证同时向合议庭所有法官展示，让他们有足够的时间来检查物证。这种方法使你避开了物证在出示时有人可能向你提问的可能性。他们可能会错过提问和证人的回答。然而如果你希望给合议庭留下特别的印象，并希望将物证传给他们，因为此案涉及的问题十分重要，那么你最好先记下所要采取的方法。

笔者发现法官还喜欢除了证人之外其他东西吸引他们的注意力。为此，如果有可能画出犯罪现场的草图，画出一张大幅的草图有时比说一万句话还有效。可以将草图放在画架上，证人可以用来标明他们在哪儿，他们做了什么，他们看到了什么。在这种情况下，最好有个标图员以便证人说明事件是指向草图相关的地方。这样使得证据更加生动，更有说服力。同时用几张较小的附图提交给每个法官，你会发现他们确实循着证人所说的证据来得出结论。只要能将证据的解释变得更简单明了，对你都会有好处。

视听资料很重要，笔者认为只要可能就要运用。

最后，大声说话！旁听席上有很多旁听的人，有时还会有记者，他们非常希望听到你说些什么。法官、证人和被告人更想要听到你说的话。不要离开麦克风，不要离开你的座位，更不要在法庭上乱走，除非你非得做某种演示而必须离开座位。

不要打断别人的话。让证人回答问题。做好记录。法官会对此感到高兴的。

（三）记录下延期审理的理由

尽管是与上诉目的联系不紧密的记录，也会有十分重要的时候。检察官的文件夹是记录这些不十分相关的内容的最适合的地方。有些中级人民法院积案甚多，案件常被延期审理，因为证人病了或者找不到案卷或者控方或者辩方要求延期审理等，这只是随便举几个例子。

记录下案件没有按时审理的理由以及我们向辩护人提出提前审理的日期就变得至关重要了。在未来，随着此类申请的增加，法庭可能不要求辩方提供先前审判的记录副本，延期审理的书面记录可以防止你和其他检察官因此而致使案件终止审理或者说是败诉。

有时律师会拥有多个案件。有时他们会给你打电话，建议你等到他们到达时再处理他们的案件。如果你就从别的案件开始，在那天他们案子就很可能没有处理。无故拖延的责任就落到你的身上。因此，那天你就从他们的案件开始，在记录上注明你收到请求推迟的口信。这条信息应放在你的文件夹中，以便将来他们依据上述理由提出申请时反驳使用。同样的理由，当你已准备好处理案件，而该案律师在其他法庭上，记上你处理案件的时候和律师正在其他法庭的事实。

（四）量刑讨论

你会经常与律师讨论案件，律师会问你对案件的看法，特别是事关起诉的罪名和量刑。这种讨论也必须记入检察官文夹中，以防你的做法不受律师欢迎时引起的"检察官私下交易"的说法的可能性。

（五）充分利用记录

我们论及如何做记录，如何与法庭书记员保持良好关系以及清楚表达的重要性。其中主要的目的是方便利用法庭审判的记录。在审判开始时，我总是事先告诉书记员我需要某些证据的副本，我总是预先提出要求，同时，我总公开要求书记员给我准备一份辩护律师所要证据的清单以及法官所要证据的清单。你也许会问为什么这样做，答案很简单，那就是审判时的形势会发生你预想不到的变化。开始时有些你想不重要，在审判过程中却是至关重要的。通过研究律师所收集的你的文件副本，总结出律师认为重要的东西。当然你不可能不知道律师认为特别重要的，但通过书记员收集辩护律师所要的一切证据，你会得到多个便利：

1. 律师要求的证据副本；

2. 预先知道律师将就哪一部分证据提出意见。

你一收到副本，不要不读它就扔到一边。立即看一遍并想想律师会如何利用这些证据。如果太晚，你也可以传唤其他人来说明副本所列事项。你也可以想出在最后总结发言时如何反驳律师。

对法官索取的证据的关注不亚于对律师索取的证据。你也要请书记员给你准备法官所要文件的副本，不论是合议庭的审判还是法官独任审判，法庭所要证据的副本对你有实质性的意义。这使你了解到法庭认为哪些证据是重要的。如果这种证据对你处理该案不利，即使是语义对立、矛盾，你也可以有机会获取澄清此问题的其他证据。如果你没有这样的证据，你也就无法知道法庭感兴趣的证据的范围，不管是积极的还是消极的。有了这些，你都可以在辩论中说明这些问题或者向法官作有针对性的说明。

关键是你要利用每一个机会了解其他各方（律师和法官）的想法。事先得到预警，你就能够找到其他证据来说明问题，或者在最后陈述时对辩护的提问有备而答或者说明法院所关心的问题。比如，我在办理俄罗斯公司季米特里非法经营一案过程中，高级人民法院法官对该案花费了大量的心血，不仅因为这个案件是涉外的案件，更重要的是法官对正确定案的执着，对该案的每个细节都十分清楚，所以我没有指望法官会对我特别指出哪个问题是法官最为关注的。不过我觉得还是有必要与法官联系一下，倾听法官对该案还有什么疑虑。开庭前一天晚上，我给法官打了电话，我们在电话了聊了很长时间，隐隐约约地我感到法官似乎对该案的事实是否能构成赌博罪有一丝不易觉察的担忧。挂上电话，我马上对第二天庭审时讯问季米特里的问题清单和出庭意见书针对是否有赌博罪的构成要件进行了调整。而在第二天的庭审中，辩护律师认为季米特里并不构成非法经营罪，而是构成赌博罪。由于有了预先准备，有力地反驳了律师的辩护意见，使得律师想将案件发回重审或者减轻罪犯刑事责任的目的无法达到。

同样，如果你有证据要在你的结案总结发言中予以强调，而你想直接引述，要有个证据的副本是个好主意，你可以拥有这些证据而不必非得看你的笔记本。即便书记员告诉你不可能在你需要的时候准备好副本，你也可以问问你能否听一听录音或者请书记员给你谈一谈他所做的速记。如果你以前一直对书记员很礼貌，现在就有回报了，书记员也许会满足你的请求，一般情况下会如你所愿的。

不要忘记如果法庭书记员按你的要求做了，为你准备了副本，让你听录音或者把记录读给你听，你一定要感谢法庭书记员。这是书记员在帮你的忙，你必须这样看。毕竟，书记员有其他事要做，不必帮你的忙。如果期望未来书记员还能帮你，最好让他知道你对他十分感激。

（六）做记录

无论在哪儿，我都讨论在庭审中做记录的重要性。你做或者你的搭档做，这都不重要，但有个格式，每个检察官在做记录时都用它，这个格式似乎很有用，就是把记录纸从左到右分为两大部分，左边占2/3，右边占1/3。左边记录证人的证言及交叉询问时的回答。不要把所有的内容都逐字逐句地记录，只要对证人所说的具有重要意义的东西逐字逐句地记下就行了。除非你会速记，否则不要去记问题，因为答案最重要。如果有了答案你就会想起问题来。

右边用来记录要点。如果有辩方证人，右边的地方可以用来记下你对证人交叉询问时提的问题。你可以用星号来表示。如果有时间，你可以记下你希望提出的问题。

有件事听上去很傻，你应当有几支不同颜色的笔。物证当然一直用一种颜色的笔写。审判时的证人证言要用另一种颜色记录下来。理由是以后你不想再次提到被法庭拒绝接受的物证。用不同的颜色记录物证和审判时的证人证言会帮助避免这样的尴尬事。用红色记录物证较好。

在漫长的审判期间，每天晚上你都研究一下你的记录，你可以在记录中加入你依然记得但没有录入的详细情况。这要用另一种特别颜色的笔来写，你会知道这儿记的是什么，与你在法庭上所记的东西区分开来，以防你的记忆不精确。在总结发言时，你提及这些记录，为防万一，你可以在发言之前说："我也许错了，可我的证据记录上写着证人说……"

警官也做记录，为了唤起他们对自己所处理的案件的记忆。其目的不是提供逐字逐句的副本，只是为了提醒自己。

律师经常会就警官在逮捕人犯时没能记录下所有的事件而提出质疑。有用的策略是当律师使用此伎俩而警官又承认此事项未被记录时，你再次询问警官做记录的目的。如果此时警官在法庭上，回答将是"为了提醒自己"。你接着就可以问警官除了记录之前是否还有自己的单独的记录，通常回答是肯定的。

如果警官准备去看记录，我个人建议你按照下面的方式开始你的案件。它既能证明被告人的身份又能使记录得到认可。开始时你可以问：

问：我知道你是××公安局的刑警，在××年××月××日值班，对不对？

答：对。

问：你是在××年××月××日值班吗？

答：是的。

问：你值班的当日是否与法庭上被告人因为有案而接触过？

答：是的。

（如果按照《公民权利和政治权利国际公约》的规定，以后的标准问法是：你值班的当日是否与法庭上的某个人因为有案而接触过？）

答：是的。

问：他是谁？

答：（坐在那儿的那个人，警官一般会指向被告人并说明其特征，毫无疑问是被告人。）

问：那天与被告人接触时，你做过记录吗？

答：是的。

问：什么时候做的记录？

答：与被告人接触的过程中以及随后都做了记录。

问：你做记录时的情景还记得吗？

答：是的。

问：记过之后你做过什么改变，增加或者删除没有？

答：没有。

问：你需要看看记录以便记住姓名、日期、地点、时间或者事件的后果吗？

答：是的（或者有时是的，但只有几次）。

问：我的朋友们对记录有什么疑问吗？

答：有时有，但很少。（引出问题）

问：审判长，警官可以阅读笔记以帮助记忆吗？

现在你已使笔记合法化而且核实了被告人的身份。你也许希望警察更进一进核实被告人是（比如）那个开摩托车的人，但现在核实已基本完成了。

你应该注意警察，不要让他逐字逐句地把笔记读给法庭上的人听。如果警官要这样做，你可以通过直接问警官是否在读记录来打断他。这个问题可以确保如果这次警官读了笔记，下次绝不会发生。最好是你提问题而不是让律师指出笔记仅仅用于提醒。

十二、庭审过程中特殊情况的处理

能否将不该旁听的人员撵走及其他

庭审过程中可能出现各种各样的意外事件，比如法警押到法庭上的被告人并不是你今天要起诉的人，你该如何应对？原则有三条：一是你的处置要符合法律的规定，也就是说你的每一个措施都要有法律上的根据，这样便于你保护自己，对涉及诉讼的各方也有利；二是你的心中永远要记住一点，那就是法官是法庭的主持者、组织者，你要作出的所有的处置措施都要经过法庭的同意；三是永远要记住礼貌待人，无论他是法官，还是律师，或是受害人，还是被告人，在人格问题上不能有任何含糊，一律平等地予以尊重。

比如你来到法庭，满脑子都是审理案件的方案，有些你在昨天晚上还刚刚修改过，大脑还在急速地回顾你设想的可能出现的问题，根本没注意到来了很多旁听的人，审判长宣布开庭，审判的程序开始了很久，突然你想到今天的审判应当是不公开地进行的，怎么办？从法律的角度上看，你只要援引最高人民法院《关于适用〈中华人民共和国刑事诉讼法〉的解释》第186条"不公开审理的案件，任何人不得旁听"的规定，公事公办地当庭提出纠正意见，要求法庭以重申法庭纪律的方式予以纠正，并将纠正目的适当向旁听人员说明，以征得旁听人员的理解，防止不合作现象。这样处理简洁明快，但是很伤面子，谁的面子？法庭上的审判员，还有检察官。除非万不得已，我个人建议你不要这样做。你最好悄悄地用纸条提醒法官，建议他暂时中止审理，然后你和法官走到法庭后面，仔细权衡一下用什么方式弥补。我曾经对合议庭提出检察官需要调取新的证据，请求法庭准许延期审理，法官们十分欢迎以此方式解决类似问题，你也要相信法官对你是十分感激的，这对你们以后的工作都有好处。有的时候，被害人未提出附带民事诉讼，他要求旁听庭审，你是否同意？如果旁听，被害人在旁听席提出异议或发表意见的，你该怎么办？先看看法律是如何规定的，刑事诉讼法第 182 条规定，人民法院决定开庭审判后，应当传唤当事人。因此，无论被害人是否提起附带民事诉讼，都有权参与庭审；如果法院传唤被害人且被害人到庭的，应当让其坐在审判区参与庭审，而非坐在旁听席旁听庭审。如果被害人在旁听席旁听时，未经法庭允许，提出异议或发表意见，你可以建议法庭让被害人参与到审判中来，但也要有形式上的要件，那就是让他到公诉人所在的位置旁边，按照既定的审判程序，在审判长的主持下，让其陈述相关内容。不过事先你对被害人可能陈述的内容要了解一下，是否与你已经取得的材料的内容一致，如果大体上一致，我个人建议你让他详细地陈述，因为他的陈述与起诉书指控的犯罪没有冲突，只是更加细化了犯罪过程，更加直观，也更加生动，何乐而不为呢？但是有一种情形你要特别小心，那就是被害人的陈述与你的起诉书指控的内容有很大的不同，影响了定罪量刑，你要先说服他在以后的庭审中作出这样的陈述，否则，你只能建议法院延期审理，退回补充侦查，查明案件事实，或者变更起诉或者追加起诉。

"你们无权管这个案子"

庭审过程中最早出现的问题可能就是管辖问题，比如说合议庭刚刚宣布开庭，有的律师或者被告人就在庭上大喊本案不属于本法院管辖，首先你要冷静，仔细回想一下你在审查本案过程时是否涉及管辖的问题，如果涉及管辖的问题，当时的处置方式是什么，理由是什么或者说法律根据是什么，能否立即回想起来。如果你可以将在审查本案的过程涉及的管辖问题的处置方式、法律根据回想起来的话，请明确地对法庭说明。如果你想不起来或者在审查本案的过程时根本就没有涉及管辖的问题，你要立即搜索一下自己的大脑，相关的管辖法律规定是什么，利用这很短的时间看看他们提出的管辖异议有无事实和法律依据，静静地等待法官作出反应，你完全不必先站出来表达自己不成熟的意见。如果法官公开要求检察官表态，那么你就可以说明自己的观点，是继续开庭还是建议延期审理。一般而言，法官会向当事人说明法院享有管辖权所依据的法律规定，继续开庭。但也有因为上级检察院指定下级检察官管辖的案件起诉到某个法院，虽然在指定管辖的过程中会和相关法院协调，而具体审理该案的承办法官可能不了解这个细节，法官也希望检察官来作出说明，这时你要等到合议庭明确的示意后再说明自己的观点，不要着急，给自己一个回旋的空间。

如果当事人提出的管辖方面的异议合理，你可以建议法庭暂时中止审判，认真查阅一下相关的法律规定和自己在审查起诉过程中对此问题没有注意的原因，如果你不想延期审理，你完全可以建议法庭就这个问题进行质证，提出你的继续审理的建议，等待法庭作出最终的裁决，关键是由法庭来作出决定，而不是你；如果明确当事人提出的异议是合理而合法的，你可以立即建议法院延期审理。在此过程中时刻与法院相关的审判人员保持沟通，由法院将案件退回原检察机关，由原检察机关移交具有管辖权的法院相对应的检察机关，由该检察机关提起公诉。记住，你不能提出撤回起诉的请求。

"我被他打得头破血流"——回避

接下来的问题可能就是回避。有时与前述情形一致，你满脑子全是案情，庭审对策，辩护律师可能提出的问题以及他们可能提交的不为检察官所了解的证据，千方百计地谋划如何防止被告人和律师搞突然袭击，你对律师和被告人根本就没有仔细地瞧上一眼。法官宣布开庭，法官问被告人要不要申请回避，被告人或者其律师突然说要申请检察官回避。你可能被这个情景吓一跳，我跟他有什么关系他要提出让我回避？记住这是他的权利，不要慌张，静静地等待合议庭作出反应，合议庭会立即询问理由的，要求被告人说明要求出庭支持公诉的检察官回避的理由和具体依据。一般而言，除了胡搅蛮缠、无理取闹的以外，多数被告人提出的回避请求是有一定的理由的，你要仔细对待他们的请求。回避的理由从法律的角度而言，无非就是检察官本人就是该案的当事人，或者是当事人的近亲属，或者本人或者其亲属与本案有利害关系，或者检察官本人曾经担任过本案的证人、鉴定人、辩护人、诉讼代理人。这些都是有法律明确规定的，比较容易处理，你自己也知道要自行回避。问题在于有时被告人或者辩护律师提出的事项属于法律规定中的第四类，即"与本案当事人有其他关系，可能影响公正处理案件的"。比如有一次笔者在一起上诉审的案件中出庭支持公诉，被告人和我做过 10 年的邻居，当然他和其他邻居三天一小闹，五天一大吵，鸡犬不宁是常态，可能因为知道我在检察院工作，说实话我们相处得还很不错，很少有冲突。大约六七年前他发了笔财，搬进了高档社区的大房子里，从此就没见过面。但是这位曾经的邻居多年从事走私犯罪一审被判处 13 年有期徒刑并处罚金 500 万元以后，提出了上诉，而我恰恰在二审期间承办此案，我在开庭前我和我的搭档提审了他，他说："嘿，怎么是你呀？"我说："对，是我，你要我回避吗？"他立即说："怎么会？有你在就好了，你帮帮我，能不能减轻些刑罚？少交点罚款？"我暗自想这位当年的难缠的邻居会这样直爽吗？我说："公务在身，不得不依法办事。但是可以肯定的是在法律的限度内，我会尽力维护你的利益。虽然我们很早就认识，但是我确实不知道你的尊姓大名，出生日期，学历，个人基本情况，上诉的理由，是不是自首，有无立功或者检举揭发，等等，请你说说这些情况，好吗？"我的老邻居非常痛快地回答了我的问题，非常急切地跟我说："我对一审认定的事实和证据都没有问题，我认为量刑太重了，一审法官肯定跟我有什么过节，否则他怎么能判得这么重？我少缴的税款也就是 500 万元，现在你让我全补上，你还判我坐 13 年大牢，太过分了。"我说："你现在要争取宽大处理，有一个比较方便而有效的方式，尽量将偷逃的关税补上，争取二审法官认可你的悔罪表现。在一审判决上纠缠没有实际的意义，法律规定你如果对一审判决不服，你可以上诉，事实上你确实这样做了，你看，你并没有损失什么，一切都在不确定中，但是也只有你自己的表现可以改变现状。"这位仁兄千恩万谢地表示认罪服法，坚决将偷逃的税款以最快地速度退还国家，并称已经与自己的代理律师谈过，请律师代为向家人交代将房子卖了交罚款。我心里一阵欣慰，剩下的就是将犯罪的过程再核实一下，证据再补补牢，再对一审判决认定的事实是否清楚、证据是否确实充分、量刑是否适当、有没有可能出现新的证据等进行审查，写出结案报告就可以了。回来后，我还在想如何在结案报告中就法律和人情之间达到合理的平衡，既不损害法律的尊严，也更有利于我的老邻居合法利益的保护。我在准备出庭预案时考虑到他的悔罪表现，拟在庭审过程中减少提问的问题，并在出庭意见中提出从轻处罚的检察建议。我在和法院了解该被告人的税款补缴情况时发现法官也在等待其税款到账，一切似乎都十分顺利，万事俱备，只欠东风了，我和主审法官都以为此案不过是例行公事，上诉审会非常简单、顺利，一切尽在掌握之中。令人意外的是，这位仁兄到开庭时仍没有补缴过一分关税。更让人大跌眼镜的是他提出我应该回避，理由是我们曾经是邻居，为了孩子的事曾经吵过架，并向法官说我们曾经打得"头破血流"。谁来作证呢？没有！经过这么多年，邻居换了一茬又一茬，谁还记得多年前的吵架的事呢？更有甚者，他说我利用邻居关系诱惑他招供。合议庭的审判长问我被告人说的是不是实情，我只好老老实实地说我们确实是多年前的邻居，但我并没有利用邻居关系实施诱供。除了承办此案的法官知道真相以外，其他两位法官目瞪口呆地看着我，大概他们在想你怎么这么马虎，这样的事你也能摊上？他们的目光里充满了同情和惋惜。

我们一般对回避的处理可以做到公事公办，比如对于不符合回避规定的，你可以及时向法庭说明，并要求合议庭不予采纳；对于被告人提出的貌似符合回避规定但实质上明显虚假的事由，应当要求被告人具体说明与公诉人以及相关人员产生利害关系的具体细节，从中揭露被告人提出理由的虚假性，要求法庭不予采信。同时，对于被告人拒不悔罪、采取多种方式对抗法律制裁的行为应当建议法庭在量刑时予以考虑。但是现实是复杂的，你要仔细地、全面地考虑各种因素，并如实地反省自己的某些合法的做法是否存在法律的另类解释。在法庭上我将实际情况作了说明，但是我个人认为无论我怎样解释，效果都不好，我只好说提交检察长决定，法庭宣布休庭。我及时与本部门的领导作了汇报并由部门领导与主管副检察长作了汇报，主管副检察长又向检察长作了汇报，最后决定我不需要回避。但是，我个人认为为了司法的最大程度的公正，我对主管领导说明自己的态度，希望本案能够延期审理，以便其他承办检察官有时间对案件进行彻底的审查。我的领导都是德高望重的资深检察官，对公正的追求并不亚于我自己，他们最终决定我回避本案。听到这个决定，我既欣慰又遗憾。欣慰的是不再给被告人以任何拖延审判的借口，对公正的任何怀疑都随着我的退出而烟消云散了，遗憾的是虽然我和搭档提审他的时候对是否回避有记载，但对当初我对该人持有的怀疑没有进一步做好应对准备，完全听命于自己的直觉，以至于在庭审期间出现十分尴尬的情形，以至于该案不能按时完成相应的司法程序。这都是要吸取的教训。

发现新的被告人

一般而言，在法庭读错起诉书的概率非常低，但绝不是说没有，有时一个案件经过审查，你对案件已经十分清楚了，包括各种各样的细节，你都熟记于心，即便突然有人问起案情，你也能脱口而出，你将审查报告提交主管领导审查批示之后确定了文号、被告人、犯罪事实以及证实犯罪的证据材料等都提交到法院，开庭的日期也已经确定。不幸的是负责侦查本案的公安人员突然在开庭前一天来电话说第二天他们会送案件的补充材料来，因为他们又抓到一位同案犯。这时你的头会大起来的，必须追加起诉，时间紧迫，你得赶紧问清楚新抓到的犯罪嫌疑人的姓名、性别、年龄、在共同犯罪中的作用、有什么证据将他和你已经提起公诉的案件联系在一起。如何处理新发生的情况？有两种方法供你参考：一种是你将准备好的起诉书进行变更，也就是说你必须变更起诉，增加被告人；另一种是你必须准备一份追加起诉书。在这两种情况下，你还要注意，你必须立即将变更后起诉书或者追加起诉书呈送主管领导审查批准。即使领导再忙，他们也会抽出时间来批阅你的新文件的。

这里还不是最极端的情形，有时你的案件已经开庭审理，你的起诉书已经宣读完毕，而就在这时你接到侦查机关承办人的电话，他告诉你刚刚又抓到一名同案犯。怎么办？首先你要求法庭暂时中止审理，时间不要太长，然后采取以下两种方法中的一种：一种是变更起诉，改变原起诉书内容，根据被告人、犯罪事实、犯罪证据的变化，对起诉书进行修订，变更后的起诉书使用新的文号，在重新开庭时，重新宣读变更后的起诉书。另一种是追加起诉，对新发现的被告人，根据其在共同犯罪中的犯罪行为、地位、作用、证据、刑事责任的大小等，制作一份补充起诉书，注意是追加被告人或犯罪事实，原起诉书有效，原起诉书内容本身并未发生任何出入，但不沿用原起诉书文号，追加起诉书不包括原起诉书内容。如原起诉书尚未经开庭宣读，应连续宣读原起诉书和追加起诉书；如原起诉书已经开庭宣读，恢复审理后应只宣读追加起诉书，原起诉书无须宣读。

还有一种情况就是在共同犯罪的公诉过程中，有时突然发现了新的证据证明某个或者某些被告人犯罪情节轻微、不需要给予刑事处罚，需要在起诉书中减少部分被告人，此种情形不属于法定的变更起诉的情形，只是撤回起诉的一种情形，但也是实质上的变更起诉内容的情形，在这种情况下，你可以针对这个或者这些被告人填写最高人民检察院制发的《撤回起诉决定书》并通知法院，将变更后的起诉书（原起诉书作废，变更后的起诉书使用新的起诉书文号）送交法院继续审理。

有时你刚刚宣读完起诉书，被告人或辩护人就跳起来喊道"起诉书说得不对"，有些偏激的被告人甚至完全否定起诉书的全部内容。遇到此种情况，你首先要保持冷静，提请法庭维持秩序；其次，你要坚持法庭审理的法定程序，要求法庭严格按照程序一步一步地进行审理，同时以简洁明快的语言有针对性地驳斥他们的主张，如果你认为提前进行举证并不妨碍诉讼程序的公正，也可以提请法庭立即就起诉书认定的事实、证据立即进行举证，特别是在被告人认为起诉书认定的事实情况失实的情况下，依据查证事实通过证据举证；如果被告人及其辩护人认为是证据情况失实，你可以当庭说明证据来源及合法性，通过质证来印证；如果在庭审中无法查清且影响定罪量刑的，可建议法庭延期审理。

年龄是个大问题

你每天处理的案件很多，千头万绪，精疲力竭，可是明天还有许多案件要出庭提起公诉，出现某些差错完全可以理解，特别尴尬的是在法庭上宣读起诉书，当庭发现起诉书认定被告人年龄、住址等身份情况有误，被告人及其辩护律师有时会因此而阻挠庭审的进行，有时这个差错并不影响定罪量刑的，被告人却大吵大闹，想将事情放大，借题发挥，阻碍审判。遇此情况你也不要紧张，如果是不影响定罪量刑的细节，你要立即向法庭指出起诉书存在技术性差错，并指出公诉机关将严格按照法定程序予以修改，于庭后补充相关材料。同时，还应说明该差错不影响本次庭审，可以继续就被告人的犯罪事实进行调查，以确保庭审效率。如果可能的话，可以短时间休庭，更正完毕后继续开庭。如果是足以影响定罪量刑的，比如可能判处死刑的人的年龄是极端重要的细节，生与死就决定于此，你要慎重，一定要申请延期审理，仔细研究案件的材料，再次把握年龄的准确性，必要时补充侦查，务必将年龄问题解决好，以免办错案。笔者在办理一起抢劫杀人案的上诉审理过程中，判决书上记载的第一被告人的年龄为15岁。他是主犯，据出庭支持公诉的一审公诉人介绍此人心狠手辣，公开叫嚣："如果被枪毙，20年后又是一条好汉。"我想15岁的罪犯能这么猖狂倒是不多见的，让我对他产生了好奇。提审的时候，我发现此人决不像是15岁这么年轻，判决书记载的年龄与实际年龄可能有出入，我问的第一个问题就是他的年龄，他回答说今年51岁，真是个天大的意外啊。而在后来的庭审中，律师竟然就他的年龄做足了文章，律师佯装不知道其委托人的年龄，问法官说这样年轻的人怎么能判处死刑，要求二审法院依法改判。这位律师也曾经在检察机关工作过，顺便将一审承办人痛快地奚落了一番。

有时候，不是你弄错了年龄，也不是侦查机关弄错了年龄，而是被告人自己也弄不清楚自己的年龄。我国实行计划生育政策数十年，有相当一批人是违反计划生育政策而出生的，为了躲避违反政策的惩罚（通常是罚款），大多数违反政策出生的人都没有医院的出生记录，尤其在农村地区，很多人在出生时甚至没有被公安机关登记在册，过了许多年以后才在公安机关补充登记，有的确切的出生日期已经记不清了，只好估计个日期报给公安机关。有鉴于此，我个人再次提醒你在涉及年龄问题时，千万要小心。记得2008年我办理一起原籍安徽的被告人抢劫杀人而被判处死刑的案件，他提出了上诉。在侦查阶段，最初他自报年龄18岁，后来又说自己19岁，而根据户籍证明他有

21 岁。查证其真实年龄被证明是一个十分艰苦的任务，资深公诉人姚志光先生、高级法院的张本勇博士和我先到了被告人的出生地安徽省泗县，而出生地竟然没有几个人认识他，因为他一出生就被送到了安徽省合肥市的爷爷家，我们赶到了合肥市。了解到在被告人出生 4 年后其父母搬到了隔壁的灵璧县。从合肥市再赶到灵璧县，被告知其父母在固镇县打工，赶到固镇县，又被告知其父母听说上海的司法人员到了合肥来了解其子的情况，他们为了方便司法人员办案，匆匆忙忙赶回了合肥，然后我们再回到合肥，找到其父母，按其父母的说法，被告人是 1990 年出生的，1999 年报的户口，也就是在公安机关登记了户籍，登记的出生日期是 1987 年，目的是早拿到身份证以便出去找工作，因为他学习并不好，父母不指望他能在学习上有什么成就，也就是说公安机关登记的出生日期是错误的。我们又问你们有什么证据或者证人可以证实你们的说法，被告人的母亲提供了一个细节，就是在她生孩子的第二天，隔壁邻居家也有一个女孩出生，我们问清了邻居的姓名、住址以后，又赶往泗县一个小村庄，在深夜赶到目的地，联系了乡长，找到了这位邻居家，而这位邻居又到了隔壁县的亲戚家吃喜酒了。待到与这位邻居见了面，一问，邻居家确实有一个女孩与被告人同时出生，我们一阵狂喜，再问女孩什么时候出生的，邻居的回答差点让我们昏倒，她已经不记得具体日期了，只记得和她的邻居家的男孩差一天出生，她请我们去问她的邻居，也就是被告人的父母。我们再问户籍登记的情况，她的回答更让人吃惊，因为第一胎是女孩，为了要个男孩，所以没有给女孩登记户口，也就是说她的女儿一直是个黑户。看到这里，你大概明白了年龄问题在我国为什么是个大问题，特别是涉及死刑的时候。

有时候，被告人在法庭提出自己尚未成年，也就是说还未满 18 周岁，要小心对待。如果被告人在审查起诉时未提出该问题，公诉人应当先问明被告人在审查起诉阶段为什么不说。如果要核对，重点要让被告人提出可供核查的线索和条件，比如被告人认为自己年龄错误的依据是什么，如何得知该依据的，等等。如果被告人纯系无理辩解，那我要祝贺你，因为这会省去很多麻烦，你会很轻松，你只要明确告诉被告人他的辩解对犯罪事实的认定没有影响，同时要求合议庭当庭对被告人的年龄予以确认即可。当然你还可以考虑提请法庭在量刑时将此视为从重处罚的酌定情节来考虑。

如果被告人提出详细、具体的理由，且影响到定罪量刑的，应当建议法院延期审理，并表明符合核查可能的将尽力予以完善。

如果被告人在审查起诉时已提出该问题，可以简要向法庭说明将在举证阶段针对该问题的查证情况进行举证，并告知被告人其辩解对犯罪事实的认定没有影响，并提请法庭在量刑时考虑其无理辩解情节。

"我有重大立功啊"

有时，辩护人出其不意地突然提出被告人有重大立功表现，要求法庭从轻或者减轻处罚，而这是你事先没有准备或者根本没有想到过的情况，或者说你想到了，但是从法律上看被告人的行为不能成立立功，因而你没有给予这个问题更多的注意。一般而言，辩护人不会空穴来风地说被告人有立功表现的，有时可能是对法律的理解不同，有时也可能是作秀，但无论如何你要面对他提出的这个问题。我们认为如果被告人确有立功表现而你没有注意到，在庭上应当实事求是地同意辩护意见，体现检察机关维护司法公正的形象和实现正义的执着；如果你不同意立功的辩护意见，应当结合案件的相关事实和证据，反驳辩护意见，阐述不认定的理由。

"我没这样说过"——庭审中的翻供

每个公诉人都可能碰到翻供。但是对待翻供的方式却各有各的不同。我处理过的一个贩毒案件，被告人在审讯的最初时刻就交代了作案的动机、走私毒品犯罪分子之间的共谋内容、分工、作案的过程、被抓获的经过、侦查人员的讯问过程等。然而在开庭时，我问他是否承认自己的犯罪行为，他做了否定的回答，我又问他为什么在第一时间就交代了自己贩毒的详细情况，他说他没有说过自己贩毒。如果你事先是按照被告人承认有罪的情形来涉及庭审，那么现在你可能有些心慌，甚至有些愤怒。作为公诉人最常见的问题之一就是被告人在法庭上突然翻供，否认以前的供述，甚至诬陷侦查机关或者公诉人进行刑讯逼供而获取口供，还有可能露出身上某处伤疤，说这是刑讯逼供的"成果"之一，声泪俱下，对你进行无情的控诉。随着现代侦查技术的改进，讯问场所设备的完善，这类问题出现的频率越来越小，这是好事，但仍然不能否认还是有相当部分的案例存在这种情况，我也不能说你在将来就不可能碰到类似的问题，所以我觉得有必要将相关的措施提出来供你参考。首先，你要告知被告人，刚才讯问的问题其曾多次作过有罪供述，并摘要宣读其原供述；被告人仍不承认的，要告知其曾看过这些笔录，并已经签名捺印确认属实，要其解释今天在法庭上改变有罪供述的原因，并适时向法庭出示其他相应证据（如果被告人作有罪供述时有讯问录像的，公诉人可以要求法庭播放讯问录像），以证实被告人当庭作了虚假供述，然后作如下发言：

"审判长，根据刑事诉讼法第 53 条之规定，对一切案件的判处都要重证据，重调查研究，不轻信口供。只有被告人供述，没有其他证据的，不能认定被告人有罪和处以刑罚；没有被告人供述，证据充分确实的，可以认定被告人有罪和处以刑罚。通过公诉人刚才的讯问和举证，证实被告人当庭作了虚假供述。因此，公诉人提请法庭对被告人的原供述予以确认，并在量刑时充分考虑被告人的认罪态度。"

如果被告人具有自首情节而又翻供的，公诉人可告知被告人，根据刑法第 67 条的规定，认定自首必须具备两个条件，即自动投案和如实供述。被告人只有珍惜机会，如实交代犯罪事实，才能认定为自首；否则，公诉人将提请合议庭对该自首情节不予认定。

如果被告人当庭翻供并能够提出新证据，且该证据可能影响对被告人定罪量刑的，公诉人应当建议延期审理。

"我是谁？"——庭审中的身份确定

假冒他人身份也是在庭审时经常碰到的问题。记得有一次笔者在庭审讯问一名被告人的时候，我首先问"你叫什么？"被告人立即回答说"我叫张×丽"。我看了看公安机关的讯问笔录，上面记载的姓名是"张×美"。过了两秒钟，她又说"我是叫张×美"。再问"你到底叫什么？"被告人沉默了十几秒钟，说到"我其实就是张×丽"。问其理由，她则说张×美是她的双胞胎姐姐，而她自己则是妹妹张×丽，其姐姐已经出嫁，而自己还没有男朋友，犯罪被抓获后假冒自己的姐姐可以减少犯罪对自己未来生活的影响，比如说找婆家、找工作，等等。

处理类似问题的前提是实事求是，还原事实本来的面目，既不冤枉好人，也不能放过坏人。但是在庭审过程中的具体做法又不能僵化教条，既要考虑庭审效果，也要考虑到诉讼效率。

如果被告人在审查起诉时已提出该问题，我想你肯定对此做过调查与核实，如果被告人确实假冒他人身份，开庭前想必你已经做了修正。开庭时，被告人又提出这个问题，你可以简要向法庭说明将在举证阶段针对该问题的查证情况进行举证。这时也要告知被告人，他的辩解不影响法庭对相关犯罪事实的认定。凡是这时涉及类似问题的被告人，其主观上多少都有些不道德的心理，或者拖延审判，或者嫁祸于人，或者让别人背黑锅，反映其主观恶性更大，公诉人员要根据情况提请法庭注意这一情况，也可以直接提请法庭在量刑时考虑其假冒他人的情节或者无理辩解的情节。

如果被告人在审查起诉时未提出该问题，公诉人应当首先问明被告人在审查起诉阶段不提出该问题的理由，是想嫁祸于人、拖延审判还是良心发现，主动坦白自己假冒他人身份。其次，重点查清被告人对自己真实身份的描述，包括具体的姓名、年龄、籍贯、家庭住址、家庭成员的具体情况以及其他可供核查的条件。最后，详细问清被告人假冒他人身份的原因及所假冒身份的来源。以下几种方式供你参考：

第一，查清事实，继续审理。如果被告人确实提出可供核查的线索，且辩解具有一定合理性，但对本案定罪量刑没有影响的，可以建议法庭继续审理，先查明犯罪事实，完成庭审的任务，再于庭后完善相关身份情况，然后再作出判决。

第二，中止审理，变更起诉。如果被告人提出的假冒他人身份的问题，而需要对其身份进行变更后才可以继续进行庭审的，你要立即以有新的事实需要核实为由，提请法庭中止审理。你要将相应的诉讼决定和案情向领导汇报，提出变更起诉的建议，报经检察长或者检察委员会决定后，以书面方式向人民法院提出。如果是被告人良心发现而有悔改表现的，要向法庭说明该行为可在量刑时作为具有悔罪表现，接受法律制裁的酌定从轻情节予以考虑。

第三，延期审理，查明事实。被告人提出的假冒身份的问题关系到犯罪事实是否是被告人所为，比如存在被告人有孪生兄弟等特殊情形，致使辨认笔录不具有完全排他性，或者被告人是否为未成年人的，应当建议法庭延期审理，先查明事实，然后再申请恢复审理。

这家伙犯过罪啊——庭审中发现的累犯处置

有时，庭审正在按照你设定的方式和程序进行，你感到心满意足，一切尽在你的掌握之中。突然，意想不到的事情发生了，当你讯问被告人的时候，或者律师在对被告人发问的时候，也可能是法官对被告人进行讯问的时候，被告人说自己以前曾经犯过其他罪行，被司法机关处罚过，甚或被法院判过刑。而你在以前的审查过程中根本没有注意到这个问题，或者你注意到这个问题而被告人在以前的回答中作出过否定的回答，你也就没有就这个问题继续进行深入的讯问。法庭上出现了戏剧性的场面。我能给你的劝告就是先深呼吸，沉着冷静，集中精力应对这种场面。你要先认真听取被告人的供述，讯问清楚前科的具体细节，如案由、同案犯、基本事实、所判刑罚、判决法院、执行机关等可供核查的线索。有些供述是如此明白无误，不值得一驳，你要简明扼要地向法庭说明的你的判断，提请法庭驳回被告人的此种辩解，继续开庭审理，同时查清被告人此种辩解的意图，提请法庭注意其扰乱法庭的情节，在量刑时予以充分的考虑。如果其自报前科的内容确有核查线索和条件的，应当向法庭表明该情节不影响本案犯罪事实的认定，可以继续庭审，并向法庭说明公诉人将在庭后继续核查有关事实，并将结果提交法院。如果被告人提出详细、具体的线索，而其前科对新罪行的量刑又有至关重要的影响，应当建议法院延期审理。碰到最后一种情形实属罕见，因为在公安机关的侦查过程中会触及这个问题，在检察机关的审查中也会触及这个问题，在法院的审查过程中也会涉及此问题。当然律师有些例外，即使知道被告人有前科，也不会主动向司法机关提出这个问题的。

方言很好听——翻译事项

笔者办理过的一名香港居民贩毒的案件，被告人早年从广东一个乡下偷渡到香港并定居下来，后来成为香港居民。在审查案件的过程中，我们提审的时候，与被告人之间只用普通话交流。在开庭前，我们原以为语言不会成为问题，也没有想到为他准备广东话的翻译。然而在庭审的时候，他提出他只能讲广东话，不会说普通话，庭审出现了甚为尴尬的一幕。我们应该感谢上海市高级人民法院刑二庭的周强副庭长，他是一位学识渊博、睿智开通、对被告人充满人性关怀的法官，他担任本案的主审法官。虽然我们指出被告人完全可以用普通话交流，周强先生并没有痛斥被告人，而是自觉地担任本案的翻译，其在普通话与广东话之间的自由而准确的转换折服了我们，使得案件的审理顺利进行，完成了相应的诉讼程序，正义得到了伸张，罪犯受到了应有的惩罚。有时候我们觉得司法人员无论知识多么渊博都是不够的，唯有不断地学习才能应对司法工作可能出现的复杂多样的局面。

有的时候公诉人以普通话发问，被告人能够听懂普通话却以方言回答的，而你听不懂，问题就来了。这时，你可以要求被告人使用普通话，你甚至可以告诉他使用普通话回答公诉人的提问，更有利于法庭全面、正确地了解案情。但是被告人有权不理睬你的请求和劝告。被告人使用地方话的动机不是我们要讨论的内容，即使他说地方话很好听，你也要认可。你千万不要认为被告人是出于恶意而使用方言，或者他想扰乱法庭秩序，以至于你粗暴地向法庭指出："被告人具有使用普通话进行表达的能力，经劝诫后，仍在法庭上故意使用方言，意在扰乱法庭审理秩序，希望合议庭对此情节在量刑时予以考虑。"如果到了这种地步，我建议你冷静下来，因为愤怒或者激烈的言辞并不能解决法律程序问题，更无助于案件事实的甄别、确认与论证，有可能使诉讼僵持不前，或者说搞砸了庭审，更有可能损害司法机关的形象和权威。有时候，生活在某地方很长时间，某些特殊语境的内容只有用地方话才能表达出来，用其他语言就很难传神、确切、圆满，所以请你理解被告人使用地方话的心理需求。最好的方法是：如果可以立即请到地方话的翻译，那么就建议休庭几分钟，履行聘请地方话翻译的手续，然后继续开庭；如果不能马上请到，那就建议延期审理，一定要等到聘请好地方话的翻译后再开庭审理。

与该问题相关的问题是聋哑、少数民族或外国籍被告人当庭提出在侦查阶段被讯问时无相关翻译，你该怎么办？我们承办的文莱籍公民蕾某某走私毒品海洛因一案就出现了二审法庭上被告人声称在海关缉私局被审讯时，某承办人既担任侦查人员，又担任翻译人员的抱怨。我们认为该案在侦查过程中，虽然没有专门的翻译人员，但是侦查人员完全履行了必要的告知义务，同时为了完成相关的调查，自己承担了翻译任务，既没有影响被告人的诉讼权利，也没有影响该案的公正审判，因此该案不必退回公安机关进行重新侦查。事实上，案件最后顺利完成了相应的诉讼程序。一般而言，遇到类似情况，你可以分几种情况处理：

如果被告人在庭审的讯问阶段提出，你首先可以讯问其是否能听懂（或看懂）汉语，未聘请翻译人员是否影响其理解和表达；其次讯问被告人在送达《犯罪嫌疑人诉讼权利义务告知书》时有无明确申请或拒绝聘请翻译人员。如果系本人明确拒绝聘请翻译人员的，那么当庭提出的上述问题可以不予理睬，并建议法庭依法采信侦查阶段所收集的相关证据。如根据现有证据能证实有相关翻译人员的，可向法庭出示、宣读有关的笔录，说明存在翻译人员，取证过程中充分保障了其合法权益，符合法律规定，提请法庭继续进行相关的诉讼程序。对于是否提请法庭注意被告人在庭审过程中任意捏造事实诬蔑司法机关的情节并在量刑时予以考虑，我个人认为情节严重的情况下，你一定要提请法庭注意此情节，如果不是十分严重的情况，则一般不作类似提示。

如果被告人在举证质证阶段提出，且仅为非关键性证据（如程序性告知其被刑事拘留、逮捕，程序性讯问其基本情况等证据），未聘请翻译人员不直接影响对案件事实的认定，建议法庭依法采信已聘请翻译人员的合法的关键性证据。

如果未聘请翻译人员的问题出现在整个侦查阶段，即关键性证据也存在瑕疵，则建议延期审理，将案件退回侦查机关或会同侦查机关补充完善或重新制作相应证据。

对牛弹琴

有时，被告人会说："我听不清你说的是什么。"被告人可能真的听不清你所说的内容，也可能他故意听错你所说的。有时你问了很多问题，被告人一个也不回答。你觉得我国刑事诉讼法没有规定被告人沉默的权利，所以被告人对你的问题必须作出响应。遇到这类情形，你可以大大方方地对被告人说："依照刑事诉讼法的规定，自我陈述是被告人的一项权利。行使该项权利，更有利于保障你的各项诉讼利益。同时，刑事诉讼法第53条规定，没有被告人供述，证据充分确实的，可以认定被告人有罪和处以刑罚。希望你配合法庭调查，这有利于对你问题的依法处理。"如果被告人有心跟你过不去，也没有关系。你可以提醒合议庭，鉴于被告人拒不回答问题，你没有必要对其继续讯问。你可以告诉合议庭你将通过举证证明被告人实施的犯罪事实。

"对我的审判，我做主"

在某些情况下，法庭主导被被告人所侵占，从开始阶段被告人可能就一直在试图左右法庭审判的进程。比如，你每问一个问题，他就会滔滔不绝地说下去，犯罪过程中的任何一个细节他都可以描述个没完没了，就像最近放映的《非诚勿扰》电影中葛优扮演的主角在日本北海道某教堂里的忏悔一样。你试图阻止这样的事情发生，但是被告人争辩说："我说的都是与犯罪有关的事实，没有虚构和编造。"这样情形不常发生，但也不是绝对没有。法官有时根本不去管这种事，他认为这是你的职责，当然也要看法官审判的风格，有的法官倾向于彻底听完被告人的陈述和辩解，即使对定罪量刑没有多大影响的细节问题，也要让被告人说完，除非被告人的陈述脱离了本案。在这个时候，如果法官不进行阻止的话，被告人就有可能控制了审判节奏，特别是在有旁听人员的情况下，旁听人员会认为法庭的审判不严谨。你必须有所表示，你要立即提请法庭注意审判的节奏，但你不能直接说不能让被告人将他要说的话说完。你可以适时打断被告人的话，直接提醒被告人："法庭调查是有针对性的，公诉人的提问是围绕与定罪量刑有关的问题进行的，你应当针对案件事实进行陈述，认真回答公诉人的问题，以有助于对你准确定罪量刑；有些内容你可以在最后陈述时表达。"在接下来的讯问中，如果有必要，可设置简单明了、直指要害的封闭式问题，采取一问一答的方式让被告人直接回答，特别要设计出让被告人回答"是"或者"不是"的问题，这样可以有效地减少时间上的浪费，节约诉讼成本。

然而要注意，在法庭辩论、最后陈述阶段，原则上不宜直接打断被告人的长篇大论。如果出现这样的情形，你一定要先提醒法庭阻止这种情形，而不是你自己出言阻止，因为按照刑事诉讼法的规定，此时这一任务由法庭完成。也有例外情形，即当被告人有反动、污秽等诋毁性言论而法庭未予及时制止时，你完全可以义正词严地阻止被告人。我个人认为首选方案仍然是：建议法庭予以制止。

恶意阻挠讯问

有时你设计的问题中，涉及被告人犯罪的某个细节，而被告人认为你说的与事实可能有出入，于是他急切地打断了你的讯问，有时候可能你问的问题没有什么错误，他也可能打断你的讯问。遇到这样的问题，你要先弄清楚被告人打断你的讯问的意图是什么。有的被告人打断你的讯问，并非是有意要和法庭对抗，而是你说明的某些内容确实与实际情况有出入，被告人认为你的说法不正确，如果听任你的说法在法庭上被认定为真实，可能对他不利，被告人急于为自己辩解，因此不顾一切地打断你的话。你可以仔细听清楚被告人的辩解，及时纠正自己讯问中存在的错误之处。如果你无法确认被告人所说的话是真实可靠的，你可以说："根据刑事诉讼法及其相关司法解释的规定，庭审中先由公诉人发问，被告人要听清公诉人的问题后，如实回答，不可以打断公诉人的发问。法庭也会依法让你享有辩护权，届时，公诉人和审判人员均会仔细听取你的辩护观点。"

对于某些被告人恶意打断你的讯问，为自己辩解，可以采取以下几种措施中的一个：

首先，你要警告被告人遵守法庭纪律，并说明遵守法庭秩序是所有出席法庭的人员应尽的义务。比如你可以说："刚才法庭已告知你有自行辩护权和最后陈述权，公诉人、审判人员均会依法保证你权利的行使。被告人必须遵守法庭纪律，依法接受公诉人的讯问，不得随意打断公诉人的发问。如果故意扰乱视听，以达到逃避惩罚的目的，公诉人会依法建议法庭在量刑时考虑被告人的庭审态度。"

其次，你可以提请审判长对被告人进行必要教育。语言可表述为："审判长，被告人一再打断公诉人依法对其讯问，请予以制止。"

如果被告人对公诉人或审判长的警告置若罔闻，继续对抗庭审，可建议法庭暂时休庭，庭下对其进行思想教育，也可请辩护人配合做其思想工作。待其愿意接受公诉人讯问时，可继续开庭。再次讯问之前，公诉人首先应当庭表明被告人打断公诉人讯问、扰乱庭审秩序的行为，是司法机关绝不准许的。经过庭下教育，被告人已经对自身行为有了悔过认识，公诉人现依法进行讯问，被告人要如实回答问题。

对于那些经过教育仍然拒不悔改的被告人，你应当提请法庭根据最高人民法院《关于适用〈中华人民共和国刑事诉讼法〉的解释》第 250 条的规定，以扰乱法庭秩序罪即时审判，数罪并罚。

情绪失控

　　有时在法庭审理过程中，被告人情绪十分激动，号哭不止，无法控制自己。有个杀人抢劫的犯罪分子在一审被判死刑的情况下提出上诉，到了庭上就不停地问法官，什么时候枪毙他，经过制止，他又开始号啕大哭，诉说对不起家人、对不起被害人、对不起法官、对不起检察官、对不起党、对不起国家、对不起人民。我观察，他有一些表演的成分，但也有些真实的内容，只是太过了些，自己控制不了自己。遇到此种情况，对其大喝一声，让其停止唠叨，有时也是有效的，但是这会让你失态，让旁听者觉得你过于强势，并因此对审判的公正性产生怀疑。最好的方法之一就是先让其发泄几分钟，然后慢慢地疏导，让其平静下来。你要确保在你开始讯问被告人之前被告人已经平静下来，你可以心平气和地告诉他要珍惜今天法庭审理的机会，不要因为情绪化的举动而影响自己的辩解和陈述，从而损害自身的利益。大多数的被告人听到这句话，都会立刻警觉起来，开始集中精力应对审判。也有一些人还需要一些时间和过程。这时，如果被告人认罪的，那么讯问过程尽量简单扼要，针对被告人的到案经过及检举揭发情况作简单讯问即可；如果有其他情况需要对案件事实进行讯问或者被告人不认罪的，公诉人应围绕案件的核心内容，抓住所要查明的几个点，采用一问一答的形式进行发问，尽量避免让被告人回答与本案无关或者关系不大的问题。

被告人在公诉人讯问时仍情绪激动，无法完整回答问题的，公诉人可以在尊重案件事实的情况下，概括问题进行简要发问，尽量提出封闭性问题，避免大段对话。但要尽量将事实和证据完整地呈现给法庭。在任何情况下都不可以利用被告人的激动情绪，使其在失控状态下做出有利于公诉方的行为。宁可因此延期审理，也不要违背公正、公平的司法原则。宁可牺牲效率，也不能损害公正。如果经过延期，被告人仍然无法控制自己的情绪，那将是十分极端的案例，最好将他送到相应的医疗机构进行治疗，通过科学的手段恢复其接受审判的能力。

粗　　口

在庭审时，有一些极端的情形，比如被告人态度极端蛮横、无礼，侮辱、诽谤出席法庭的其他人员，甚至口出脏话，谩骂有关人员。

对付此类情形，你的态度是第一位的，在最初的时刻，你就要严厉阻止，在气势上一定要用正气压倒邪气。如果在第一时间你没能阻止这种情形，你无疑是在鼓励被告人的行为，他会变本加厉、滥施淫威、恣意妄为，毁掉整个审判，而这可能正是他要达到的目的。你在阻止他的类似行为之后，立即告知他庭审的目的，并警告其注意认罪态度。可表述为："被告人，今天法庭审理的目的是在依法查明事实的基础上对你作出公正的裁决，希望你珍惜机会，实事求是地向法庭交代你的犯罪行为。今天，公诉人是代表国家履行公诉职能，如果无理取闹、恶意中伤，就是蔑视法庭，公然挑战国家司法机关的权威。如果被告人想以此手段达到混淆视听，逃脱惩罚的目的，公诉人会依法提请法庭，在定罪量刑时考虑你庭审中的表现。"同时，告知被告人公诉人或有关公民对其当庭侮辱、诽谤行为有保留追究其民事乃至刑事责任的权利。此外，还要以确凿的事实，澄清案件真相，批驳谣言，防止旁听人员对案件产生误解，形成对庭审不利的舆论导向，从而实现良好的社会效果。

对言行举止激烈难以控制的被告人，公诉人可建议法庭暂时休庭，对其进行教育，也可请辩护人配合做其思想工作，待被告人冷静后再恢复庭审。在恢复庭审时，公诉人应及时指出被告人的错误言行，以正视听。

"我有罪，我承认，不过——"

被告人对起诉书指控犯罪的罪名、事实、数量等完全认可，没有反对意见，你该怎样讯问？如果碰到这样的情形，我得恭喜你，这样的话，诉讼程序就简单多了。你可以简单地就案发经过、赃款赃物去向、作案工具去向、赔偿情况、到案方式、检举揭发等问题进行讯问，不必浪费时间去将案件的所有细节都过一遍。

有时，被告人只承认自己犯有起诉书指控的罪名，但否认其中部分事实或对起诉书认定的犯罪数额有不同意见的。这时，你要根据事实，对其认罪部分简单讯问；而对其否认部分应详细讯问，包括讯问相关的可定罪的间接证据中所提到的事实，并可讯问其否认的理由，以及有无相应证据证明。如果被告人系无理狡辩，则可以通过证据予以反驳和揭露，并先要向法庭说明："公诉人将在法庭举证阶段，通过向法庭出示相关证据来证实起诉书的指控。"

被告人承认有罪，但对定性有不同意见的，公诉人应根据不同罪名之间的差异，重点针对起诉书认定罪名的犯罪构成要件的具体细节进行讯问，主要从犯罪的客观行为和主观罪过的不同加以区分和说明。

意外的收获

有时，而且是概率比较高的，被告人在庭审讯问中突然交代自己的其他犯罪事实，这简直可以说是"意外之财"，因为在此之前，你费尽心机要将其所有的犯罪事实都讯问清楚，但是被告人就是不说，而你也没有什么证据证明他可能还犯有其他什么罪行，只是有一些迹象表明被告人在尽力隐瞒着什么，一种职业的敏感性让你怀疑他还有事情没有交代，让你欲罢不能，无法释怀。此时此刻你可能有一种将石头从胸口搬走的如释重负的感觉。也可能因为被告人没有在以前向你交代而生气，你可能对他怒斥：为什么不早说？还是请你先把自己的感受放一放，不要失态，先完成诉讼程序要求为佳。你要将被告人坦白的犯罪事实按照时间、地点、人物、事件、过程、方法、后果等几个方面围绕犯罪构成的要件进行讯问，根据讯问的结果作出相应的处理。

经过讯问，可以立即就确认存在犯罪的，你应当要求法庭延期审理，进行补充侦查。通过补充侦查，证据达到起诉标准的，应当追加起诉，并按照数罪并罚的原则进行处理。特别要注意的是被告人此时的供述内容是新的犯罪，不为司法机关所掌握的新的犯罪事实，一般都会构成自首。你要仔细审查该节事实，对符合自首条件的，应当认定被告人具有自首情节，在提出量刑建议时建议法院对该犯罪依法作出从轻或者减轻处罚。如果经补充侦查，无法达到起诉标准的，应当撤销案件，并提请法院恢复原案的审理。

经过讯问，不能当庭确认犯罪的有无，可要求法庭继续审理原案，而将被告人坦白的事实记录在案，庭后根据职能管辖的规定，移送有权处理的部门。

"意外之财"有时还包括被告人在庭审过程检举、揭发他人犯罪事实。你要将被告人所检举、揭发的他人犯罪的事实当庭记录下来，并继续庭审，庭后根据职能管辖的规定移送有权管辖的侦查机关。

如经相关机关查证，被告人检举、揭发的他人犯罪属实的，你还要确认被检举、揭发的他人犯罪的严重程度，是否应当被判处无期徒刑以上刑罚，根据这些情节，你要补充认定检举他人犯罪的被告人的立功情节，立功的种类，即一般立功，还是重大立功，并将收集的证据通过再次开庭在法庭上予以举证、质证，经法庭采信的，应建议法院认定被告人的立功情节，请法院在量刑时予以综合考虑。

如经相关机关查证，被告人检举、揭发的他人犯罪不真实的，如果此时判决尚未作出，应当提请法庭注意被告人虚假检举、揭发的事实，建议量刑时考虑这一情节。

"我们有四个人"

某些案件只有一个被告人，相比共同犯罪而言，处理起来相对容易一些。然而，共同犯罪的案件却十分普遍，有的案件被告人多达几十名，甚至上百名。既能保持良好的讯问效果，全面而充分地揭露犯罪，又能保持庄严、肃穆、井然有序的审判气氛，那可是要你下点功夫的。我以前承办过一个案件，被告人有4名，其中有一名因为受到共同犯罪人的攻击而生活不能自理，无法出庭受审。在庭审讯问的时候，我对他们说："你们三人对自己的犯罪事实和证据还有什么补充吗?"其中一个被告人突然说:"我们有四个人。"对多名被告人共同实施犯罪的案件,庭审讯问一般要分几种情况进行:

如果所有被告人均参与了起诉书认定的全部犯罪事实,且全部认罪的,你要结合最高人民法院、最高人民检察院、司法部《关于适用普通程序审理"被告人认罪案件"的若干意见》第7条第1款第2项"公诉人、辩护人、审判人员对被告人的讯问、发问可以简化或者省略"的精神,在被告人全部到庭的情况下进行逐节简要讯问。

如果不是所有被告人均参与全部犯罪事实,即被告人为相互交错的共同犯罪,且全部认罪的,与第一种情形处理方法基本相同,但为了庭审的条理性,可以参与共同犯罪的被告人为标准把讯问分为若干部分,即要求共同参与某(几)节犯罪的被告人同时到庭进行简要讯问。

如果有部分被告人不认罪的,需要逐节对每位被告人单独讯问,在讯问时应当把握以下几点:

一般先讯问认罪的被告人,尤其是认罪的主犯或者能够完整供述共同犯罪过程的被告人,让他们将案件的详细情况供述给法庭;

对认罪主犯等的讯问,除了他们自己的罪行以外,尤其要针对不认罪的被告人在共同犯罪中的行为、作用进行详细讯问;

在所有单独讯问结束之后,要让认罪的被告人和不认罪的被告人之间互相对质;

对于所有被告人到庭均不认罪的,需根据辩解的不同对每位被告人单独进行讯问,目的在于从不同被告人辩解本身找出矛盾,证实被告人当庭辩解的不合理。

在对多名共同被告人的审判过程中,经常出现被告人在法庭上交头接耳甚至暗示干扰其他被告人如实供述的情形。首先,你应当建议审判长及时予以制止并要求分别讯问被告人。其次，对那些主动交头接耳、暗示干扰他人的被告人，你应当严正指出其行为系违反法庭纪律的行为，建议法庭将今天被告人的行为记录在案，视情况处置。最后，对于那些受到干扰的被告人，你要对其晓之以理，规劝其不要受到误导。

省略讯问环节

有时候，在庭审过程中，审判长不让公诉人讯问而直接进行举证。有时你觉得这样更好，真省事，乐得逍遥。不过我劝你别太逍遥。省事就是麻烦的开始，因为合议庭这样做是明显违法，违反了法定程序规则，也许到最后，你可能将该案搞砸了。如果你觉得该案必须讯问，你千万不要勉强自己而不提出异议，你要直接向法庭提出进行讯问的要求。你可以告诉合议庭，如果不讯问，有些问题在示证过程中会说不清楚。相信到这种程度，所有的法官都会让你讯问被告人的。但我可不能保证每个合议庭都会这么做，因为中国太大了，什么样的法官没有呢？如果还有合议庭拒绝你讯问被告人的要求，你可以当庭指出："审判长，公诉人认为将要讯问被告人的内容与接下来的示证过程有着密切关系，为了便于法庭审理，希望法庭能尊重法律赋予公诉人的这项权利，确保庭审依法进行"。必要时，你建议休庭，及时与合议庭进行沟通。如果合议庭仍然拒绝你的要求，你在庭后应及时向本院检察长报告，必要时对违反程序的庭审活动向人民法院提出纠正意见，也许案件需要重新审理。

"魔鬼"代言人

有人说律师是"魔鬼"的代言人。但是我可以告诉你，毫不夸张地说，没有律师就没有诉讼的公正性可言，尤其是在讯问式审判模式中，不要说被告人没有法律专业知识，就是在接触到相关诉讼材料方面，被告人的权利也是受到限制的。因此，我们对律师应当有必要的尊重和敬意。律师职业首先是一种谋生的手段，然后才是减少司法机关过于强势所带来的负面影响的措施之一。所以律师第一要务是拓展业务，谋取维持生活的财富。而有声望的律师必然在业务拓展方面有巨大的优势。律师如何获得声望？那就是为被告人提供最好的法律服务。也有极少部分的律师不是依靠自己精湛的业务水平来赢得声誉，而是通过一些不正当的手段，比如利用被告人资讯缺失、信息不通、没有法律知识等弱势地位，误导被告人，从而获得优势，进而获取不正当的财富收益。律师收取委托人的报酬，如果在法庭上没有任何作为，必然会受到被告人及其家属的谴责。因此，律师在庭审时的表现很多时候是为了被告人及其家属而表现。提出带有暗示性的问题，诱导被告人作出与事实相反的陈述就是律师常见的表现之一，也就是我们所说的诱导发问。

有用露骨的语言明示地诱导被告人、被害人、证人故意作违背其真实记忆的陈述的提问；有故意诱发被告人、被害人、证人产生错觉的提问，从而使被告人无法正确地陈述案件的真实情况；有一种叫记忆诱导，即通过暗示被告人、被害人或证人恢复其对某些事实的回忆的提问，但暗示被告人作相反的陈述。以上几种提问方式最容易使律师在庭审时出彩，有时还具有戏剧性的效果，甚至有时还会引起旁听者的热烈鼓掌。如果你应对不当，或者应对不适时，则可能使庭审的效果不好，有时还可能导致案件被推翻，更有甚者会引发负面的舆论。

以上几种询问方式都应禁止。从询问的主体看，在控辩双方对本方证人进行直接询问或者再询问时（主询问），一般禁止提出诱导性问题。在对对方提供的证人进行询问中（反询问），当证人明显偏袒反询问方时，也禁止进行诱导性发问。而且无论是在主询问还是在反询问中，如果法院确信不提出诱导性问题亦可以完全确认案件事实的，均可禁止向证人进行诱导发问。作为公诉人，你需要注意保护控方证人，当辩护人对其有不当发问时，必须及时指出，要审判长予以制止，以避免影响证人心理。

还有一个重要的问题是，当你向合议庭指出辩护人发问不当，请求予以制止时，法庭却不支持你的主张。此时你可能很愤怒，但仍然要冷静应对，不能失据。首先是服从，即使你认为法庭的裁断是错误的，也应当服从，并要求法庭记录在案。其次，你必须立即就辩护人的发问和被告人的回答，当庭予以辩驳。按照程序上和权限上的规定，在庭审后你必须立即向主管领导报告。只有在迫不得已的情况下，你才可以当庭依法向法院提出口头纠正意见，更多的是采取庭后提交书面纠正意见的方式予以纠正。

嫉妒之火熊熊燃烧

2009 年上半年，笔者办理了一个上诉案。经历过失恋特别是被抛弃过的人可能都有过相同的感受，恨死对方了，需要发泄一下来控制自己内心熊熊燃烧的愤怒之火。被告人也和其他人一样，恨死了那个跟他谈恋爱，又多次和家人介绍的男士见面的女子，被告人感觉自己被耍，却又贪恋其肉体的吸引而无法自拔，无助、愤怒、嫉妒，当赫拉嫉妒的时候会怎样？被告人呢？虽然方法略有不同，结果却是一样。在女友又一次去和家人介绍的男士见面的时候，被告人租了辆小汽车，尾随女友乘坐的公共汽车前往上海，在高速公路的某个休息区，他买了一把15厘米长的不锈钢折叠弹簧刀。当晚看着女友被别的男人从车站接走，与别的男人用餐，与别的男人相拥而行，我们不知道他是怎么想的，但是我们确切地知道当其女友与她的新男友从饭店相拥而出时，被告人掏出那把弹簧刀，从后面追上去，割断了女友的脖子，又在那位新欢的脸上猛划一刀，女友失血性休克而死亡，男士轻伤。一审法院以故意伤害（致人死亡）罪判处被告人死刑，缓期二年执行，被告人立即提出了上诉。就本案而言，辩护律师认为被告人的行为是过失致人死亡，她认为被告人处于愤怒、嫉妒的情绪控制之下，只是想教训一下受害人，但是由于自己不能控制的原因而失手，造成了死亡的结果，而这个结果绝不是被告人所追求的。她的说法正好验证了一审判决的正确性，只是她对故意伤害的加重结果也认为必须是故意的。我们认为从被告人割断了被害人脖子的行为可以看出，他明知其行为可能造成被害人的死亡而放任这个结果的发生，构成间接故意杀人罪似乎更符合实际。辩护律师对案件的定性发表了近两个小时的论证，主审法官提醒了三次，而律师坚持认为自己的观点必须在法庭上阐明清楚才有可能就本案进行必要的辩护，法官也只好让她将她的"论文"读完。笔者在此没有攻击律师的意思，只是想说明检察官遇到此种情形如何应对。有的检察官可能会忍耐不下而奋起叫停，当然也有的同志会提请法官阻止辩护律师这种长篇大论。笔者认为除非万不得已，不要直截了当地打断辩护律师的发言，因为律师可能有自己的逻辑，而他的逻辑被打乱以后，他对自己的辩护可能就失去了信心，而律师不能按照自己的意愿进行辩护绝不是我们要追求的结果，我们应当在公平的基础上与律师进行有理有据合情合法的辩论。只有当律师为彰显自己的学识而故意拖延审判的时间，以至于审判停滞，影响到案件能否依照法律规定的时限完成的情况下，才建议你提请主审法官来打断他的发言，否则你不要直接打断他的发言。

"杀个回马枪"

2008年12月一天晚上，马某见路边某商店里有人在赌博，赌兴大发，主动要求加入，殊不知赌博的人都是王氏兄弟或者他们的亲属，来了个冤大头，不玩你玩谁去？马某屡赌屡输，总之马某没有捞到什么便宜，不仅没有满足自己的赌兴，还损失了100多元，一场打斗就此展开，面对这么多的对手，马某竟敢大打出手，头破血流的第一局当然以他的失败而告终。马某回到自己的家里，抽了两把刀，叫上自己的儿子，据受害人说还有他的小舅子、女婿、老婆等人，突然杀了个回马枪，那王氏兄弟虽然不是省油灯，但也经不起孙子兵法所说的"出其不意"的袭击，结果是王氏兄弟皆有不同程度的创伤，按照鉴定结论，其中两人轻伤。一阵冲杀过后，马某大概也知道对方的报复不可避免，而自己势单力薄，保全自己的方法就是找公安，名义上是自首，可以减轻罪责，还可以恶人先告状，更重要的是自己躲到公安机关的拘留所里，反倒更安全些。他叫儿子逃回了老家，自己到公安派出所自首去了。案件就这样立了，讯问犯罪嫌疑人、网上追逃马某之子并抓获、询问被害人及周边证人、现场勘查、检验、提取砍刀两把，一阵忙乱，公安就将案件移送检察院审查起诉了。检察院以寻衅滋事罪向法院起诉马氏父子，王氏兄弟看到起诉书后，他们不干了，他们认为应当定故意杀人未遂而非寻衅滋事，而且还有三名应当抓获而未抓获的犯罪嫌疑人在逃（马某的小舅子、女婿及老婆）。他们提出强烈要求，要检察机关将案件退回公安机关重新侦查，抓到其他三名犯罪嫌疑人后再重新起诉。检察机关催促公安机关几次，得到的答复是查无实据，马某女儿只有 18 岁，尚未成婚，而其小舅子是否参与当天的斗殴无法查证属实。王氏兄弟不依不饶，多次上访到市级各机关如人大、市检察院、市公安局、市政法委等部门。基层检察院、法院、公安机关收到多个部门转来的问询函，要求他们依法公正处理此案。按照法院开庭的排期，该案早就该审结了，但是至今案件没有开庭审理。理由当然是补充侦查，需要延期审理。王氏兄弟中的一位今天早上给我打电话说法院通知他们在下周一开庭，届时他还要提出遗漏其他被告人的事情，他要看法院如何处理。听到他的话，我也在想，如果他说检察院没有履行自己的监督职责，我们该如何答复呢？

互殴案件中，被告人受轻伤以上伤害，致伤者未一并起诉，其中的理由可能是多种多样的。辩护人提出应当追究致伤者的刑事责任，当庭指出检察机关没有履行监督职责，比较被动的答复是："今天开庭审理的是被告人实施的伤害案件。辩护人提出要求追究致被告人轻伤的加害人的刑事责任，超越了辩护人的职责。根据刑事诉讼法第 35 条的规定，辩护人在法庭上的责任是根据事实和法律，提出证明被告人无罪、罪轻或者减轻、免除其刑事责任的材料和意见，维护被告人的合法权益。故是否追究致被告人轻伤的加害人的刑事责任不属于今天庭审中要解决的问题。"这是一种躲避战术，最终可能将自己逼到死角里。你还可以这样说依照法律规定，轻伤害案件是自诉案件，如果被告人想追究侵害人的刑事责任，可以依法向法院起诉致害人。

检察机关不一并起诉致被告人轻伤的加害人是正确的。能够与被告人一并起诉的应当是被告人的同案犯，而致被告人轻伤的加害人虽然与被告人互殴，并将被告人打伤，但与被告人并非同案关系，因此不应当对致被告人轻伤的加害人与本案被告人一并起诉。

有时候，在庭审过程中，被告人或者辩护人突然提出存在超期羁押、超出审限等问题，声称法院、检察院违法办案，你该如何回答？我个人认为在一般情况下，案件不会发生超期羁押、超出审限的情形，辩护人之所以会提出这方面的意见，主要还是对法律、司法解释规定的误解，对刑事诉讼程序的陌生，对此可以依据相关法律、司法解释规定进行答辩。

如果真有超期羁押或者超出审限的情形，你要实事求是地对超期羁押、超出审限的情况进行评析，从法律监督的角度对造成此种情形的原因予以分析，明确指出其违法性，并客观介绍发现此问题后的处置情况（如已变更强制措施、追究相关责任人员责任等）；同时，公诉人也要明确指出，现行法律规定并没有禁止公、检、法在超期羁押或者超出审限期间依法收集的证据具有证据效力，因此，这些证据对案件具有证明力。

有时还会出现这种情形，比如在财产性犯罪中，辩护人或被告人提出犯罪所得财产不是被害人合法占有的，你可以做如下应对："侵犯财产罪的本质特征在于行为人非法占有其无权占有的财物，从而侵犯了国家、集体或者公民个人的财产所有权。被告人犯罪所得财物虽然不属被害人合法所有，甚至是被害人非法占有的，但并不是任何人都可以拿来归己所有的无主物，如果应当没收该财物或发还失主，也只能由有关国家机关依法进行，决不允许被告人任意侵犯，因为非法占有被害人的上述财物，归根结底是对国家、集体或者公民财产权利的侵犯。故被告人非法占有的财物是否属于被害人合法所有，并不影响其侵犯财产罪的成立。"

变更起诉、补充起诉的起诉书的表现形式

变更起诉，是指原起诉书内容发生犯罪事实的减少、变化以及被告人身份的变化，且变更后的起诉书使用新的文号，故应重新宣读变更后的起诉书。追加起诉，是追加被告人或犯罪事实，原起诉书有效，其内容本身并未发生任何出入，且沿用原起诉书文号，追加起诉书不包括原起诉书内容；如原起诉书尚未经开庭宣读，应连续宣读原起诉书和追加起诉书；如原起诉书已经开庭宣读，恢复审理后应只宣读追加起诉书，原起诉书无须宣读。

需要指出的是：需要撤回部分被告人的，检察机关可针对该被告人填写最高人民检察院制发的《撤回起诉决定书》并通知法院，将变更后的起诉书（原起诉书作废，变更后的起诉书使用新的起诉书文号）送交法院继续审理。此种情形不属于法定的变更起诉的情形，只是撤回起诉的一种情形。

对认罪被告人的讯问

如果被告人对起诉书指控犯罪的罪名、事实、数量均无异议，公诉人可以只讯问案发经过、赃款赃物去向、作案工具去向、赔偿情况、到案方式、检举揭发等问题。

如果被告人承认自己犯有起诉书指控的罪名，但否认其中部分事实或对起诉书认定的犯罪数额有不同意见的，公诉人应

根据事实，对其认罪部分简单讯问，适用简化审；而对其否认部分则不能适用简化审，而应详细讯问，包括讯问相关的可定罪的间接证据中所提到的事实，并可讯问其否认的理由，并讯问被告人有无证据证明自己的理由，如果被告人系无理狡辩，则可以向法庭说明："公诉人将在法庭举证阶段，通过向法庭出示相关证据来证实起诉书的指控。"

如果被告人承认有罪，但对定性有不同意见的，公诉人应根据两种不同罪名之间的差异，重点针对起诉书认定罪名的犯罪构成的具体细节进行讯问，从犯罪的主观故意和客观行为区分两罪。

十三、其他诉讼当事人

被 害 人

一想到刑事被害人，你的面前可能就会出现痛苦、绝望、抑郁、恐惧而又愤怒的受到强奸、绑架勒索、非法拘禁的受害者或者是杀人、伤害案的依然满身伤痕的受害者。他们是正当权利或合法权益遭受犯罪行为直接侵害的人，他们和案件的处理结果有直接的利害关系。他们中有许多人对被害时的情境心有余悸，不但对所遭受的侵害感到后怕，而且害怕再次受到侵害；有的被害人对被告人产生了极其强烈的报复心理，强烈要求严厉制裁，并积极采取行动以达到使犯罪分子受到严惩的目的，甚至在司法机关还没有介入的情况下自行采取报复措施；有的受害者对自己所受到的侵害想不通，然而仍旧反复思索自己为什么会遭受侵害，寻找自己的过错，不断谴责自己，渐渐地变得精神恍惚，表情呆滞，对其他一切都觉得无所谓，有的甚至错误地认为自己的清白不复存在，名声扫地，前途黑暗，因而失去了继续认真生活的信心；有的被害人在受到侵害以后，其合法权益受到损害，强烈要求得到补偿，即便是采取非法手段也行；有的人不相信司法机关，私下与犯罪分子达成"私了"协议；有的受害者受到侵害时怒不可遏，愤怒异常。但是随着时间的推移，激愤情绪逐渐平复，如果得到了补偿，就会产生息事宁人的态度。作为检察官，你将如何处理与这些被害人的关系？怎样让受害者为你的起诉服务？

修订后的刑事诉讼法在总结司法实践经验的基础上，赋予被害人以当事人的地位，给予广泛的诉讼权利，并规定相应的诉讼义务，这充分体现法律对被害人权益的重视，同时有利于发挥被害人直接控诉犯罪、证明犯罪的作用。然而绝大多数情况下我国实行的是国家公诉，由人民检察院代表国家行使指控、揭露犯罪的司法职能，这就决定被害人对犯罪的控诉只能居于从属地位，被害人的出庭成为公诉机关需要充分运用的指控犯罪的举证手段之一。所以，检察官在对案件事实查证属实提起公诉后，如何引导被害人在庭上行使其权利，准确发挥其指控犯罪的作用，将是提高公诉质量，取得庭审效果的重要工作之一。

作为检察官，为了维护被害人的利益，你应在开庭前告知被害人享有的诉讼权利。修订后的刑事诉讼法高度重视被害人的诉讼地位和诉讼权利，目的是让被害人在法庭审理中担任控诉犯罪的角色，以有助于揭露和证实其犯罪，保护其自身的合法权益。因此，检察官有必要对需出庭的被害人，在开庭前告知其应享有的诉讼权利，使其有准备地应付整个出庭活动。在开庭审理案件的过程中，被害人有权：

1. 申请回避。被害人认为法庭组成人员与案件或案件的当事人有某种关系，有可能影响公正处理的，可申请回避。申请回避权以前仅适用于被告人，而修订后的刑事诉讼法也给予被害人这项权利，充分体现了法律对被害人权益的保护，增强了刑事诉讼的民主性。

2. 进行陈述。被害人有权就其遭受的被侵害事实及其他与案件有关的事实在法庭上进行陈述。被害人的陈述直接指向犯罪事实，是鉴别其他证据真伪甚至定罪的主要直接证据之一，在庭上能起到相当有力的证明作用。

3. 向证人和被告人提问。经审判长许可，被害人可向被告人、证人、鉴定人发问。这也体现对被害人诉讼权利的保护。因被害人刑事诉讼当事人地位的确立，法律赋予其对自身权益保护的主动权，不再被动地由公诉机关全面负责代为行使权利。主动行使发问权，有利于搞清案情，揭露被告人虚伪的供述，使法官更能明辨真伪。

4. 对物证的进行辨认。修订前的刑事诉讼法，将此权利仅赋予被告人及其辩护人。修订后的刑事诉讼法同样为体现对被害人权利的保护，赋予其对所有证据有发表意见的权利。同时，作为最直接的受害者，被害人对物证最直观、最有权确认其真伪。

5. 申请调取新的证人、新的物证。被害人在刑事诉讼地位上从属于公诉机关，但其行使权利有其独立性。享有举证的权利（包括有权申请调取新的证人或物证），以维护其自身利益。

6. 申请重新鉴定、勘验。鉴定结论、勘验笔录的事后性、专业性，其设备是否先进、方法是否科学，操作人员专业水平如何均会影响其正确程度。因此，不能形而上学地认为它们一概是科学的结论，必须进行认真审查。当被害人对此提出异议、认为可能影响案件公正判决的，应予重视。

7. 参与辩论。法庭辩论是控辩双方就证据的确定和案件事实的认定及法律适用等问题展开的论证和反驳。通过辩论，双方的主张进一步得到阐述，案件的证据得到进一步甄别，从而为审判人员正确判决案件创造条件。被害人与案件处理结果有直接利害关系，从维护其权益角度出发，必须给予其辩论的权利。

你应对具体案件的被害人心态进行分析研究，保证其在庭上正确行使诉讼权利。犯罪案件类型多种，由于其侵犯的被害人利益的内容不同，各案侵犯程度不同，被害人与被告人关系的不同，被害人文化层次的不同等，使得各被害人生理和心理的感受不同，对社会整体利益和个人利益看法不同，因而，被害人在庭上的心态也不尽一致，比如被害人有了怨恨、报复、求得补偿的心理，就容易出现偏激，出于对被告人无比的憎恨、愤怒或为获得更多的利益赔偿，而在法庭上有意歪曲或夸大案件事实。而对于那些产生了畏惧心理的被害人，也要防止他们虚假陈述。由于现行法律制度对被害人及其近亲属的安全保护措施尚不完备，修订后的刑事诉讼法从立法上确立了被害人指控犯罪的地位，但在司法实践中如何有效保障被害人行使权利及其安全，仍有待不断强化，加上被告人的亲朋好友往往会想方设法采取威吓、利诱手法对被害人及其近亲属进行要挟、减少或阻挠被害人出庭，或要求被害人作虚假陈述，为被告人开脱罪责，因而有些被害人往往会惧怕报复，违心地作出不实陈述。对于涉及个人隐私的案件，受害者一般不愿再次触及痛处，也不愿意将某些个人隐私公开，他们可能会回避事实，导致对案情表述软弱无力的情况。有些受害者对犯罪分子表现出恻隐之心，甚至无原则地同情、怜悯被告人，对被告人的犯罪事实作避重就轻的陈述；或者因为被告人与受害者来自同一家庭，对于被告人的犯罪行为如暴力干涉婚姻自由、虐待等，被害人希望通过法律摆脱侵害，碍于亲情，有的被害人则希望对被告人的处罚不致过重。在这种情恨交加的心态下，使其在庭上面对被告人时往往不知所措，指控缺乏力度。更有一部分受害者存在息事宁人的心理。这类被害人往往法律意识淡薄，社会公德素质不高，有的已经被告人亲属好友金钱收买，在庭上故意作不真实的陈述，甚至改变在侦查、审查起诉阶段的真实陈述，为犯罪分子开脱罪责，个人从中得利。

根据上述各种情况，你应当有针对性地采取措施，避开对起诉不利的因素，化消极为积极。首先，要增强被害人的法律意识。你在庭前要对被害人进行刑事诉讼权利和义务宣传，对某些缺乏法制观念的被害人，强化进行法制教育，说明不如实陈述的法律后果，从思想认识、法律约束的角度，帮助其增强法律意识、社会责任心和社会正义感，使其以客观、公正的态度出庭。对一些偏激或有顾虑的被害人，进行必要的疏导，调节其心理状态，增强其协助司法机关依法准确惩办犯罪的责任。其次，检察官在受害者出庭之前对被害人表述问题进行适当的技术指导。有些被害人因受教育程度、表达能力的限制，缺乏全面、清晰的表述（包括陈述、发问、辩论）能力，为保证其表达质量，防止诉讼拖沓，公诉人有必要对被害人进行技术上的指导，如陈述如何围绕案件事实，说明受害的时间、地点、人物、手段、后果等要素，发问和辩论要有针对性，防止漏掉重要内容或者多次重复同一内容，要求其事先做好充分准备，包括尽可能拟好书面材料，做到有备而战，控诉有力。再次，公诉人要做好在庭上对被害人的询问。公诉人有必要通过公正的不偏不倚的合法的询问形式，提示被害人进一步澄清事实，同时注意询问内容客观性，针对其遗漏的事实要件，要其作出补充。最后，公诉人要依法做好保护被害人及其家属的工作。被害人上法庭直接指控犯罪，可能会招致被告人及其家属的报复行为，因此公诉人应尽可能做好保护被害人及其家属的工作，以解除其后顾之忧。一是做好保密工作，非必须一般不公布受害者的住所、单位等基本情况；二是一旦发现被告人一方有报复意图，及时采取措施，有效加以制止；三是对已发现各种打击报复被害人的违法犯罪行为，运用法律手段，坚决予以严惩，以维护被害人的权益和法律的尊严。

与被害人在刑事诉讼中的目标基本一致，因此应当互相配合，互相支持，在不同的诉讼阶段，有不同的配合内容。如在案件审查阶段，依据我国刑事诉讼法第 44 条和第 216 条的规定，有被害人的公诉案件，人民检察院自收到移送审查起诉的案件材料之日起 3 日内，应当及时告知受害者，以便更好地维护被害人的合法权利，同时人民检察院审查案件时应当听取被害人及其委托代理人对于案件事实的意见。如果检察官作出了对被告人不起诉的决定，被害人及其法定代理人不服而提出申诉意见的，上一级人民检察院应当及时复查，作出是否维持不起诉的决定，并通知被害人或者受害方，依法告知其有向法院直接起诉的权利。在案件庭审阶段，由于公诉人与被害人及其委托代理人处于控诉地位，行使控诉的职能，正确处理公诉人与被害人及其委托代理人的协调配合，关系到在庭上能否更有效地发挥公诉人与被害人的双重控诉职能，也关系到能否在庭审阶段揭露犯罪，证实犯罪，使法庭正确定罪量刑。在一审庭审结束、宣告判决之后，如果被害人及其法定代理人不服一审法院判决而申请人民检察院抗诉的，应由熟悉案情的检察员及时审查抗诉申请，在 5 日之内由受理抗诉申请的人民检察院作出是否抗诉的决定，并通知被害人及其法定代理人。这样做也有利于二审程序的顺利进行。

总之，公诉人只要实事求是，依法办案，维护被害人的合法权益，与被害人做好协调配合，将十分有助于完成公诉工作。

要特别注意在被害人出庭时，被害人不善于表达或遗忘重要情节，要协助他完成相应的陈述。比如你可在尊重其原意的前提下对其陈述进行概括，并征求其意见，具体可表述为："公诉人仔细听取了被害人刚才的陈述，是否可将其总结为如下几点：……"必要时可以宣读以往笔录。对于被害人遗忘了重要情节的，你应针对该遗忘的内容，着重围绕与定罪量刑紧密相关的事实进行发问。应做到简洁、清楚，避免大段对话，可将有关问题分解为若干小问题，但要避免诱导发问的嫌疑。

有时也会出现在出庭陈述时，被害人又提供了新的被告人侵害的事实，也就是增加了指控内容，而这是你没有想到的，或者你曾经问过被害人，而被害人没有告诉你。这时，你可先对该事实进行询问，并可问明被害人为何以前没有说到这个事实或者在承办人询问时仍然不说。然后，对该事实可分三种情况应对：

第一种情况，如果该事实与本案被告人无关或当庭确认不构成犯罪的，可告知被害人，同时也向法庭阐明相应的法律依据，告知被害人可在庭后通过其他法律途径维护自己的合法权益，并由法庭记录在案，然后对本案事实继续审理。

第二种情况，如果发现该事实构成犯罪，并且不需要补充侦查和补充证据的，应根据《人民检察院刑事诉讼规则》（以下简称《规则》）第 455 条第 1 款第 3 项、第 458 条、第 461 条的规定，建议法庭延期审理，并报经检察长或者检委会决定，以书面形式向法院提出追加起诉。

第三种情况，如果发现该事实有可能构成犯罪，但证据尚不充分，需要补充侦查的，应当根据《规则》第 455 条第 1 款第 1 项的规定，建议法院延期审理，进行补充侦查。

还有一种情况你也不能掉以轻心，那就是被害人改变原陈述，并当庭称其原陈述是侦查或检察人员不当询问造成的。这时你要首先查明被害人改变原陈述是否确系侦查或检察人员不当询问所致。具体有如下几种方法：

第一，询问被害人是否有明确的证据指证侦查或检察人员有不当询问？对此可结合向法庭出示、宣读有关诉讼文书、侦查或者审查起诉阶段笔录，说明取证的程序符合法律规定，以进一步澄清事实，说明原陈述的真实、客观。

第二，询问被害人改变原陈述的原因，当然你可以诘问被害人，在侦查或检察人员在询问前均已告知你相应的诉讼权利，你可以拒绝签字，而你已在笔录上签字，笔录上涂改的地方也有你的捺印，证明你已仔细看过，现在你为何改变原陈述？但是我个人建议你尽量少用这种诘问的形式，因为这样做很容易造成对抗的状态，不利于案件的顺利进行，甚者可能损害你的指控。

第三，询问被害人，在律师对其进行取证时，为什么他也做了相同的陈述？请他做些解释。

第四，可传唤其他人员比如证人或者其他被害人出庭与之对质，或建议法庭通知侦查人员以及搜查、勘验、检查等活动的见证人出庭陈述有关情况。

如确系侦查或检察人员不当询问，则原陈述不能作为指控犯罪的证据，而应以其当庭陈述为准。如果不存在上述情形，且影响案件定罪量刑的，应向法庭出示、宣读有关诉讼文书、侦查或者审查起诉活动笔录，说明取证程序符合法律规定，以进一步澄清事实，说明原证客观、真实。同时还可向被害人说明，在起诉书指控的事实和罪名均成立的情况下，其当庭改变陈述的行为已涉嫌伪证罪（如该案件线索系该被害人提供，其行为可能构成诬告陷害罪，视具体案情而定）。确属当庭无法解决的，应当要求法庭延期审理，针对上述变化补充侦查。

有时被害人出庭作证时，叙述事实有遗漏、模糊不清或出现矛盾，且影响定罪量刑，这时你一定要找到佐证来弥补其陈述中的漏洞。你可以宣读被害人在侦查、审查起诉阶段提供的陈述笔录，或通过向被害人发问来澄清事实，并出示、宣读其他证据，以证明陈述是否和全案证据相吻合。

如果被告人或辩护人对被害人陈述中的遗漏、模糊不清或者出现的矛盾纠缠不休，你要指出，我国刑事诉讼法只规定由刑讯逼供、威胁、引诱、欺骗等方法获取的言词证据予以排除，辩护人如果没有证明上述法定排除事由的证据，只是欲借质疑言词证据的细小问题之机来排除一份陈述是于法无据的。此外，你还应说明，指控被告人犯罪并非只凭借一份证言或陈述定罪，而是凭借由各类证据组成、已排除合理怀疑的证据链来支持的，从而将合议庭的注意力转移到证据的整体上来，避免就一份陈述内容被辩护人过度纠缠。如果确属当庭无法解决，需要补充侦查的，则建议延期审理。

证人出庭

有时，所幸很少，证人即使接到传票也未必能出庭作证。出现这种情况，你就不得不决定该干什么。这不是开庭五分钟即可作出的决定。证人可能由于其他原因而迟到，如果有问题，堵车了或者生病了等。你要不断地与证人联系，并检查开庭前是否收到证人的留言。如果你们不能了解证人出了什么事，看看此证人对你的案件是否必要。如果不必要，干脆不要此证人就开庭。你也可以告诉律师证人不在，问他觉得该证人出庭是否必要。通常如果证据是常规的、自然的，律师会同意你将该证人的书面证言在法庭宣读。同样地，如果证人是被偷财产的主人，审判是为了确认财产所有权，你绝对不会碰到这样的问题。然而如果证人很关键，无此证人你无法证实你的案件，而该证人从这个案件的处理中不会得到任何好处，你碰到证人不出庭的情形就多了。我们的法律规定知道案情的任何人都有作证的义务，然而没有具体的细则来规范这种事情，各地的做法也不尽相同，其中当然也有比较极端的做法，就是拘传证人到庭，有的将证人拘押在监狱以防止他躲避出庭作证。我个人不建议你经常采取这样的措施，但是当案件涉及的利益重大，而证人拒绝出庭作证又不出具书面的证言，请记住你完全可以将证人拘押至审判时为止。你可以叫来负责此案的警官，把原来送到过的传票回执给他看，要警官证实证人是依据刑法由专人送达传票或者以其他方式送达传票的；向警察出示传票，问警官他（她）是否是负责此案的警官。然后问警官是否得到了证人所作的书面证言。如果没有书面证言，你要询问警官、证人对于本案控诉的成功是否十分关键；如果十分关键，则决定由此证人出庭作证的步骤，发出传票之后警察与证人有无联系，如电话或者前去他家拜访或者讨论有关案件的情况；你要向合议庭表明你要拘传证人，审判需要推迟一段时间。如果获准，案件必须推迟一段合理的时间以便抓住证人带至法庭，取保以后在确定的审判日期再来作证。法院一般都会同意。

同样，对于证人出庭时，证人不善于表达或遗忘重要情节，你要协助他完成相应的陈述。对于不善于表达的证人，你可在尊重其原意的前提下对其陈述进行概括，并征求其意见，你可以说："公诉人仔细听取了证人刚才的陈述，是否可将其总结为如下几点：……"必要时可以宣读以往笔录，但这是最后的选择。

对于遗忘重要情节的证人，你要针对该遗忘的内容，着重围绕与定罪量刑紧密相关的事实进行发问。一定要简洁、明快、详细、清楚，将有关问题分解为若干小问题，每个问题的长度尽量不要超过七个字，绝对禁止大段大段的对话，同时要注意不要给人造成你在诱导发问的印象。

证人改变原证言一般并不多见，但也绝不是没有，笔者曾经碰到一个案件，当证人刚被宣到庭，他就说："我原来说的不对，都是张某某让我这样说的"，"他怎样问，我就怎样说的"。他当庭称原来的证言是承办此案的侦查员老张问得不好，所以他回答某些问题时，与事实有些出入。遇到这种情况，你可以先问证人："你是否十分肯定地说老张的问话误导了你，使你作出了不符合实际的回答?"，"你有什么证据来证明老张误导你?"，"你是否十分肯定你原来的回答与事实不符?"，接下来你可以向法庭出示、宣读有关诉讼文书、讯问笔录，说明取证的程序符合法律规定，以进一步澄清事实，说明原证真实、客观。

有的检察官会向证人问这样的问题："承办人员在询问前已经告知你相应的诉讼权利，如果你不同意笔录上的内容，你可以拒绝签字，而你已在笔录上签字，而且在笔录有涂改的地方你也捺印，证明你已仔细看过。今天又为何改变原证言或陈述？"我个人认为这样的问话很具有庭审的戏剧性效果，但你要冒着搞砸案件的风险，一旦证人不配合你在法庭上的询问，有时案件是否成立就成了问题。下面的问题同样具有较强的风险性，比如问证人："如果说侦查或检察人员有不当询问，而在辩护律师找你谈话时，你也作了同样陈述，这又如何解释？"你不是在查清事实，而是在吵架，是明显地带有个人情绪的表现。

还有一种做法也不可取，那就是传唤提供有罪证据的证人出庭与之对质，或建议法庭通知侦查人员以及搜查、勘验、检查等活动的见证人出庭陈述有关情况。无论怎样，只要在法庭上出现了控方证人之间的对立，你的庭审就是失败的。

如确系侦查或检察人员不当询问，则原证不能作为指控犯罪的证据，而应以其当庭陈述为准。如果不存在上述情形，且影响案件定罪量刑的，应向法庭出示、宣读有关诉讼文书、侦查或者审查起诉活动笔录，说明取证程序符合法律规定，以进一步澄清事实，说明原证客观、真实。

尽管证人改变了原来的证词，你也要宽宏大量，绝不要报复证人。证人改变原来证词的原因多种多样，可能存在伪证的情形，你要注意维护法律的尊严，适时以适当的方式处理证人伪证的问题。有的检察官急不可耐地在法庭上对证人说："在起诉书指控的事实和罪名均成立的情况下，其当庭改变证言的行为已涉嫌伪证罪（如该案件线索系该证人提供，其行为可能构成诬告陷害罪，视具体案情而定）。"你可能觉得这样做很合法，也觉得很解气。但我个人还是劝你不必当庭对他说这样的话，好处你在未来一定会得知。

有时证人出庭作证，叙述事实有遗漏、模糊不清或出现矛盾，且影响定罪量刑，你该怎么做？你可以做适当的纠正，如宣读证人在侦查、审查起诉阶段提供的证言或陈述笔录，或通过向该证人发问来澄清事实，并出示、宣读其他证据，以证明证言或陈述是否和全案证据相吻合。

突然袭击

在庭审时，你对证人名单中所列的证人并未传唤出庭，但辩护人在开庭时突然申请传唤了该证人。你以为辩方的临时起意不可能实现，让你吃惊的是该证人就坐在旁听席上，合议庭刚说可以，他就跳进了审判区，坐到了证人席上。相信你碰到这样的情形不多。你也许会生气，甚至有些恼怒，为什么搞突然袭击？但我个人认为，你还不是生气的时候，你要立刻找到应对的方法。

合议庭已经准许该证人出庭作证，你要仔细听辩护方的发问和证人的回答，辨别和原证有无变化。如上述人员所要证实的情况和以往一致，不影响案件定罪量刑的，公诉人应当按照审判长确定的顺序向证人发问，可针对案件事实进行询问，然后告知法庭在举证时不宣读该证据；如不一致，查明不一致原因，分清问题症结点所在，然后分不同情况作出不同的应对：

如果辩护人未在开庭 5 日前提交其宣读的该份证人证言，公诉人应当当庭指出，并根据情况，决定是否要求查阅该证据或者建议休庭。

如果是当庭查阅该证据，则要着重审查：证人与案件事实的关系；证人与被告人的关系；证人证言与其他证据的关系；证言的内容及其来源；证人感知案件事实时的环境、条件和精神状态；证人的感知力、记忆力和表达力；是否受到外界的干扰或影响；是否采用威胁、引诱、欺骗等非法的方法取得的证人证言；证人的年龄以及生理上、精神上是否有缺陷；证人的品格、犯罪前科等，如证言多次反复、有受到过行政、刑事处罚记录的，都可以降低证据的证明力；辩护人制作的笔录本身是否规范。

如果己方在案证据能够反驳新证据，则当庭出示该证据对新证据的内容予以反驳，并对己方证据着重说明：该证人证言的取证程序合法，且与其他证据相吻合；该证人作证时的心理、精神状态正常，未受主、客观因素的影响。

你也可再结合全案其他证据综合分析辩护人宣读的同一证人的部分证言笔录证明力的大小。对辩护人断章取义、混淆是非、偷换概念、以非掩是、弄虚作假的，应结合其他证据，运用逻辑学及其他学科知识加以剖析，从而在质证中否定辩护人宣读的证言笔录。

如果不能在庭审阶段判明辩护人所提交证据的客观真实性，而该证据又确实影响到案件的定罪量刑的，应建议法庭延期审理，对证言进行重新复核和补充其他证据。

如果你没有十足的把握，可建议法庭延期审理。

相关司法解释规定：谁申请传唤证人，就由谁先询问。这是国际惯例，当然也是我国刑事司法的原则之一。你要注意在对该证人进行询问时要争取主动，减少由于证人是由辩方申请出庭所带来的负面影响。你可以先说明不申请该证人出庭的理由，当然你也可以不说明不申请该证人出庭的理由。列入证人名单的证人，如果你没有明确要求法院传唤其出庭，即便他是控方证人，也并不必然意味着你必须提请法院传唤他出庭。

鉴定人的出庭

鉴定人就是专家证人。关于鉴定人的出庭作证，在目前我国的司法实践中很少见。作为辩方证人出现在法庭上的鉴定人还未见过。鉴于鉴定人出庭作证的情况不常发生，其现场效果有待进一步观察，但是鉴定人出庭作证以后会逐渐变为常态。从仅有的个案来看，鉴定人出庭经验不足，缺乏应对交叉询问的技巧，尤其是第一次出庭的鉴定人心情紧张，缺乏自信，而这正是检察官必须予以注意的细节，要防止鉴定人出庭效果不好，甚至与最初的愿望完全相反。

开庭前，你要与鉴定人仔细地预演一下庭审，就可能提出的问题进行充分的准备。如果发现鉴定人心情十分紧张的，你可以与他聊聊与案件无关的话题，甚至开个玩笑，讲段幽默故事，并告诉他出庭作证没有什么了不起的，自然应对就可以了，但一定要告诉他不能慌张，宁可沉默，不可乱说。在开庭时，你对鉴定人的询问一定要围绕所要证实的问题，采用一问一答的形式，尽量简短而明确，避免长篇大论。发问简洁、清楚，帮助鉴定人理清思路。可将有关专业问题分解为若干小问题。如鉴定人自己的从医时间有多长？主要集中在什么领域？对自己所鉴定的事项是否十分了解？从事该领域的检验有多长时间？本次鉴定的专家组成人员的具体情况如何？本次鉴定的程序是如何规定的？法律依据是什么？本次鉴定的检材有哪些？检材来源是否合法？检材是否充分、可靠？对本次鉴定的意见论证是否充分，推断是否合理，是否排除了一切可疑情况？所使用的设备是否完善，采用的方法和操作程序是否科学？为什么？等等。

如果鉴定人的叙述很混乱，你可在尊重其原意的前提下，结合书面鉴定意见进行概括，并征求鉴定人的意见。

十四、关于质证

　　举证的核心任务是让法官理解你所要说明的事实真相，确信你所说的事实真相，并经过法律程序以法定的形式确认你所说的事实，以此作为给予被告人刑事处罚的根据之一。核心的核心是当有人对你提出的事实和证据表示怀疑时，你能有效地反驳他的质疑，通过你的反驳强化法官对你所说的事实和证据的确信，由此法官更加坚定自己的自由心证，而这个反驳质疑的过程就是我们通常所说的质证过程。你作为公诉人出示的所有证据都必须经过被告人、辩护人认识、怀疑、提出疑问、得到释疑、接受或者不接受、最终通过这个过程为法官所理性接受并成为定案的根据；同样所有辩方的证据都必须在法庭上经过公诉人、被害人认识、怀疑、提出疑问、得到释疑、接受或者不接受、最终通过这个过程为法官所接受并成为定案的根据。你不要指望你提出的每个证据都会得到被告人、辩护人的认可或者接受，他们会想方设法来破坏你的证据的证明力，一般也只能从证据的三个方面进行反击，例如从证据的真实性着手，可以怀疑你的证据是假的，又如从证据的合法性着手，可以怀疑你的证据的来源不合法，再如从证据的关联性着手，可以说你的证据与本案无关。

　　我们处理过的戚某某与集装箱司机合伙盗窃集装箱内财物一案，鉴于本案被告人戚某某拒不承认有罪，因此是个零口供的案件，为了证明其犯罪，我们进行了逐步强化被告人与犯罪紧密联系的方式，将证据由远而近地出示给法庭。

首先，我们提出了 14 家被害单位相关人员和文件证实在委托货运公司承运集装箱至港口的过程中，装有出口货物的集装箱内部分货物被盗，以及被盗的时间、集装箱的箱号和封号、货物的名称、型号、数量、金额。被告人及其辩护律师则认为，这些证据只能证明这些单位的货物被盗，而不能证明是戚某某所盗，因此与本案没有任何的关联性。

其次，我们提出有 26 家运输公司证实曾指派卡车司机至 14 家被害单位装运箱号、封号相同的集装箱至港口，同时证实被指派的卡车司机在运输上述箱号、封号的集装箱至港口后去向不明。而辩护律师则认为这些证据只能证明这些司机有作案嫌疑，与戚某某是否构成犯罪也没有关系，因此这些证据与本案也没有关联性，不能作为本案的证据使用。

然后，我们提出去向不明的卡车司机被抓获后，均交代与戚某某共谋盗窃集装箱内财物的事实。被告人则认为这些司机在作假证，是诬告陷害，辩护律师则总结说这些证据是假的，是缺乏真实性的证据。

我们提出公安机关从戚某某经营的仓库内查获了部分从上述箱号、封号的集装箱内盗取的财物，以及用于切割集装箱门铆钉的砂轮切割机、万能胶、铆钉等用于秘密开启集装箱门并进行伪装的犯罪工具。被告人则认为这些货物在旧货市场上随处可见，他本人收购的这些物品，不可能是从集装箱上卸下来的。砂轮切割机、万能胶、铆钉等更是每个废旧物品收购站必备的工具，也不是特别为犯罪而准备的。辩护律师又总结说，这些证据与本案没有关联性，仍然不能作为本案的定案根据。

接下来我们提出本案帮助犯原审被告人王某某到案后交代了自己帮助戚某某盗窃集装箱内货物的犯罪事实，盗取的赃物与上述箱号、封号的集装箱内的货物相同。被告人仍然认为王某某是在撒谎，因为自己平时对他一般，没有特别照顾他，所以认为王某某故意陷害他。律师则认为尽管有王某某的证词，但仍然是个孤证，不能就此认定戚某某犯有盗窃罪，也就是说，指证戚某某构成盗窃罪的证据是极端不充分的。

我们提出戚某某销赃的下家李某某交代了从戚某某处收购的物品种类、数量，与上述箱号、封号的集装箱内的货物种类、丢失的数量相同。被告人则仍然抵赖，试图推翻该项证据，认为李某某曾经在一笔生意上与他有矛盾，因此也在设计陷害他。此时律师不再说话。

为了让被告人完全彻底地实现其在诉讼中的权利，保证证据真实性、可靠性，以防止错判，也为了帮助被告人认罪服法和培养公民依法办事的法律意识和习惯。我们对证据进行了要点概括，从逻辑上进行归纳，我们对自己当庭宣读和出示的每一个或每一组证据，就其来源、固定的方法、证明的对象予以归纳和说明，以证明其来源和取得的合法性、真实性。特别是在言词证据方面，重点说明侦查人员、检察人员讯（询）问的合法性，特别强调证人是亲眼"目睹"不是道听途说的"耳闻"，重中之重在于从发案破案经过到讯（询）问的时间、地点及被告人、证人阅读或当面宣读并签名或捺手印等各方面予以具体评述其合法性。在实物证据方面，我们只出示了关切犯罪核心的被盗物品，比如小型缝纫机、液晶电视等，其他则以照片形式出示给法庭，说明的重点是该实物的来源及特征。对鉴定意见，我们首先说明鉴定人的资质和能力等，说明鉴定人有实质性的鉴定能力，同时也说明他们有国家颁发的授权证书，是获得国家认证合法鉴定机构的人员，接下来我们就鉴定的程序进行说明，从物品的提取，到价格认证的方式，逐一说明，总结中强调鉴定程序的合法性。

最后，在总结证据时，我们说："共谋盗窃的卡车司机指认戚某某参与了盗窃犯罪，盗窃犯罪的帮助犯、戚某某雇用的工人王某某指认了戚某某的犯罪，收赃的下家李某某指认了戚某某的犯罪，公安机关查获的赃物和犯罪工具证实了戚某某的犯罪。所有这些证据相互印证，互为因果，形成了逻辑严密、确实充分的证据链，可以排除任何合理的怀疑，足以认定戚某某实施了盗窃犯罪行为。"至此，被告人才说："我是和一些司机联系过，他们希望我能收购他们从集装箱中偷取的货物，并让我提供地方让他们卸下集装箱货物，我贪图小利，不懂法律，竟然犯了法还不知道，希望法院能从轻处罚，给我一个重新做人的机会。"听到被告人这句话，法官也不再就此案的事实和证据进行调查，直接宣布法庭调查结束，进入法庭辩论阶段。案件很顺利地处理完毕，被告人得到了应有的处罚。

作为检察官，你在出庭时，碰到被告人或者辩护律师当庭提交的证据，你要有清醒的认识，笔者建议你不要急着对该证据发表意见，最起码你要先看看证据是什么样的，说明什么，来源是什么。以前我在办理一个杀人案件时，在庭审过程中，辩护律师拿出了她收集来的证据，强烈要求合议庭予以当庭质证，我向法庭指出，该证据我还没有看到，对它的来源、内容、要证明的事项是什么一无所知，请合议庭驳回辩护人的申请。主持此次审判的是高院法官徐伟先生，徐先生不愧是一名老成持重、头脑清晰的高级法官，他既没有拒绝我的建议，也没有拒绝辩护人的要求，而是暂时休庭，将我们两个人叫到一起，他对我说，你先看看，如果有把握，我们就在法庭上对这个证据进行质证，如果不行，我们可以再开一次庭。我看了这份证据，发现是受害人的录音，而作为附带民事诉讼的原告人—被害人就坐在法庭上，我立即和她交换了一下意见，发现这个录音是未经被害人同意的秘密录音。我向主审法官点了点头，我想他一定明白了我的意思，再次开庭，他同意就该项证据进行质证，录音当庭播放，辩护律师发表了自己的观点，轮到我发表对该证据的意见时，我直接问律师取得该份证据的依据是什么，而律师只能说是秘密录音，我说律师取得该份证据的程序非法，因此没有必要对该证据的真实性进行论证，该份证据没有证据效力，合议庭同意。有时，对于辩方搜集的证据，从此案看其来源以及搜集证据的程序是否合法，如果辩方搜集证据的程序不合法，那么其证据也就无所谓证明效力。如果这个证据是辩方证据体系的核心，那么你采取从根源上否定，就是一种非常简洁而有效地彻底摧毁对方证据体系的一种方法。

还有一种方法，就是否定提供证据的人的证据能力，如辩护律师如果提供的证人证言是从一个少年或者一个精神不健全的人那里获得，只要向法庭指出提供证据的人没有证据能力就可以达到否定其证据的目的。反之，被告人的辩护律师也可以通过否定被告人的受审能力而开脱被告人的刑事责任，例如2008年的"杨佳袭警案"，辩护人经验丰富，处理案件老到而不失风度，多次提出对杨佳进行精神鉴定的问题，确实是一个很好的策略。除此之外，精神鉴定的机构、精神鉴定的鉴定人也是攻击的目标，如杨佳案辩护人对鉴定人的诘问就体现了律师否定鉴定结论的意图。同样作为检察官，你也可以通过相同的方式来否定辩方提供的精神鉴定的结论，笔者在2000年曾经办理过一个案件，被告人从俄罗斯纳霍德卡将爆炸物运至布拉戈维申斯克（海兰泡），再从布拉戈维申斯克偷运爆炸物进入我国境内，在黑龙江黑河市被发现，辩护人说被告人精神不健全，理由是从纳霍德卡进入中国最近、最省事的途径是从绥芬河或者吉林省的边境地区进入，而不是绕道布拉戈维申斯克，显然其精神有问题，辩护人自己提供了黑龙江省哈尔滨市道外区人民医院对其作了司法精神病鉴定，鉴定结论是被告人"重度精神病"，"无法理解自己的行为的性质"，"没有刑事责任能力"，我们从进行精神病鉴定的医院没有资格入手而否定了该鉴定的证明力，当然辩护律师再次要求对被告人进行精神病鉴定，我们委托了黑龙江省医院对其进行了精神病鉴定，经鉴定，被告人虽然患有轻度精神分裂症（偏执型），但仍然有完全刑事责任能力，法院重新开庭审理，认为被告人犯罪的事实清楚、证据确实、充分，侦查程序合法，对其作出了相应的判决，被告人得到了应有的惩罚。

很多时候，证据有无客观性也是反驳证据的惯用技法。有一个案例，一家兄弟五个与一个外人因赌博而打架斗殴，造成两人重伤，一人轻伤，五兄弟坚持说是对方先动手打人。除非该人是泼皮无赖且不要命，否则一人先动手攻击五人且此五人是亲兄弟的，这种情形不多见。在法庭上将五兄弟分开讯问，画一张空间图，分别让他们标明六个人的位置，通过大屏幕投影仪让合议庭看清、听清他们的述说，该案中，两个兄弟说明自己的位置自始至终都在一个相同的 A 点上，而另外两个兄弟则指认那个外人的位置在 A 点上；他们五人对外人使用的攻击工具的描述也不相同，有的说是用镰刀，有的说是用菜刀，有的说是用擀面杖。在质证阶段，公诉人只要说明五兄弟的供述是虚假的即不具有真实性就可达到否定他们供述的证明力。

找出证据的矛盾之处，也是反驳辩方证据的有效手段之一。某案辩方证人出庭说他家门口的路面很滑，而电视台每天都播放抗旱保收的节目，公诉人问证人家门口的路面为什么很滑？证人说是下雨的缘故。公诉人只要说明本地很久没有下雨的事实即可攻破证人的谎言。

针对公诉人举证后，被告人及其辩护人经常性地提出这样那样的理由以求否定证据效力。辩护人也往往当庭提供一些证据，驳斥控方观点而证明己方观点。你在质证时，也要抓住对方争论和质疑的焦点，利用对方证据的矛盾、疑点，如对证人的想象能力、记忆能力、表达能力提出质疑或反驳对方的质疑。

还可以对辩方的询问方式提出异议，明确指出辩护人在进行诱导，让证人或者被告人作不真实的陈述或者供述，误导法庭作出错误的裁判。好的防守，可能是在进攻中实现的。但是你要保证这种进攻是有事实基础和法律依据的，经得起时间的检验、逻辑的推敲。

几个问题

简化审案件庭审过程中，被告人或辩护人对主要证据提出异议，影响定罪量刑的，你要明确指出案件是依据相关规定，基于被告人自愿认罪而适用简化程序，合议庭在量刑时可以对被告人酌情从轻处罚。你要提醒被告人，他的认罪态度并不影响法庭依据证据和法律对其定罪，但却是量刑时考虑的重要因素。经过提示，被告人仍然提出异议的，则建议法庭延期审理，适用普通程序审理此案。

如果仅限于辩护人的异议，你要提示辩护人明知被告人认罪案件简化审理的含义。辩护人对于公诉人出示的××证据提出异议，是否可以视为辩护人与被告人放弃了自愿认罪从而获得酌情从轻处罚的机会而选择了按照普通程序进行审理？如果获得肯定回答，公诉人要建议法庭恢复普通程序审理，对于未经讯问或者讯问不充分的，要请求法庭恢复法庭调查以进行讯问或者补充讯问；如果被告人态度不明确，可以请求法庭暂时休庭，以便被告人在辩护人帮助下作出决定。

如果存在被害人辨认时的见证人与被害人有利害关系的情形，辩护人或被告人异议而提出回避要求，我们不能一概而论地拒绝异议。如果经过审核，确认见证人的见证不影响证据的真实性，则根据法律规定，说明回避仅适用于审判人员、检察人员、侦查人员、书记员、翻译人员和鉴定人、司法警察，而未对见证人的身份作出限制性规定，也就是说，见证人与被害人不管具有何种关系并不违反法律规定。而且，本次辨认完全符合法定程序。你要说明从你宣读的辨认笔录可以看出，辨认人在辨认前已经对辨认对象的具体特征进行了详细的描述，而辨认人的描述与他的辨认结果是相符的，可见辨认人的辨认是客观真实的。对其强调说明被害人是辨认的主体，其对辨认对象最清楚，而见证人并不直接对辨认对象进行辨认，只是起到证明辨认活动依法进行的作用，故对于辨认时的见证人与被害人有利害关系，也不会影响被害人辨认的法律效力，故应予采信。如果经过审核，见证人的见证影响到证据的真实性或者合法性，则建议法庭延期审理，对该辨认重新补强。

证人不出庭是常态，因为我们的证人保护制度存在漏洞，可以理解这种不出庭的情形，反过来，证人不出庭确实有悖于审判的言词原则，可能影响到司法的公正。现在，针对证人及被害人不出庭，辩护人越来越多地提出质疑，更多的是针对证人证言或者被害人的陈述提出一些细小的问题，进而否定或者怀疑其全部的证据效力。我们认为如果辩护人纠缠的细小问题与案件基本事实和定性没有关系的，公诉人则当庭建议法庭不予采信，并建议法庭提醒辩护人注意庭审的重点和目的在于查明案件事实，过于纠缠无谓的细节只能降低庭审效率；如果被害人或证人的言词证据在细节方面存在前后矛盾，是由记忆上或判断上的失误造成的，公诉人应向合议庭指出：这正符合了人的记忆规律，说明侦查、检察人员在制作笔录时是客观真实的，不能因此怀疑该证据的真实性；反之，如果所有的记忆在细节方面都完全一致，反倒令人怀疑笔录制作过程的真实性；同时，你要向法庭表明，指控被告人犯罪并非只凭借一份证言或陈述，而是由各类已排除合理怀疑的证据链来支持的，辩护人不应就一份证言或陈述内容过度纠缠。如果细节问题确系侦查、检察人员工作的疏忽，导致全案不能排除合理怀疑的，则建议法庭延期审理，待补充侦查排除上述合理怀疑后再恢复法庭审理。

你要注意对证人的保护。在法庭上宣读举报人、线人的证言时，对举报人、侦查耳目不在起诉书中列出其姓名、住址等具体情况，在移送证据复印件时应当向法院注明保密或者单独移送，公诉人在法庭上宣读举报人、侦查耳目的证言时，应当向法庭说明保密情况，通过隐去其姓名或者使用化名、代号表示其身份，同时不宣读其住址、工作单位等其他可能泄露其身份的内容。

在质证过程中，辩护人常常对公诉人出示的证据提出异议，且影响定罪量刑的，而审判长未询问公诉人的意见，你要主动向审判长提出，也可以不知不觉地将自己对证据的意见表达在对其他问题的回答中。你还可以在继续举证之前，先自行进行答辩。如果接下来的举证，审判长仍然忘却了你的答辩权，你要提示法庭根据法律规定，你和辩护人可以对证据进行相互辩论，所以在继续举证之前，你仍要对辩护人刚才提出的异议先予以答辩。

这个证据与指控有关吗？

作为公诉人，辨别对方证据是否与案件相关是你必须具备的本能之一，如对方出示证据貌似与案件相关而实际无关，公诉人可当即提出质疑。如果你不具有这种天生的敏感性，建议你补上这一课，否则你会在未来的起诉工作中吃尽苦头。有这样一个案例：刘某盗窃单位的铜管 15 吨，藏在单位废弃的地窖里，等到天黑以后，让他的拾废品的弟弟用三轮车每晚拖走一车。单位保卫科的人电话找刘某谈话之前，刘某感觉事情败露，可能要受到处罚，他先找来自己的结拜兄弟张某，让张某以后无论在什么地方都说他们共同商定为了报复单位领导才将铜管放在废弃的地窖中，要让该领导付点代价，受到处分。经过多次提审，刘某一直咬定是为了报复单位领导，经调查单位领导确实曾经因为刘某工作不认真而批评过刘某。开庭审理时，刘某申请传张某作证，张某出庭后，坚称刘某曾经和他商量过用什么方式报复单位领导，至于铜管的数量则不清楚。张某还夸大其词地说他找过单位领导，而领导明确地对他说要借此机会整整刘某，因为刘某工作不认真，对领导也极不尊重。案件到此陷入了僵局，如果继续审理下去，结果只能是刘某为了报复而隐藏铜管，并没有盗窃的故意，盗窃罪不成立，只能将刘某无罪释放。我觉得案件的方向被误导了，所有人都以为单位领导滥用权力而造成了现在的结局。我们只能指出证人张某作证的内容绝大部分（主要指攻击有关领导的部分）与本案无关。我们问张某为什么去找领导？张某说是为刘某而去找领导说情。我们又问他为什么去找领导说情，他和刘某是什么关系？张某说他们是兄弟，兄弟有难，他当然要帮忙找人说情。刘某、张某二人是结拜兄弟的事实终于浮出水面，张某证词的真实性受到怀疑。我们向法庭指出刘某、张某二人可能是共同犯罪，也可能存在串供的可能，必须予以查证。张某听到我们的话，赶紧表白自己没有参与犯罪，只是听了刘某的请求而作了伪证。我们申请延期审理，进行补充侦查。在法庭外我们还找到刘某的亲弟弟，而他马上就交代了刘某要他在晚上到刘某单位拖运铜管的事。再次开庭，刘某在事实和证据面前只得认罪。

本案中张某的证词脱离了案件本身，引起了我们的怀疑，并因此暴露了刘某、张某二人的关系，并最终发现案件的本来面目。可以说在办理案件的过程中对辩护人或者被告人提供的证据随时随地要保持一颗警惕的心，以怀疑一切的态度来处理辩方提供的一切内容，只要你有一丝的疑问，所谓的灵光一闪，你要宁可信其有，不可信其无，花点时间查证一下。

有时辩护人提出你出示的证据与指控无关，你对此不必马上予以反驳，但是你必须立即向法庭重申该份证据的证明要点及所证明的相关案件事实，或该份证据可与哪些证据相结合证明某些案件事实，说明该份证据与本案的关联性，并希望辩护人不要割裂地看待公诉人出示的证据。有关证据最重要的问题是证据的证明力问题。只有证据事实与犯罪有关联性，证据才具有法定的证明力。

在 1999 年，我们办理过一个案件，某市一居民楼里刘某一家人中毒，夫、妻、儿、女四人皆送医院抢救，岁数大的夫妻抢救无效死亡，公安机关立即展开了调查，在当天煮的米饭里发现了致命的氢化物，检察机关因为案情重大而提前介入。经过调查，公安机关得出的结论是隔壁邻居吴某是投毒者，证据包括以下几个方面：第一，刘某、吴某两家多年不睦，争吵不断，因为楼道堆放家具的事，案发前两天还吵过架，吴某有犯罪的动机；第二，案发前一天吴某到过刘某家讨说法；第三，吴某在一个化工厂做检验员，有接触氢化物的机会；第四，在侦查员初次和他谈话的时候，吴某冷汗不断，语无伦次，承认自己拿过单位的氢化物，但否认投毒；第五，居住在楼下本单位的同事姚某反映吴某说过要杀了刘某；第六，有的居民反映吴某报复心很强，小肚鸡肠，动不动就生气、发怒，与本小区所有的人相处得都不好，俗称"人难处"。

我们认为证据并不充分，不能提起公诉，随即将案件退回公安机关补充侦查。其关键一点是氢化物如何进入刘某家刚煮的米饭里？如果不能解决这个问题，其他所有证据都形成不了充分的证明体系。比如，就本案证据的第一项、第五项、第六项，我们认为根据吴某与刘某有纠纷以及吴某的表现，确实可以推测出吴某有报复刘某的动机，但能否就说是实施犯罪的动机尚存疑问，这三项证据的证明力十分微弱；吴某在与侦查人员谈话时的表现在一定程度上说明吴某有恐惧的心理，也只能说明吴某心理素质较差，让其杀人还真的有点难为他了；吴某承认自己拿过单位的氢化物，说明吴某还算诚实，而私自拿单位东西并不是什么值得炫耀的事情，说出来总是不好的，单位的人都知道了这件事，以后他在该单位的工作可能会受到极大的影响；如果再根据其与人相处不融洽的事实，难免会产生吴某犯罪的联想。这种联想是与犯罪缺乏关联性的联想，是牵强附会的猜想，不具有证明力。本案最终的破案还是通过追踪吴某从单位拿的氢化物的下落而完成的。吴某将氢化物拿回家以后，而楼下的同事到他家聊天，其间谈到拿氢化物的事，吴某的同事趁吴某去厕所时，将氢化物偷去了一小半，案发前一天在无人注意的情况下将氢化物撒进了刘某家的米袋里，造成了惨重的后果。

本案所有的证据都是表面的偶然性的事实，没有实质性的联系，因此对案件的事实没有证明作用，没有证明力，然而由于侦查人员的主观揣测，牵强附会的联系，才导致侦查方向的错误并将无罪之人拘留、逮捕、移送起诉。证据的关联性是证据的生命之根，正是证据的关联性才使证据对查明案件事实，确定犯罪嫌疑人、被告人是否有罪，犯罪情节的轻重具有证明力。证据对案件事实有无证明力以及证明力的大小，取决于证据本身与案件事实有无联系以及联系的紧密程度。

庭审时，证人证言、被害人陈述发生重大变化

你应当按照审判长确定的顺序向证人或被害人发问。如系辩护人或合议庭发问时出现推翻以往证言或陈述情况的，你应及时向审判长提出再次向证人或被害人发问。

发问时，你应告知证人或被害人有意作伪证或者隐匿罪证的责任，以及人民法院、人民检察院和公安机关有职责保障证人及其近亲属的安全；对证人及其近亲属进行威胁、侮辱、殴打或者打击报复，构成犯罪的，依法追究刑事责任；尚不够刑事处罚的，依法给予治安管理处罚（因可能存在的犯罪嫌疑人的威胁等情况造成的推翻以往陈述情形）。以此促使证人如实作证或被害人如实陈述。

在向证人或被害人指明作伪证应负的法律责任后，如仍不能恢复原证，你要问他在侦查或起诉阶段的证言或者陈述是否属实，为何同一事实前后说法不一？要求其予以解释以澄清事实。

如确认在侦查或起诉阶段的证言或陈述系以暴力、变相暴力、威胁、引诱、欺骗等非法方法收集的，则不能作为指控犯罪的证据。如果不是非法收集的证言、陈述，则通过询问揭露其当庭陈述不可信。着重问明：证人与案件事实的关系；证人或被害人与被告人的关系；被害人陈述或证人证言与其他证据的关系；证言的内容是亲眼所见、道听途说？被害人或证人感知案件事实时的环境、条件和精神状态；被害人、证人的感知力、记忆力和表达力；是否受到外界的干扰或影响；是否采用威胁、引诱、欺骗等非法的方法取得的证人证言、被害人陈述；被害人、证人的年龄以及生理上、精神上是否有缺陷；被害人、

证人的品格、犯罪前科等，如证言多次反复、受到过行政、刑事处罚记录的，都可以降低证据的证明力；针对其中关键性的，可能对案情有影响的事实发问，以澄清事实。

同时，你也可以通过宣读证人或被害人在侦查阶段的证言及其他证据进行询问，阐明原证言合法性和合理性，目的在于向法庭阐明证人在侦查阶段的证言和其他证据相互印证，其内容具有真实可靠性。使合议庭确信当庭陈述不可信，在侦查阶段陈述具有可采性。具体可表述为："审判长，鉴于证人（或被害人）没有如实作证，当庭所作的陈述和解释又与事实明显不符，因此公诉人提请宣读原来的证词。"宣读完毕后，对侦查阶段的证据着重说明：向法庭就庭前了解的同一证人（或被害人）在侦查或审查起诉阶段所作的证言笔录是同一连贯性陈述；说明该证人（或被害人）的证言笔录的取证程序是否合法，是否与其他证据相吻合；说明该证人（或被害人）作证（或陈述）时的心理、精神状态是否正常，是否受主、客观因素的影响；说明该证人（或被害人）的笔录是否存在记录人、调查人等因素的影响，可以引起笔录的正确性、准确性。

如果系辩护人诱导发问导致证人变证或被害人改变陈述的，公诉人要及时向法庭提出，要求审判长予以制止，并向法庭揭示：辩护人在向被害人或证人提出问题时，已经将其希望得到的答案融入在问题当中，被问者可以从问题中获取重要的相关信息，辩护人以此来误导或诱导被问者，从而取得发问者想要的答案。

在不能将证人证言或被害人陈述扭转为有罪证据的情况下，尽量使其成为"中性证据"。

如确实存在可能影响案件定罪量刑的情形，需要补充侦查的，建议法庭延期审理。

还有一种情形是在庭审过程中，辩护人提出案卷中已有的同一证人的证言与你宣读的该证人的证言相矛盾，且影响定罪量刑。对此你要作如下答辩："同一证人的几份证言有所不同，这与其提供证言时的环境、时间、心理状态以及询问者的询问问题和方式有关。针对该名证人提供的几份证言在某些问题上存有矛盾，检察员已在审查起诉阶段重新找到该名证人核实其证言。而且，任何一份证据都不能孤立看待，而应结合全案其他证据综合分析。检察员当庭宣读的这一份证人证言，其取得方式合法，内容与其他证据能够相互印证，形成证据锁链。而辩护人却只看到该证人的某一部分证言，割裂该份证据与本案其他证据的紧密联系，犯了断章取义、以偏概全的错误。"

如果通过上述工作仍不能否定辩护人所提异议，而该证言又是影响定罪量刑的主要证据，则可建议法庭延期审理，通知证人到庭作证。

新 证 据

经常发生的一种情况是，在庭审中，被告人或辩护人提出公诉机关事先未掌握的新证据，而且影响定罪量刑，你要给予充分的重视。

如果在案证据能够反驳新证据，公诉人应当庭对新证据的内容予以反驳，使合议庭对新证据不予采纳。

如果不能当庭判明该新证据的客观真实性，应建议法庭延期审理，对证言进行重新复核或补充其他证据。

如果该新证据所证明的情况，仅系本案的酌定情节，公诉人认为正确的，可以表示认可；认为不适合认定的，可以指出不能认定的原因，不可一概否定，影响公诉人形象。

不能否认的情形还有，辩护人申请调取新的证据，而你认为该证据的调取对被告人的定罪量刑没有意义，你该如何向合议庭表达自己的观点？如果公诉人认为辩护人申请调取的证据证实的情况与在案证据一致，或者已有相应证据，不影响案件事实认定，对被告人的定罪量刑没有意义的，可以向合议庭充分说明理由，建议法庭驳回辩护人申请。如果辩护人坚持调取，认为可能影响案件事实的，公诉人可以建议合议庭决定是否调取。

有时，辩护人突然提出申请证人出庭，而审判长征求你的意见，如果该证人证实的情况与在案证人一致，或者该证人曾经提供过证言，或者该证人欲证实的情况不影响案件事实认定的，你可建议法庭驳回辩护人申请。

如果该证人曾经向公安机关或者检察机关提供证言，出庭要改变证言的，或者辩护人申请新的证人到庭，且该证人要证实的是新的案件情况，可能影响事实认定的，你可以建议由合议庭决定是否传唤证人到庭。

"鉴定意见错了"

如盗窃罪犯罪数额的认定，依据什么标准？如果你以现在的市场价格认定某辆汽车价值 15 万元，而辩护人取得了失主购买该汽车的原始发票，发票上的数字是 8 万 2 千元，你能指望律师做出什么样的辩护意见？如果他不认为财物估价过高并导致量刑过重才怪呢。你该如何应对？从根本上找原因。你可以根据财物的特性及原始发票形成的原因进行答辩，如在实践中不少机动车主为了逃税，在购入新车时让卖方将发票上的价格作低，向法庭表明被害人提供的原始发票在价格鉴定中只能作为参考，而不是价格鉴定的唯一依据，价格鉴定应当还原鉴定物的实际价值。在产品市场价格存在波动，作案时市场价高于原购进价的，你要依据最高人民法院《关于审理盗窃案件具体应用法律若干问题的解释》（以下简称《盗窃解释》）的规定进行答辩，即被窃物品价值原则上按购进价计算，但作案当时市场价高于原购进价的，按当时市场价的中等价格计算。

有时，被告人或辩护人对没有扣押在案或已灭失的赃物价值提出异议，认为没有实物，不能作价。你要向法庭表明，根据《盗窃解释》的规定，实物并非价格鉴定的必要条件。即使没有实物，只要被害人陈述与被告人供述或者相关证人证言之间关于赃物的品名、牌号、规格、种类、数量等特征是一致的，被害人又能提供购入凭证等有效证明时，也可以对赃物进行估价。在被盗是种类物的情况下，被害人即使无法提供相应的有效凭证，只要其能提供与赃物同一的种类物，经当事人确认后，也可以将此物作为估价的依据。

我并不是说你永远有理，如果你发现确系鉴定意见不准确的，你应建议延期审理，补充侦查。依据刑事诉讼法第 198 条之规定，请合议庭休庭，建议对本案延期审理。

还有，被告人或辩护人基于人体伤亡鉴定意见不合理而提出鉴定意见不准确的，你可以遵循上面的原则来应对。如果被告人认为自己的伤害行为不可能造成被害人的伤势部位的损伤结果的，你可以通过对被告人发问、宣读被害人陈述、相关证人证言中指证被告人实施相关伤害行为的证据，以及通过排除被害人的伤势系他人造成的证据来证明伤害行为与伤势结果的直接因果关系，排除合理怀疑。如果被告人对被害人的伤势部位表示认可，但认为鉴定结果过重，或在互殴案件中，被告人认为自己的伤势鉴定过轻的，你可以结合相关轻微伤、轻伤鉴定标准，来简单论证本案鉴定意见的合理性。如果被告人或辩护人对于一些无法保存的鉴定对象（如尸体等）提出重新鉴定的要求，或者对于因偶然因素介入，使得被告人较轻行为产生严重后果提出质疑的，你可以结合相关鉴定意见通知书上被告人签章的效力，结合相关有罪证据，综合论证鉴定意见的真实、合理性。如果发现确系鉴定意见不准确的，依据刑事诉讼法第198条之规定，请合议庭休庭，建议对本案延期审理。

对于一些比较专业的鉴定意见，如果辩护人提出异议，你凭借自己掌握的专业知识能够反驳的，你要结合出示相应的证据来解释鉴定意见的合理性，使合议庭和听众对涉案物品的特殊性及鉴定意见的合理性有较为具体和深刻的认识。如果该问题由鉴定人解释更为妥当的，可以申请鉴定人出庭作证，或者出示事先准备的由鉴定人或是专家出具的证明材料来解释鉴定意见的合理性。

比较少见的情形是被告人或辩护人要求提供鉴定依据的，对你不应当是挑战，因为在准备庭审过程中，你一定注意到这个情况并做了充分的准备。对物品价格鉴定，如果有实物在押，可以提供物品原物或其照片，并提供该实物的原始发票等相关凭证证实其原始价值。如果没有实物，可以根据被害人陈述、被告人供述、相关证人证言之间关于赃物的品名、牌号、规格、种类、数量等特征的描述证实赃物的具体情况。对人体伤亡医学鉴定，可以提供被害人就诊的诊断证明、病历记录等材料，被害人的伤势照片等；对尸体检验报告可以提供被害人的死亡记录、火化证明及尸检照片等。对司法精神病鉴定，可以提供被鉴定人因精神疾病的就诊病历及相关书证、证人关于被告人精神状态、家族史方面的证言等；对笔迹鉴定，可以提供被告人书写的笔迹与涉案笔迹的原件及复印件；对手印指纹鉴定，可以提供提取涉案指纹的现场勘查笔录及提供比对的被告人指纹等；对司法会计鉴定，可以提供涉案单位的账册、会计凭证、银行来往账户明细等书证；对视听资料检验及鉴定，可以提供扣押、调取物品清单证实涉案光盘等视听资料的来源，以及被告人供述、被害人陈述、相关证人证言中印证视听资料的内容；对毒品含量鉴定，可以提供涉案毒品的扣押物品清单及毒品收缴单据，相关毒品照片等；如果当庭发现鉴定缺乏依据，公诉人应当建议延期审理，以补充相应的鉴定依据。

测 谎 仪

我们小时候看过一部老电影，名字叫做《看不见的战线》，影片中的正面人物打入敌人内部，敌人为了证明他是否可靠，让他上测谎仪，他被安上了许多传感器，有很多电线绕在他身上，给我的感觉就是两个字："恐怖"。而他经受了考验，得到了敌人的信任，完成了组织交给的任务，将敌人的情报送给了组织，正义取得胜利。这是虚构的故事，然而在现实生活中，确实有测谎仪这种设备，它根据人在说谎时心跳频率的变化来证明受测者的诚信度，进一步验证其供述的真假。由于在国外，该项技术起步很早，对测谎检查及其结果的运用研究比较深入，对测谎组织、测谎工作的实施、测谎人员的资格、测谎条件、测谎结果的审查判断等方面有了较为成熟的科学的规则，测谎仪已经进入实用领域，许多国家将它作为取证的设备之一。于是在我国也有人提出测谎仪的使用问题。最高人民检察院是最早对此问题作出反应的官方机构，1999 年 9 月 10 日，在《关于CPS 多道心理测试鉴定结论能否作为诉讼证据使用问题的批复》中，最高人民检察院指出："人民检察院办理案件，可以使用CPS 多道心理测试鉴定结论帮助审查、判断证据，但不能将 CPS多道心理测试鉴定结论作为证据使用。"鉴于刑事诉讼法及其司法解释都没有将测谎仪结论作为证据使用的规定，目前不宜将该种结论作为证据出示给法庭。

我们不能因为没有法律上的根据就完全否定测谎仪所具有的积极作用，如它可以佐证侦查人员的判断。20 世纪 90 年代，在上海市黄浦区发生过一起离奇的抢劫杀人案，祖孙两人在家，奶奶被杀死亡，抵抗伤明显，孙女受伤，无抵抗伤。测谎议在对案件的侦破中发挥了重要作用。

免证事实与内部规定

庭审中，被告人、辩护人对法律规定免证的事实，要求公诉人提出证据予以证明，你一般不宜立即引用该规则进行回应，最好先指出辩方对免证事实提出异议的不合理性，然后再引用该规定，表明虽然刑事案件的举证责任在于控方，但辩护人提出的问题属于免证事实，不需要用证据证明，控方不负举证责任。同时指出根据法律规定的需要运用证据证明的案件事实以外的其他事实，无需公诉人提出证据予以证明。

你在答辩的时候，经常会说出"依照法律……"庭审中，被告人或辩护人要求你说明依据什么法律，而有时候，你的依据既不是法律，也不是司法解释，而是检察机关内部的政策性规定。万一你不注意说了出来，辩护人要你拿出"内部规定"来，你要对所谓"内部规定"一说作出澄清："我们定案的依据是国家的法律、司法解释以及本市司法机关根据法律、司法解释的精神制定的有关规定，而非所谓'内部规定'。"然后，你可指出："在庭审中，法律、法规的内容以及适用属于审判人员履行职务应当知晓的事实，不必提出证据进行证明，公诉人没有义务提供。"

证据冲突

庭审过程中，经常出现辩护人调取的证人证言与公诉人宣读的该证人证言相矛盾，且影响定罪量刑的情形。你不必为此紧张，分几种情况，做出不同的处理。如果辩护人未在开庭 5 日前提交其宣读的该份证人证言的，公诉人应当当庭指出，并根据情况，决定是否要求查阅该证据或者建议休庭。如果是当庭查阅该证据，则要着重审查：证人与案件事实的关系；证人与被告人的关系；证人证言与其他证据的关系；证言的内容及其来源；证人感知案件事实时的环境、条件和精神状态；证人的感知力、记忆力和表达力；是否受到外界的干扰或影响；是否采用威胁、引诱、欺骗等非法的方法取得的证人证言；证人的年龄以及生理上、精神上是否有缺陷；证人的品格、犯罪前科等，如证言多次反复、受到过行政、刑事处罚记录的，都可以降低证据的证明力；辩护人制作的笔录本身是否规范。如果己方在案证据能够反驳新证据，则当庭出示该证据对新证据的内容予以反驳，并对己方证据着重说明：该证人证言的取证程序合法，且与其他证据相吻合；该证人作证时的心理、精神状态正常，未受主、客观因素的影响。你可再结合全案其他证据综合分析辩护人宣读的同一证人的部分证言笔录证明力的大小。对辩护人断章取义、混淆是非、偷换概念、以非掩是、弄虚作假的，应结合其他证据，运用逻辑学及其他学科知识加以剖析，从而在质证中否定辩护人宣读的证言笔录。你还可向法庭说明，在起诉书指控的事实和罪名均成立的情况下，改变的证言内容如果涉及定罪量刑，则辩护人可能涉嫌伪证罪。如果不能在庭审阶段判明辩护人所提交证据的客观真实性，而该证据又确实影响到案件的定罪量刑的，应建议法庭延期审理，对证言进行重新复核和补充其他证据。

辩护人宣读的其调取的被害人陈述、被害人提供的证人或其他证人的证言，与该被害人或证人在侦查时的陈述或证言不一致，且影响定罪量刑的，你也要审慎对待。如果你能够反驳新证据，则当庭出示对新证据的内容予以反驳，使合议庭对新证据不予采信，着重说明：该被害人的陈述笔录或证人的证言笔录的取证程序合法，且与其他证据相吻合；该被害人陈述或证人作证时的心理、精神状态正常，未受主、客观因素的影响。如果不能在庭审阶段判明辩护人所提交证据的客观真实性，而该证据又确实影响到定罪量刑的，应建议法庭延期审理，对证言进行复核并补充其他证据。

十五、关于证人、证据的其他事件

他们是亲戚

如何应对"被害人辨认时的见证人与被害人有利害关系，辩护人或被告人提出异议"？根据法律规定，回避仅适用于审判人员、检察人员、侦查人员、书记员、翻译人员和鉴定人、司法警察，而未对见证人的身份作出限制性规定，也就是说，见证人与被害人不管具有何种关系并不违反法律规定。而且，本次辨认完全符合法定程序。

从公诉人宣读的辨认笔录可以看出，辨认人在辨认前已经对辨认对象的具体特征进行了详细的描述，而辨认人的描述与他的辨认结果是相符的，可见辨认人的辨认是客观真实的。

被害人是辨认的主体，其对辨认对象最清楚，而见证人并不直接对辨认对象进行辨认，只是起到证明辨认活动依法进行的作用，故对于辨认时的见证人与被害人有利害关系，也不会影响被害人辨认的法律效力，故应予采信。

线人保护

在法庭上宣读举报人、线人的证言时要采取保密措施，对举报人、侦查耳目不在起诉书中列出其姓名、住址等具体情况，在移送证据复印件时应当向法院注明保密或者单独移送，公诉人在法庭上宣读举报人、侦查耳目的证言时，应当向法庭说明保密情况，通过隐去其姓名或者使用化名、代号表示其身份，同时不宣读其住址、工作单位等其他可能泄露其身份的内容。

申请证人出庭

辩护人申请证人出庭，审判长询问公诉人意见。此时公诉人要注意以下几点：

一般而言，证人都应当出庭。但是由于证人的特殊情况，有时（很多时候）证人不出庭，我们建议根据情况分别处理。如果公诉人认为该证人证实的情况与在案证人一致，或者该证人曾经提供过证言，或者该证人欲证实的情况不影响案件事实认定的，检察官可以直接建议法庭驳回辩护人申请。

如果很难作出判断，可以建议由合议庭决定，一般在下列情况下：（1）该证人曾经向公安机关或者检察机关提供证言，出庭要改变证言的；（2）辩护人申请新的证人到庭，且该证人要证实的是新的案件情况，可能影响事实认定的，由合议庭决定是否传唤证人到庭更为合适。

如果法庭决定证人不出庭或者公诉人建议直接驳回被告人的申请，而辩护人纠缠的细小问题与案件基本事实和定性没有关系的，则当庭建议法庭不予采信，并建议法庭提醒辩护人注意庭审的重点和目的在于查明案件事实，过于纠缠无谓的细节只能降低庭审效率。

被害人或证人的言词证据在细节方面存在前后矛盾，如果属于记忆上或判断上的失误，正符合了人的记忆规律，说明侦查、检察人员在制作笔录时是客观真实的，不能因此怀疑该证据的真实性。反之，如果所有人的记忆在细节方面都完全一致，反倒令人怀疑笔录制作过程的真实性。

指控被告人犯罪并非只凭借一份证言或陈述，而是由各类已排除合理怀疑的证据链来支持的，将合议庭的注意力转移到证据的整体上来，避免就一份证言或陈述内容被辩护人过度纠缠。

如果细节问题确系侦查、检察人员工作的疏忽，导致全案不能排除合理怀疑，则建议法庭延期审理，待补充侦查排除上述合理怀疑后再恢复法庭审理。

事先准备

辩护人申请法庭传唤被害人或被害人提供的证人出庭，法庭允许后，上述人员立刻出现在法庭，公诉人一定要冷静，看清形势，区别对待。

如果法庭准许被害人、被害人提供的证人出庭作证，公诉人应仔细听辩护方的发问和被害人、证人的回答，辨别和原证有无变化。如上述人员所要证实的情况和以往一致，不影响案件定罪量刑的，公诉人应当按照审判长确定的顺序向证人发问，可针对案件事实进行询问，然后告知法庭在举证时不宣读该证据；如不一致，查明不一致原因，分清问题症结所在，然后参照前文的应对方法，固定原证，维护控方的证据；如果公诉人没有十足的把握，可建议法庭延期审理。

证据异议

在质证过程中，辩护人常常对公诉人出示的证据提出异议，且影响定罪量刑的，而审判长未询问公诉人的意见，公诉人可以在继续举证之前，先自行进行答辩，具体可表述为："审判长，在继续出示证据之前，针对辩护人对于××证据的质证意见，公诉人作如下答辩……下面公诉人向法庭出示本案的××证据……"如果接下来的举证，审判长仍然忽视公诉人的答辩权，则可以进一步表明：法律规定，公诉人和辩护人可以对证据进行相互辩论，所以在继续举证之前，公诉人仍要对辩护人刚才提出的异议先予以答辩。

证据很多

案情复杂、证据繁多的案件，一般采用分组举证的方式。按照一定的标准将证据分为若干组，确定每一组证据证明哪些诉讼主张。在对证据进行分组时，要遵循证据之间的内在逻辑关系，一般应将证明方向一致或证明内容相近的证据归为一组，也可以根据情况，按照证据种类的不同进行分组，并注意各组证据在证明内容上的层次和递进关系，以便于法庭和旁听人员理解。一般来说，要先出示定罪证据，后出示量刑证据；先出示主要证据，后出示次要证据；先出示可能无异议的证据，后出示可能有异议的证据。通过合理排序，使示证活动层次分明，脉络清晰，主次有序，以取得较好的效果。

分组举证可以采取正叙法，即按照犯罪事实的发生发展时间顺序出示证据。其出示顺序是：（1）出示犯罪预谋阶段的证据；（2）出示犯罪实施阶段的证据；（3）出示犯罪实施终了阶段的证据；（4）出示有关量刑情节的证据。

分组举证也可以采取倒叙法，其出示顺序是：（1）出示犯罪实施终了阶段的证据；（2）出示犯罪预谋阶段的证据；（3）出示犯罪实施阶段的证据；（4）出示有关量刑情节的证据。

数罪证据的出示

对于一名被告人实施数起犯罪的案件，可以每一起犯罪事实为单位，将证明犯罪事实成立的证据分组举证或逐一举证。其中，涉及每起犯罪中量刑情节的证据，应当在对该起犯罪事实举证中出示；涉及全案综合量刑情节的证据，应当在全案的最后出示。

对于数名被告人实施一起犯罪的案件，根据各被告人在犯罪中所起的作用、地位及情节，一般先出示证明主犯犯罪事实的证据，再出示证明从犯犯罪事实的证据。

对于数名被告人实施数起犯罪的案件，可以采用不同的分组方法和举证顺序，或者按照作案时间的先后顺序，或者以主犯参与的犯罪事实为主线，或者以参与人数的多少为标准进行举证。在办理本类案件时，应注意区分犯罪集团的犯罪行为、一般共同犯罪行为和个别成员的犯罪行为，并分别进行举证。

多罪名的证据出示

多个罪名的案件或者一个罪名多起事实的案件一般可按罪名

和犯罪事实进行总体分组排序，每一项罪名讯（询）问完毕后出示证据，或者每一起事实讯（询）问完毕后出示证据。罪名和犯罪事实的排列顺序，一般应与起诉书相同，大多按由重到轻的顺序排列。同一证据可以根据证明需要重复出示。对于重复出示的同一证据，一般仅予以说明即可。针对需要证明的内容相同的，如主体身份都是国家工作人员的，也可以一次性分组举证，或者按照犯罪构成要件的具体内容以及采取其他适宜的方式进行。

庭审中的刑讯逼供抗辩

在庭审讯问中，被告人出乎意料地当庭提出司法人员刑讯逼供。这时你要立即针对此类违法行为的发生情况，有意识地对被告人进行讯问，如在什么情况下，相关人员对你进行刑讯逼供的？尽量让被告人将事件的全过程陈述清楚，让他说完，也就是说，让他说到没有什么可说的地步。在他陈述的过程中，你要仔细地分析他所说的每一个细节，看看有没有什么矛盾之处。然后再根据他的陈述进行提问。一般而言，即便被告人已经陈述过相关细节，你也要重复地讯问以下几点内容：什么时间？什么地点？什么人？如何刑讯逼供，即刑讯逼供的方式、工具？刑讯逼供延续的时间多长？当时造成的伤势如何？现在的伤势如何？是否经过治疗？在哪里得到治疗的？有无向有关部门投诉？而最为关键的讯问应当是：在侦查或审查起诉阶段的多份供述是否均存在刑讯逼供的情况？哪些有刑讯逼供的情况，哪些是真实意思的表示？你还要讯问被告人在审查起诉阶段，为什么不提出侦查阶段受到刑讯逼供的事实？有无隐情？等等。当然如果真有刑讯逼供的情况，被告人一般会在你审查起诉的阶段就提出来的。你也不能否认有些被告人就是在审判阶段也不敢直说曾经被刑讯逼供。所以，我们在任何情况下，都不能忽视对刑讯逼供是否存在的严格审查。

如果确实存在刑讯逼供的情形，你要毫不迟疑地建议法庭延期审理，待将案件事实和证据进行全面的复核以后，根据案件的具体情况分别作出不同的处理。程序上，第一步，你要将案件存在刑讯逼供的事实向领导报告；第二步，你要根据被告人的陈述，对涉及刑讯逼供的相关人员进行调查，评估刑讯逼供对案件的影响程度；第三步，你要对案件全部材料进行重新审查，评估一下，在排除刑讯逼供获得的证据之后，其他证据是否足以证实起诉书所指控的犯罪事实。如果不足以证实起诉书所指控的犯罪事实的，应当补充侦查，仍然没有充分的证据支持起诉的，应当撤销案件。如果排除了刑讯逼供所获得证据之后，该案的其他证据足以证实起诉书所指控的犯罪事实的，则继续开庭指控犯罪，并当庭说明：根据刑事诉讼法第 53 条的规定，对一切案件的判处都要重证据，重调查研究，不轻信口供，没有被告人供述，证据充分确实的，可以认定被告人有罪和处以刑罚；建议法庭采信公诉人当庭出具的其他证据，对被告人正确定罪量刑。

如果不存在刑讯逼供的，你可做如下答辩："本案在审查起诉时，（被告人曾向公诉人提出过上述辩解）公诉人通过认真查证，未发现侦查机关存在诱供、刑讯逼供及其他违法行为。同时，公诉人可通过向法庭出示、宣读有关诉讼文书、侦查或者审查起诉阶段制作的笔录等材料，以表明取证程序符合法律规定，说明原有罪供述的真实性、客观性，并进一步指出看守所收押每个犯罪嫌疑人时均进行体格检查，而且每次提审后回监室均进行例行检查，检查结果均表明没有伤痕，建议法庭对被告人的辩解不予采信。"

如果在评估案件之初，你觉得被告人可能会提出类似身体上的问题，你要事先调取监管场所的体检表，看看是否有问题。

对于重大案件，开庭前一定要调取体格检查表备用，尤其是那些庭审可能被广泛报道的案件。

刑讯逼供的情形十分少见，因为现在没有几个司法人员会冒着失去工作的风险去做这种事情，但是有一种现象比较多。有的被告人可能会提出相关的司法人员没让被告人看笔录就要求其签字、捺印，原因可能多种多样，如案件需要提审的人员太多，而拘押场所每天下班时间很早，留给提审人员的时间就两三个小时，如某个提审的人员心情不好，也许他是个新手，还没有形成让被告人阅看笔录的习惯，等等。对此，你马上要根据被告人的说法当庭进行讯问，主要包括以下几个方面：什么时间？什么地点？什么人？提审时的具体情况？为什么没有让你看笔录？根据上述的讯问，你大致可以得出哪份提审笔录可能存在违法的情况。同时你要密切注意被告人陈述内容中的矛盾之处，看看是否存在被告人为了拖延审判甚至扰乱审判秩序的情形，如果有这种可能，你可以接着问下面的问题：作为成年人，你是否了解本人亲笔签字、捺印的意义和法律后果？既然了解，为什么没有向侦查人员或检察人员提出要求阅看笔录？如果你确信是被告人在拖延审判时间或者是为了扰乱审判秩序，你应当马上指出："被告人作为具有行为责任能力的人，应当知道自己在笔录上签名应承担的法律责任。事实上，被告人对其所作的供述已在笔录上多处作了更改，其辩解不能自圆其说，请合议庭不予采信。公诉人刚才宣读的被告人原供述符合本案的客观事实。"如果在讯问时有相关录像的，可以当庭出示，直接驳斥被告人的上述辩解，那就再好不过了。

如果你不能确信相关笔录的合法性，建议你谨慎行事，可以建议法庭延期审理，经过对笔录的审查之后，根据案件的具体情况再作处理。如果确实存在未经阅看就强迫被告人签字、捺印的情形，而该笔录对定罪量刑起到至关重要的决定性的作用的，建议放弃该份证据，另行搜集。

也有可能出现被告人当庭提出笔录的签字、捺印是司法人员让其事先在空白讯问纸上签好或捺好的情形。这种情形比较极端，据我们的观察，现在的司法人员极其少见地存在这种情形。我对此没有什么新的说法，建议你按照上一部分的处置方法处理就可以了。

庭审中的瑕疵证据之辩

有时，辩护人因你出示的证据笔录中日期没有填写完整，而否认该证据的证明力或证据资格的。你可能在日理万机的时候没有注意到这个问题。补救方式是先确认该证据笔录是在哪一天制作的，然后再根据内容来作相应的处理。

如果确认侦查人员制作该笔录时，已经告知当事人依法享有诉讼权利，并且不存在延长讯问、询问时间等违法情形，当事人表述的内容真实连贯，可以与其他证据相互印证，公诉人应指出该份证据具有客观真实性，同时要表明，指控犯罪并不仅依据一份笔录，而是通过一系列的证据互相印证，形成证据体系，故建议法庭综观全案依法采信该份笔录。

另外，笔录不止一份时，公诉人可以更换其他笔录，同时可以肯定辩护人认真细致的工作作风，会促进检察、侦查人员进一步提高办案质量，减少工作疏漏。

如果无法当庭确认该份笔录的有效性，且其对定罪量刑具有重大影响，公诉人应作以下表述："审判长，鉴于辩护人对该份笔录提出质疑，并且阐述了充分的理由，提供了相关证据，公诉人认为根据现有证据，并结合全案分析，尚不能排除该份笔录的违法性。为了确保案件当事人依法享有诉讼权利，维护司法公正，公诉人建议休庭，进一步对该份证据查证核实。"

有些笔录只有一个人的签名，而作为证据提交法庭，辩护人也可能因侦查人员单人制作笔录，而否认该证据的证明力或证据资格，你也要处理得当。

首先，公诉人应承认侦查人员单独制作笔录违反了刑事诉讼法第116条的规定，同时表明，检察机关作为法律的监督机关，将会履行监督职责。辩护人对此提出质疑，也会进一步促进司法机关依法办案。

其次，分析该笔录是否真实客观。如侦查人员是否告知诉讼权利义务，侦查人员在制作笔录时是否有刑讯逼供等行为，当事人自身的认知能力是否正常，是否在宽松自然的环境下进行陈述，与本案的认定是否存在利害关系，笔录内容是否与其他证据相印证。如果排除刑讯逼供的可能，且当庭能够确认该证据内容客观真实，则应建议法庭综合全案采信该份笔录。

如果该份笔录在本案中具有不可替代的作用，且当庭无法确认该份笔录的真实有效性，则建议法庭延期审理，待进一步查证属实或进行必要的补充完善后再恢复庭审。

还有就是关于鉴定意见的，辩护人基于鉴定程序不合法而提出鉴定意见不准确。你要根据辩护人提出的理由分别处理：

首先，辩护人提出鉴定的机构或自然人无鉴定资格的，公诉人应当指明鉴定机构、鉴定人的鉴定资质。

其次，辩护人提出相关证据用以证明鉴定人与本案有利害关系，需要回避的，公诉人应当重点审查该证据是否能够证实鉴定人符合刑事诉讼法第28条的规定，构成需要回避的情形。

最后，辩护人提出鉴定意见文书上有错误，要求重新鉴定的，如果是细枝末节的文字打印问题，不影响定罪量刑，可以向法庭说明，不予答辩；如果是存在单人签名或者重大瑕疵，则要查清产生该瑕疵的原因，必要时可以建议法庭延期审理。

十六、关于法庭辩论的若干事项

从轻情节

对辩护人提出自首、立功、从犯等法定从轻情节，或者有积极退赃、认罪悔罪态度等酌定从轻情节的，公诉人要特别注意，对被告人确有上述法定、酌定从轻情节的，应当实事求是地同意辩护意见，以体现司法公正；对于公诉人不同意上述辩护意见的，应当结合案件的相关事实、自首、立功、从犯等法定情节的判定标准、成立要件及是否存在酌定从轻情节的事实，反驳辩护意见，阐述不认定的理由。

法律对自首的规定不能穷尽其形态，在现实办案过程中，也会存在争议，比如我们在办理张某杀人案的过程中就曾发生这种情况。2011 年 1 月 27 日上海市民陶某某被杀，侦查人员发现在对被害人社会关系进行排查时，据陶某某姐姐反映，陶某某在外与多名女子有不正当关系，他与一名叫潘某的女子的关系被潘某的丈夫发现，陶某某称近段时间被人跟踪。侦查人员在调取被害人短信时，发现潘某曾发短信给陶某某，称其丈夫张某买了把斧头，可能会对陶某某不利，让陶某某多加注意。线索汇总到指挥部后，指挥部将张某列为怀疑对象，后派侦查员至张某家，要求将张某带回局里接受调查。侦查员于当晚 11 时许到达张某居住的小区后，首先找到物业经理，由物业经理陪同至张某家门口，物业经理敲门称楼下住户发现楼上漏水，要检查一下，张某在屋内回答其知道什么事情，让等一下。几分钟后，张某打开门，两只手马上做出让侦查员给其戴手铐的动作，侦查员向他表明身份后，将张某带走，在回分局的路上，张某主动交代了杀害陶某某的事实。张某能否成立自首？一种观点认为，根据最高人民法院《关于处理自首和立功若干具体问题的意见》的规定："犯罪嫌疑人具有以下情形之一的，也应当视为自动投案：在司法机关未确定犯罪嫌疑人，尚在一般性排查询问时主动交代自己罪行的。"张某的行为符合"在司法机关未确定犯罪嫌疑人，尚在一般性排查询问时主动交代自己罪行的"。陶某某姐姐所反映的情况称张某的妻子潘某与被害人陶某某有不正当的两性关系，调取的短信记录反映潘某几个月前曾发短信给陶某某说张某买了斧头，要陶某某注意。根据上述线索，张某仅仅是有疑点，当时并无任何证据证实张某与凶杀案有直接关系，公安机关当时也仅是将张某列为一般怀疑对象。指挥部派侦查员至张某家中找张某，也不是进行抓捕，只是将张某带回局里接受调查，公安侦查人员也表示在当时的情形下，公安机关尚未确定张某就是犯罪嫌疑人，且未采取任何强制措施。公安民警的证言还证实：当物业经理以漏水为由敲门，张某开门后，即伸出手示意公安侦查人员为其戴上手铐，且说我知道什么事情，我会配合的。在回局里的路上，张某即主动交代是其杀害陶某某的。在公安人员并未掌握张某犯罪事实的情况下，张某又主动交代了其实施故意杀人的事实。另一种观点认为，侦查机关发现张某的妻子与被害人有不正当的关系，此可以成为杀人的动机，而张某购买斧头，又有跟踪被害人的行为，杀人的预备行为已经确认，掌握了这么多的证据以后，此时侦查机关派员将张某带回侦查机关接受调查，已经不是一般的怀疑，而是重大嫌疑的抓捕行为，事实上，抓捕人员也是十分谨慎地采取了保险措施，先与小区物业联系，谎称查漏水而进入房屋，同时张某也认为侦查机关已经确认他是杀人犯，他已别无选择，主动伸出自己的手让侦查人员为他戴上手铐，只好就范，他并不认为自己是自首。事实上，检察机关认定张某自首，而被害人家属则认为张某没有自首的余地，坚持认为检察机关的办案人员接受了贿赂才这样认定的。

我们认为针对这些情况应当区别以下两种情况答辩：（1）根据被告人的犯罪事实、情节和对社会的危害程度，适用减轻处罚符合罪刑均衡原则的，应当同意对被告人适用减轻处罚的辩护意见，体现司法公正；（2）如果根据案件情况，认为对被告人应当适用从轻处罚而不能适用减轻处罚的，则应当对案件的事实、情节及行为造成的社会危害作具体的定量分析，阐述为何只能适用从轻而不能适用减轻处罚的理由，反驳辩护意见。最近有一个全国出名的案例，被告人李某某强奸、杀害女青年后，又残杀另一无辜幼童，罪行极其严重，虽有自首情节，但不足以从轻处罚，一审被判死刑，而二审却以有自首情节改判死缓，引起了网络舆论的一片谴责。2012 年 8 月 22 日，云南省高级人民法院再审又判死刑。我们认为李某某犯罪行为极其严重，虽有自首情节亦不足以减轻其刑罚，判处死刑充分体现刑法的罪责刑相适应原则，也实现了法律效果和社会效果的统一。我们还应当注意理解"保留死刑，严格控制死刑"的刑事政策，本着严谨、慎重适用死刑和少杀、慎杀的态度，对罪该判处死刑的案件，看看是否具有可以不判处死刑立即执行的事实、情节，若有，应当同意判处死刑缓期执行的辩护意见；如果被告人不具备死刑缓期执行的情节，论罪确实应当判处死刑立即执行的，应当结合证据反驳死刑缓期执行的辩护意见。

说到死缓，我们就想到在法庭上被告人或辩护人提出适用缓刑的意见。虽然这是量刑的范畴，但公诉人必须给予回应。从法律的角度看，能否对被告人适用缓刑，应当结合案件事实，对照刑法第 72 条关于缓刑的条件决定答辩意见。如果被告人的情况符合缓刑条件，并且公诉人也得到充分授权，则应当同意辩护人对被告人适用缓刑的辩护意见；如果虽然被告人符合缓刑条件，但公诉人没有同意适用缓刑的授权，则应当请合议庭评议，作出公正的判决。如果案件事实及被告人的情况不符合缓刑条件，则应当反驳辩护意见。

罪名争议

有时在法庭上，辩护人在辩护意见中只提出公诉人认定的罪名不妥，既不说被告人无罪，也不说被告人构成他罪。诉讼的程序已经开始，起诉书已经宣读完毕，我们必须按照法律将程序进行下去。但是如果对辩护人的这种意见不予理会，就显得司法机关过于强势，司法民主无法体现。因此公诉人首先应当判明，辩护人提出的公诉指控罪名不妥的具体理由，其实质是作无罪辩护还是罪轻辩护：如果其结合案件事实，针对公诉指控罪名的构成要件（主要是特殊主体、客观要件）进行否定性的或者是存疑性的评判，则可以认定其是作无罪辩护；如果其在阐述公诉罪名不妥的具体事由中，以其他轻罪罪名的要件进行比较的，可以认定其是作罪轻辩护。

在具体进行答辩时，公诉人首先可以阐明辩护人（律师）在刑事诉讼中为被告人提出无罪、罪轻辩护意见的职责，表明公诉人答辩时要猜测辩护人核心辩护观点的困惑，在归纳辩护人当庭发言核心内容的同时，点破其无罪辩护或者罪轻辩护的根本意图。其次，公诉人可以根据业已查明的事实、证据，围绕指控罪名的构成要件进行分析，重点对辩护人所提出的具体不妥之处，进行有针对性的答辩，必要时，可以重申起诉指控定性的准确，其中，对于实质上进行罪轻辩护的，应当围绕着两罪的特点及不同进行分析，结合案件客观事实论证公诉指控的罪名成立。

攻　　击

辩护人发表辩护意见或者被告人自我辩护时对公诉机关或者公诉人进行攻击。旁听的人会怎么想，如果有人拍了视频放到网络上，又会怎样，这些都是公诉人应当考虑的内容。要礼貌地要求法庭予以制止。同时，在答辩中可以明确指出对方进行人身攻击的行为并表示反对。对辩护人的人身攻击也可明确指出，辩护人应当根据事实和法律进行辩护，对公诉人的人身攻击无助于从轻、减轻或免除被告人的刑事责任。

对辩护人庭前已审阅全部卷宗，但在开庭时却突然提出公诉人出示的证据系庭前未向法庭移交的证据，以此来攻击检察机关或公诉人的，公诉人应表明：（1）辩护人没有实事求是地向法庭阐明，其本人在庭前已审阅了全部卷宗，已审阅了该份证据；（2）指出该行为是对公诉机关公正执法的诬蔑，是极不严肃的。

追加共犯

辩护人提出增加追诉对象，比如互殴案件中，被告人受轻伤以上伤害，致伤者未一并起诉，辩护人提出应当追究致伤者的刑事责任，甚至当庭指出检察机关没有履行法律监督的职责。检察机关不一并起诉致被告人轻伤的加害人是正确的。能够与被告人一并起诉的应当是被告人的同案犯，而致被告人轻伤的加害人虽然与被告人互殴，并将被告人打伤，但与被告人并非同案关系，因此不应当对致被告人轻伤的加害人与本案被告人一并起诉。通过今天的庭审，公诉人了解了辩护人的上述意见，休庭后将会向本院职能部门转达，由职能部门依法办理。

我们建议公诉人直接指出："今天开庭审理的是被告人实施的伤害案件。辩护人提出要求追究致被告人轻伤的加害人的刑事责任，超越了辩护人的职责。刑事诉讼法第35条规定，辩护人在法庭上的责任是根据事实和法律，提出证明被告人无罪、罪轻或者减轻、免除其刑事责任的材料和意见，维护被告人的合法权益。故是否追究致被告人轻伤的加害人的刑事责任不属于今天庭审中要解决的问题。"

犯罪对象的非法性——侵害行为合法性之辩

犯罪所得的财物并非被害人合法占有，有的被告人会说这是某某贪污所得、受贿所得等。辩论中只要指出侵犯财产罪的本质特征在于行为人非法占有其无权占有的财物，从而侵犯了国家、集体或者公民个人的财产所有权。被告人犯罪所得财物虽然不属被害人合法所有，甚至是被害人非法占有的，但并不是任何人都可以拿来归己所有的无主物，如果应当没收该财物或发还失主，也只能由有关国家机关依法进行，绝不允许被告人任意侵犯，因为非法占有被害人的上述财物，归根结底是对国家、集体或者公民财产权利的侵犯。故被告人非法占有的财物是否属于被害人合法所有，并不影响其侵犯财产罪的成立。

违法羁押

庭审中出现辩护人提出存在超期羁押、超出审限的情形。在一般情况下，案件不会发生超期羁押、超出审限的情形，辩护人之所以会提出这方面的意见，主要还是对法律、司法解释规定的误解，对刑事诉讼程序的陌生，对此可以依据相关法律、司法解释规定进行答辩。

对极个别确实发生超期羁押或者超出审限的案件，公诉人应当实事求是地对超期羁押、超出审限的情况进行评析，从法律监督的角度对造成此种情形的原因予以分析，明确指出其违法性，并客观介绍发现此问题后的处置情况（如已变更强制措施、追究相关责任人员责任等）；同时，公诉人也要明确指出，现行法律规定并没有禁止公、检、法在超期羁押或者超出审限期间依法收集的证据具有证据效力，因此，这些证据对案件具有证明力。

法庭上的训诫

如何进行法庭教育，特别是在未成年人刑事法庭上。从教育内容看：首先，要全面分析其走上犯罪道路的原因，要兼顾促使其犯罪的主客观两方面原因，重在主观，对客观原因应当如实分析，但不能过于渲染。其次，要深入剖析其犯罪行为对社会、单位、他人的危害及对个人前途、本人家庭、他人家庭的影响。

从教育对象看：首先，要针对被告人的身份、年龄、受教育程度等进行教育，避免发表被告人难以理解的法庭教育。其次，要综合考虑旁听人员的身份、地位、旁听原因等进行法制宣传，避免发表一般旁听人员难以认同或者过度影响旁听人员情绪的法制宣传。

从教育方式看：首先，在进行法庭教育时应考虑被告人的心理感受和承受能力，尽量避免出现强烈刺激被告人情绪的言语。其次，法庭教育和法制宣传要结合实际，情法兼顾，尽量贴近社会实际，使用社会大众能够普遍认同的价值理念。避免出现大话、空话，反而造成不良的庭审效果。再次，公诉人语气应真诚，循循善诱，切忌在被告人已经表示认罪悔罪的情况下仍然强势压人，造成旁听人员对公诉人的反感。最后，公诉人对于认罪悔罪的被告人应当体现一定程度的宽容，可以阐述被告人也有善的一面，有可以改正的机会。

内部规定？内部政策？内部潜规则？

庭审中，被告人或辩护人要求公诉人提供检察机关内部的政策性规定。公诉人应当对所谓"内部规定"一说作出澄清："我们定案的依据是国家的法律、司法解释，以及各地司法机关根据法律、司法解释的精神制定的有关规定，而非所谓'内部规定'。"在庭审中，法律、法规的内容以及适用属于审判人员履行职务应当知晓的事实，不必提出证据进行证明，公诉人没有义务提供。总体说来，这项工作应当由律师来完成，因为各地的相关解释或者相关规定通常会发到各个律师事务所。当然律师有可能没注意到这个规定，或者没有看到这个规定，如果不是太麻烦，公诉人就提供给对方也不会有什么损失。我个人倾向认为应当提供给他们，条件是不影响法庭审理程序的顺利进行，不至于影响法庭审判的公开、公平和效率。

十七、庭审中的其他事项

法官打断了你的阐述

我的同事最近办理一个案件，我和他一起出庭，他在作答辩时被审判长制止了三次，他要说明的问题还没有说清楚，必须进一步阐述，他很恼火，问我该怎么办？我跟他说直接提醒审判长不要打断他。过了一会儿，他向审判长示意，对刚才没有说清楚的问题进行了补充，而且他先说了下面的话："审判长，检察员认为将要答辩的观点对被告人定罪量刑有着重大关系，希望法庭能尊重法律赋予的这项权利，不要轻易打断检察员的答辩。"后来的庭审过程中，审判长再也没有打断过他。

老太婆的裹脚布

我们最近办理的一个案件，被告人有 9 人，整个庭审延续了近 9 个小时，平均每个辩护人的辩护词宣读了 40 分钟，有一名辩护律师的辩护意见宣读了近两个小时。遇到这种情形，你的答辩必须直击核心，避免拖沓、冗长。你可以选择其中一两名辩护层次、观点相对清晰并具有代表性的被告人、辩护人的辩护意见，结合补充其他被告人、辩护人独特的辩护意见，予以梳理，然后进行答辩。

梳理和答辩的顺序应当先从分析证据、廓清事实着手，将争议证据的采信问题，按照现有证据应当如何认定案件的事实问题阐述清楚，然后按照被告人有罪还是无罪、此罪还是彼罪、罪轻还是罪重，有无法定、酌定的从轻、减轻情节及各被告人在共同犯罪中的地位、作用作深入答辩。

你也可以根据案件需要，在答辩某个具体实体问题时，先运用证据固定相关的案件事实，再对相关的定性、情节等实体问题进行答辩。

如果被告人只有一名，而辩护意见冗长、观点较多，你要按照先证据、事实，后定性，再法定、酌定情节的顺序予以梳理和答辩。关于是否一概要程式化地先梳理出辩护观点，然后再一一答辩，还是边梳理边答辩，你可以根据案件具体情况加以选择。在上述情况下，如果公诉人先梳理辩护观点再答辩，则梳理的时间必然相当长，等再答辩时，法官、旁听人员已经忘记了先前的梳理，故梳理后答辩的效果并不都好。实践证明，一个优秀的公诉人，用边梳理边答辩的效果可能更好。

你也不必面面俱到，对辩护人的辩护意见，不必一一答辩。而对控辩双方争议的影响定罪量刑的焦点问题，必须答辩。答辩前应先向审判长表明坚持公诉意见的态度，同时表明将针对被告人或辩护人的辩护观点，作出答辩。公诉意见已经阐明，但被告人（或其辩护人）仍重复公诉人已经答辩过的意见时，公诉人应向法庭说明："审判长，辩护人所提意见，公诉人已在上一轮的辩论中作出答辩，鉴于辩护人没有提出新的意见，公诉人不作重复答辩。"对于控辩双方认识基本一致（如初犯、偶犯等酌定情节的辩护意见）或被告人及其辩护人提出的意见不影响对被告人定罪量刑或者与案件无关时，公诉人可以不答辩或者只作简单说明。辩护意见符合事实和法律规定，起诉书又未作认定的，公诉人应表明同意辩护意见，建议法庭予以认定。

对于某个有欠缺的证据，辩护人抓住不放时，公诉人要敢于承认欠缺的存在，但需说明欠缺存在的客观原因，然后阐明此证据虽有欠缺，但全案证据相互印证，足以证实犯罪的理由。

随机应变

庭审答辩最重要的秘诀是随机应变。你要根据被告人供述的变化及时调整自己的答辩。如果被告人供述从拒供变为供认案件事实，你在发表公诉意见、分析案件证据时就不必按照原来预案设定的被告人拒供的情况详细分析被告人辩解的不合理，而可简要分析证据材料并表述"被告人亦当庭作了供述"。如果被告人供述从供认案件事实变为拒供，你在发表公诉意见、分析案件证据时也不能按照原来预案设定的被告人供认的情况简单分析证据，而是需要针对被告人当庭的辩解详细分析证据，阐明起诉书认定事实正确。在公诉意见的量刑建议部分，你要根据被告人供述的变化作出调整，重新对被告人的认罪悔罪表现作出肯定或者否定的评价并据此发表新的量刑建议。对于因被告人供述的变化需要重新评价被告人是否自首的，公诉人可在有权决定或被授权的情况下依法作出对被告人是否自首的重新认定。

有时辩护人对某项法律的认识通过庭审的辩论发生了质的变化，你也要根据辩护人对于案件适用法律的认识的变化及时调整。如果被告人或者辩护人从不认同公诉方适用的法律变为认同的，你在发表公诉意见、分析案件适用法律时就不必按照原来预案设定的辩护人的辩护意见分析适用法律，而可相对简要分析起诉书适用法律的法理依据。如果被告人或者辩护人从认同公诉方适用的法律变为不认同的，你在发表公诉意见、分析案件适用法律时就不能按照原来预案设定的辩护方认同的情况简单分析证据，而是需要相对详细分析起诉书适用法律的法理依据。

在发表第一轮公诉意见时，你并不能确定辩护人不认同起诉书适用法律的详细理由。为避免被动，在发表第一轮公诉意见时，以作一般法理分析为主。而在辩护人发表完辩护意见，明确辩护理由时，你再作有针对性的答辩，这样在庭审效果上更有说服力。

过度的机变

有一位检察官（我们姑且叫他小曲）在出庭时反应很快，曾经多次在法庭上将被告人和律师逼到哑口无言的境地，号称"机关枪"，业界也对他多有好评。有一次，领导决定安排小曲开一个公开庭，供公诉干警观摩学习，许多领导也亲临庭审现场，同时也请了许多人大代表、政协委员来评议。庭审的开始顺风顺水，一切都按部就班地进行。小曲太想表现了，或者是小曲觉得庭审太平淡、缺乏激情，庭审效果不好，总之，到了辩论阶段，小曲的表现失去了常态。案件是一个故意伤害案，邻居之间的小事引发了一场血案，一家略有痴呆的儿子将隔壁老人打成重伤，依法应当负限制刑事责任。而出庭的小曲提出的量刑建议没有考虑到被告人轻度痴呆的事实，律师提醒说"被告人是个戆头"。小曲的反应极快，指着被告人说"真的吗？我们来看看被告人能否从一数到十，然后从十倒数到一"。于是小曲要被告人站起来，让他数到十，然后倒过来再数到一，被告人真的就从一数到十，又从十数到一。小曲看看辩护律师，又看看旁听的人，说："各位看到没有，被告人根本就不傻，怎么能从轻处罚呢？"律师笑了起来，法官也笑了起来，小曲也有些扬扬得意。但是结果你们可以想象得出，评议的结果也是可以想象的。

反应快固然好，但有时也会失却慎重。缺乏审慎的思考，随口而出的语言必然留下漏洞，甚至是毁灭性的。最好的应对不是第一时间就反击，而是经过慎重地考虑，针对问题，组织好答辩的逻辑顺序和语言，即便是表达的语气也要仔细斟酌，讲事实、讲道理，以理服人。

十八、"幽灵抗辩"与合理怀疑的界限

"幽灵抗辩"

2011年10月，被告人黄某某用"相濡以沫"网名在某交友网站上注册并结识谢某。黄某某虚构自己是美籍华人、奥巴马总统顾问以获取谢某的好感。在聊天过程中，黄某某编造巴拿马运河航线投资项目并称该项目回报率为本金的6倍，投资门槛为100万美元（约705万元人民币），在2012年元旦前除偿还本金外可另行给予回报1800万元等，谢某信以为真，同意投资上述项目，并将高息借贷的705万元中的25万元通过银行卡转账、其余通过现金形式交给了黄某某指派的人员。黄某某以自己是美国国务院官员需要保密为由要求谢某将他们的聊天记录全部删除，并将电脑的硬盘重新格式化，谢某照办了。不久黄某某从人间蒸发，谢某报案。根据谢某提供的QQ号码跟踪到黄某某前女友的地址，找到了黄某某。搜查黄某某的住处，发现了银行转账卡对应的存折。另查明，案发后，黄某某先后以月息3%的高息出借大笔现金给他人，其中借给叶某某250万元，借给柯某某350万元，借给蔡某某25万元，按3%～3.5%不等的月息收取利息。

指控黄某某诈骗犯罪的最直接的证据有两个：一是谢某转账25万元的银行卡与银行存折户主为同一人，而该存折在黄某某处；二是被害人提供的QQ号码在黄某某的住处使用。间接证据包括黄某某的前女友认为是黄某某的手机号码而提供给司法机关，此号码与黄某某的 QQ 号码捆绑使用，该号码在谢某交付第二笔现金的时候在上海登录；黄某某的前女友发现的黄某某带回他们共同居住地的一个红色拉杆箱与被害人提供的用于装交给黄某某派人来取的现金的箱子一致，但据黄某某的前女友说该箱子后被黄某某带走。

辩护人在法庭上进行了无罪辩护。针对指控犯罪的证据，黄某某逐一进行了辩解。针对在他的住处查获的存折，黄某某称在做安利产品销售的过程中，某购买产品的客户将此存折放在他那里，具体是哪个人，他已经记不清了。如果要证明他的犯罪的成立，律师认为应当由公诉机关来排除该项合理的怀疑。

针对 IP 地址，黄某某使用的 QQ 号码密码被别人偷取，已经不止一个地方发现有人使用这个 QQ 号码，具体是哪些人使用这个号码并实施诈骗的，也应当由公诉机关来排除，这也是合理的怀疑。

针对第三项证据，黄某某称鉴于 QQ 号码被别人盗取，这个号码即使是他的，也不能证明就是黄某某实施了诈骗，况且他根本不知道这个电话号码是谁的。这个合理的怀疑也没有排除，这也是公诉机关的责任。

针对第四项证据，这个红色的拉杆箱根本不存在，他的前女友之所以这么说是因为对他离开她而怀恨在心，在侦查人员的引诱下故意栽赃陷害。这要请公诉机关予以查清。

为了证实黄某某的罪行，公诉机关还在被害人交付现金与黄某某借钱给他人的数额和时间之间建立了对应关系。

针对黄某某的突然暴富，黄某某辩解称他做安利销售获得了巨额收益，因为他的产品不是从安利直接进货，而是从一个隐秘的途径进货，价格只有正规途径的十分之一，所以获利丰厚，而这个途径只有几个人知道，据说是安利的内部人员偷窃所得，卖货人不定期地与他联系，行踪不定，个人无法查明，只好请公诉机关查明真相。

又因为他曾经帮助过一名香港的老板，该老板就在案发前送给他一笔巨款，现在这名香港老板移民国外，联系不上，应当由公诉机关来查明真相。但是他已经将这名香港老板的姓名和电话全丢失了。

另外，他的前妻在死前留给他一笔巨款，大约几百万元现金。他老婆生前在一个濒临破产的小公司上班，公司欠她几个月工资，尚未发还。她的月工资为 2000 元左右。至于她哪来这么多资金，请公诉机关查明。

被告人的如此辩解甚至引起了承办案件的法官的怀疑，他打了个电话给我，让我看看证据有什么问题没有，如果有的话，看看能不能补充侦查，或者改判无罪！想想吧，侦查机关花费了这么多时间、金钱、人力、物力，得出的有罪结论竟然被几个不靠谱的问题推翻了？如果被告人提出的每一项质疑都要查清楚，那什么时候有个结束？

被告人黄某某提出的抗辩理由就是典型的"幽灵抗辩"。"幽灵抗辩"的理由是否存在无法调查、核实，屡屡成为犯罪分子逃避惩罚的手段，趋势越来越严重。

三个方面

无法查明的抗辩就是我们常说的"幽灵抗辩"。被告人为了减轻或者免除自己的刑事责任，提出许许多多难以查证的辩解，提出所谓的合理怀疑，企图牵着司法人员的鼻子，误导司法人员的认知，让司法人员得出错误的结论，并进而作出错误的判决。

"幽灵抗辩"多发于三个方面：

第一，主观明知的狡辩。犯罪人一般会提出自己不明知的抗辩，如在某高速公路上警察拦截一辆小汽车，查获大量海洛因，问车主这是什么，他回答说不知道。问他从哪里得到的，他则回答是朋友托他带的，然后编个名字，提供个电话，查无可查。如何定他贩卖、运输或者非法持有毒品？

第二，在贪污、受贿犯罪中，犯罪嫌疑人提出自己将犯罪所得用于公务支出的抗辩，尤其是当单位管理混乱、账目不清的时候或者发生转制、改组、并购、分立的时候，犯罪分子的托辞往往无法查证。

第三，在盗窃和掩饰犯罪所得等犯罪中，犯罪嫌疑人用民法上的善意取得对抗指控。我们承办的刘某某隐瞒犯罪所得一案就是如此，刘某某明知是盗窃来的赃物而收留、享用。到案后坚称是在二手货市场买来的，从哪个人手里买的，他则说是某某某，但是去查该人，则没有任何线索可查。

解决方法

"幽灵抗辩"困局的实质就是合理怀疑的界限问题，怀疑的边界有多大？是不是提出的任何抗辩都是公诉机关必须排除的对象？是不是应当由被告人提供一定的证明自己主张的义务，也就是被告人能否分担部分特定的举证责任？

在英美法系的刑事诉讼中，由于采取的是当事人主义诉讼模式，控辩双方地位平等，遵守"谁主张，谁举证"的证明责任分担原则。证明有罪的举证责任由公诉机关承担。但是被告人对否定犯罪存在的主张负有举证责任，如主张其行为是出于无知、错觉、精神疾病、正当防卫、紧急避险、受到胁迫、依法行为、犯罪引诱（仅对毒品犯罪和恐怖犯罪有效）、不在犯罪现场以及没有犯罪故意或者过失，等等，被告人或者辩护人就要提出可供公诉机关可查的线索。如果被告人沉默或者无法提供证据或者证据线索，被告人就要承担败诉的结果，即要负刑事责任。这种证明责任的分担，主要是出于取证便利的考虑，因为被告人对相关抗辩理由的存在与否具有特别的认识，如犯罪引诱，如果是非职务行为则不能成立，为保密起见，这种行为不为外界所知，相关部门也有可能拒绝提供相关的证据，被告人的行为的正当性就很难为外界认知，因此只有被告人提出线索，司法机关才有可能查清相关的事实，才能正确地定性。

在职权主义诉讼模式下的大陆法系国家，由于受无罪推定原则和沉默权的限制，被告人不负证明自己无罪的举证责任。在大陆法系国家，证明责任分为客观证明责任和主观证明责任，然对被告人而言，他既不负担客观证明责任，也不负担主观证明责任，所有的责任都落在检察官的肩上，除非有法定的例外（如巨额财产来源不明罪、医疗事故罪等）。被告人可以提出违法性或者有责性抗辩的时候，虽然他不能提供相关的证据或者证据线索，他也不承担由此而来的败诉后果，必须由检察官准确无误地证明他的抗辩不成立并证明他有罪才能让他承担刑事责任。

在我国的司法实践中，对于"幽灵抗辩"的处理，并不能完全按照举证责任分配的英美法系国家的规则进行，因为并不需要被告人承担提供证据的义务，但是检察官也不承担反驳"幽灵抗辩"的责任，因此也不能完全按照大陆法系国家的规则进行。实践中，是由法官依照证据调查的权利或者义务进行调查并依据调查结果，对证据作全面的客观的综合评判后得出被告人是否构成犯罪的结论。事实上，如果被告人提出没有合理根据的抗辩理由，又不提供相关的线索，极有可能误导法官的评判，得出公诉证据不足的结论,进而放纵犯罪。上述黄某某诈骗案,由于黄某某的一系列"幽灵抗辩",导致主审法官认为对此案要慎重,需要再次补充证据,该案的二审裁定拖延数月才作出。

另一个案例

笔者承办的吴某某受贿、贪污、挪用公款、隐瞒境外存款案,被告人吴某某提出他没有贪污犯罪的主观故意的抗辩,提出公诉机关认定他贪污的款项用于支付公司产品的广告费了,贪污罪不能成立。辩护人认为被告人提出了合理的怀疑,要求检察机关排除这个合理的怀疑。按照法律的规定,检察机关将案件退回侦查机关补充侦查两次,公诉人也多次进行补充侦查。但是由于吴某某任职的公司本来就有为了推销产品而做广告的事,吴某某是用假发票报销而得的公款做广告,还是用公司其他款项做广告,无法查清;又因为公司股份制改造,人员变动很大,账目混乱,查清事实真相更加困难。吴某某实施利用假发票报销的行为时的主观动机、目的是什么,只有他自己清楚,检察机关不可能查清。但经过补充侦查,吴某某利用假发票报销而获取公款的行为得到了进一步的确认。案件延宕日久,数次开庭,分歧意见仍在,不能结案。笔者认为吴某某的行为导致 500 万元公款流失的行为虽然在认定贪污罪方面有欠缺,但足以认定为另一较轻的罪名,即国有公司、企业人员滥用职权罪,从保护公共财产不受侵犯、刑法谦抑原则和有利被告原则出发,在重罪、轻罪、无罪之间找到一个平衡点,最后审判机关认定轻罪成立。

吴某某的抗辩也是"幽灵抗辩"的典型,只是由于国企改制的特殊历史时期以及公司管理方面的混乱导致的特例,并不能从根本上否定贪污罪的存在。

解决这个问题的方法就是有限的举证责任分担和有限的反驳抗辩。

首先，由被告人提供自己抗辩的理由，并提供相应的证据线索，如果被告人不能提供证据或者证据线索，则法官根据经验法则，根据现有的证据，即便全部是间接证据，也可以推定犯罪事实的存在与否，进而确立自己的自由心证，得出相应的结论。如上述黄某某诈骗案，根据侦查机关在黄某某住处意外查获的存折，可以推定银行卡也在黄某某处，由此也可以推定黄某某就是网名为"相濡以沫"的诈骗犯罪分子，进而推导出黄某某派人收取了谢某支付的巨额现金。现有证据足以认定被告人的诈骗罪名成立，虽然黄某某提出了诸多抗辩，但都没有提供相应的证据或者证据线索，无法确认其抗辩的真实性、合理性。对于主观罪过的抗辩，只要根据其行为就足以认定，如走私犯罪，只要有逃避海关的行为、伪装货物、未经海关同意在非设关的地点装卸货物、利用假合同、假发票、假证明办理通关手续、明显低价报关，或者有过走私行为经过处罚的，都可以推定走私罪的"明知"。①

其次，由检察官和侦查机关对相应的证据线索进行调查核实，如果被告人提出很多个抗辩并且都提供了证据或者证据线索的，由法官根据案件的需要，认为调查核实哪些抗辩即可得出确定的自由心证，法官确定调查核实的抗辩范围，而不必将所有的抗辩证据或者证据线索全部调查核实。如上述吴某某贪污案，吴某某提出了抗辩，即利用假发票报销套出的钱款用于做公司产品的广告，并提供了电视台播放的广告录像，法官产

---

① 最高人民法院、最高人民检察院、海关总署于2002年7月发布的《关于办理走私刑事案件适用法律若干问题的意见》第5条。

生了怀疑，由检察官和侦查机关的侦查员对几个重要的电视台如中央电视台等进行调查核实，虽然没有得到确切的结论，尤其是钱款的支付来源仍然无法查清，但合理的怀疑仍然没有排除，所以才出现贪污罪变为国有公司、企业人员滥用职权罪的情况。

被告人提供证据或者证据的线索达到什么程度？是提出证据反驳指控并说服法官判决自己无罪，还是提出查明事实真相的证据线索？要分几种情况：

第一，如果仅提出指控自己犯罪的理由不成立，但是没有提供反驳指控的证据或者提供可供司法机关获取相关证据的线索，则法官必须认定该抗辩不能成立，可以作出对被告人不利的裁决。如上述黄某某诈骗案，被告人黄某某提出了自己不构成犯罪的主张，但是黄某某没有提供相关的证据予以证明，同时也没有提供可以获取相关证据的线索，如果公诉机关完成了指控的举证责任，则法官应当作出支持指控的裁决，判决黄某某的犯罪成立，依法判决相应的刑罚。

第二，如果被告人在提出抗辩的同时提供了获取相关证据的线索，被告人就完成了相关的证明责任的承担。如果因此获得了确实、充分的证据，就足以推翻犯罪的指控。上述案例中，如果黄某某提供了他的巨额财产的来源并提供了相关的人员姓名及联系方法，司法机关可以根据他提供的信息查明相关事实，如果确有其事，则可能导致指控的不成立。

第三，如果要求被告人承担说服法官的责任，即不仅要提供证据，而且还要就证据所证明的事实与控诉的事实相反，并使得法官相信被告人的主张是真实的，他才能得到无罪的裁决，否则他要承担有罪的结果。如上述案例，黄某某不仅要承担反驳指控的证据，同时还要向法官证明证据体系的成立，足以推翻指控，这样他才能被判无罪，否则，他仍然有可能被判处有罪。

第一种和第二种情形没有本质的区别,只是侧重点不同。实践中,第二种情况是通行的做法,我们不能过度地要求被告人,让他提供自己无罪的证据并形成自己的证据体系,因为在获取证据的能力和途径以及方法、手段方面,被告人与国家的司法机关之间存在巨大的差异。但是要求被告人提供相关证据的线索确属必要,否则造成不必要的司法资源的浪费,也导致罪犯得不到应有的惩罚,进而影响到社会的法律秩序。至于第三种情形很少见。

"金太郎"的强奸案

2012年6月12日凌晨2时许,韩国籍公民金某某,姑且称他为"金太郎","金太郎"要K歌,让公关叫了几个陪酒女郎陪侍,于是"金太郎"与被害人赵某某在KTV见了面,金喝了不少"大炮",就是烈性白酒与洋酒的混合物,醉态蒙眬。夜里一点多,金称自己醉了,要赵某某送他回住处,于是赵某某就和金一起来到了金暂住的上海市某某路99弄55号1201室后,金不顾赵某某的反抗,采用捂、闷口鼻的方式对赵某某进行威胁,并扯下赵某某的内裤强行与其发生性关系。其间,赵某某伺机打电话向他人求救,还于当日凌晨2时48分利用朋友的电话拨打"110"向公安机关报警。金被控强奸犯罪。而他提出的抗辩理由有七八十项,有些合理的怀疑值得排除,如赵某某有心出台,赚取"金太郎"的美钞,故意跟金回到他的住处。这个抗辩因为被害人的否认以及赵某某在KTV从不出台的公关证言而被否定。又如他和赵某某已经商量好了出台的事情,即他出一千块,赵某某陪他一夜,因为他身上钱不够,所以赵某某才报警。这个抗辩因为与前项相同的理由而被排除。再如赵某某为什么没在第一时间拨打"110"报警，而是打电话向朋友求救？这个抗辩被排除是因为赵某某新买的三星手机与 17951 捆绑使用，如果要拨打 110、114、119、120 等公共服务的电话，则会被告知没有这个电话，因为有过这样的经验，情急之下，赵某某拨打了朋友的电话，请他来救她。经过侦查机关利用赵某某的手机当场试验，拨打"110"报警电话果真听到了没有这个电话号码的语音提示，验证了赵某某的反驳理由，这个抗辩也不能成立。

"金太郎"提出赵某某的朋友到达现场后为什么没有立即进入案发的房屋内，而是在房间门外拨打赵某某的电话，赵某某和她的朋友在演出一场"仙人跳"，即以女子卖淫为由引诱嫖娼者上钩，正要性交易的时候，女子的帮手跳出来，以嫖娼者勾引他的妻子或者女友为由敲诈勒索而获取钱财的犯罪行为。这个抗辩也是不能成立的，因为"金太郎"已经将赵某某奸淫了几十分钟，如此"仙人跳"，岂不是人财两空？不符合"仙人跳"的基本特征。经过调查，赵某某的朋友只是一个外地来沪的黑车司机，与赵某某形成了长期的提供租车服务的合作关系，只要赵某某需要，打个电话，这位朋友就将车开到赵某某指定的地点等候。他对赵某某的了解并不多，更不会上演所谓的"仙人跳"的把戏。

"金太郎"又提出大约一年以前，他和赵某某就认识并且在某个 MOTEL 发生过性交易，因此，这次事件也是性交易，而非强奸。至于上次发生性交易的具体地点，他也说了出来，但是相关的地点没有录像资料以证实金的说法，也没有登记入住的记录。辩护律师认为这是确定罪名成立与否的关键证据，检察机关必须查清该事实，排除这项合理的怀疑。我们认为这种说法并非合理的怀疑，而是被害人的品格证据，即使查证如实，也不能作为影响本案定性的证据来看待，因为该品格证据与本案指控的犯罪事实之间没有直接的关联关系，何况这种说法无法查证属实？"金太郎"还提出一个女子为什么半夜跟一个陌生的男子回家？这就不是一个合理的怀疑或者抗辩，也不属于"幽灵抗辩"的范畴，而是属于无理取闹了，属于狡辩了。类似的问题还有：为什么赵某某能够找到金的住处？为什么赵某某遭到强奸而阴部无任何伤痕？有些则属于颠倒黑白的强词夺理，比如为什么遭到强奸，而被害人赵某某没有反抗？赵某某基于"金太郎"醉酒单独回家可能会有危险而帮助他，进屋后金露出了"狼"的真面目，采用了捂嘴、掐脖子的暴力方法，致使赵某某呼吸困难、头脑眩晕，在赵某某失去了反抗能力之后将她的衣裤脱去强行奸污。就像狼吃羊，还怪罪羊没有反抗一样荒谬。

这里就涉及一个问题，即合理的怀疑是否有个边界？

犯罪嫌疑人的所有怀疑都应当排除吗

有证据证明戚某某至少23次与集装箱卡车司机共谋窃取集装箱的货物，价值446万余元。卡车司机负责将集装箱运至戚某某经营的废旧站，戚某某指使雇工用砂轮机切割等手段打开集装箱，卸下其中部分货物，然后采取换铆钉、焊接、万能胶黏结等措施将集装箱再次封好，貌似原状。集装箱卡车司机向戚某某收取货物估价的一半。本案证据有：丢货单位证人证明他们所在单位的集装箱卡车运送货物到洋山港途中被盗，提供货号、货物名称、出口许可、海关验货单等；多名司机供述按照戚某某的要求将集装箱运至戚某某的废旧站，由戚某某组织人员将部分货物卸下，然后将集装箱恢复原貌，他们收取被卸下的货物估价的一半，后继续将集装箱交付港口的事实；雇工王某某供述受戚某某指使，多次从不同的集装箱上卸下各种出口货物，包括多套空调、太阳能电池板、家具、服装、电视机等；收赃人员李某某、徐某某供述曾从戚某某的废旧站多次低价收购各种型号的空调、太阳能电池板、家具、服装、电视机；上海港公安局在戚某某的废旧站扣押的物品清单，以及查获的赃物的照片等书证证实公安机关从李某某处查获赃物。

在庭审中，戚某某提出他的同乡也是他聘用的小工王某某诬告陷害他，因为王某某嫌他在这儿的工资太低；下家李某某的证言也是诬告陷害，因为李某某认为他卖的货物价格太高，有时还卖给别人，不卖给他。

我们认为戚某某等人的盗窃犯罪证据是充分的，可以排除一切合理的怀疑的。戚某某等人的盗窃有多项直接证据证明，司机们的供述证实戚某某等人的犯罪行为，雇工的供述进一步证实他们的犯罪行为；报案提供的丢失货物清单证实了犯罪的数额，而与被扣押及被查获的赃物一致，而李某某的供述进一步证明戚某某犯罪后对赃物的处理方式和过程。戚某某称雇工诬告陷害他，经查戚某某与雇工是同村人，戚某某雇用他已有十几年，多年来并没有发生矛盾，两家关系一直很好，其他雇工也宣称他们像亲兄弟一样，不存在诬告陷害的可能性；李某某陷害他的说法也是不成立的，李某某的经营额基本来自戚某某的废旧站，没有戚某某就没有李某某的生意，因此，李某某并没有诬告陷害戚某某的动机，不仅如此，如果戚某某坐牢，他也将失去生活的来源。李某某的说法验证了雇工的说法，雇工的说法也验证了李某某的说法，卡车司机的供述验证了雇工的供述，同样，雇工的供述也验证了卡车司机的供述，丢失货物的清单与部分查获的赃物相吻合，而李某某的交代又验证了扣押货物清单。各个证据之间相互印证，足以排除任何合理的怀疑。当然戚某某还提出许多抗辩，因为与本案事实没有直接的联系而被驳回。

如果一定要确定一个怀疑排除的范围，笔者认为只有与案件的关键事实和证据有关的怀疑才是应当排除的范围。如上述案例中的诬告陷害方面的怀疑，必须排除。至于犯罪时穿着什么衣服、犯罪的工具、犯罪的次数或者犯罪的数额多少，有的与案件实质问题没有关联，没有必要排除；有的是量刑的情节，在定罪阶段没有必要排除这类怀疑。

犯罪嫌疑人的主观推测是否属于合理怀疑

杨某某、李某某在一起吸毒时聊天，不清楚是谁先提出买毒品，一来可以自己吸食，二来可以卖给别人赚点钱，这样就可以买毒品供自己吸食，以贩养吸。他们商定主要由杨某某出资、由李某某亲自到江西购买甲基苯丙胺 400 余克运回上海，然后再销售到辽宁鞍山。杨某某、李某某都称对方买毒品并贩卖给其他人，而自己只是帮助，不构成贩卖、运输毒品罪，只构成非法持有毒品罪。检察院应当以什么罪名起诉两名犯罪嫌疑人？

现有证据包括：

1. 公安机关的《情况说明》证明：公安人员抓获杨某某、李某某、张某某等吸毒人员，并在杨某某卧室内查获冰毒 80.09 克、海洛因 31.18 克、美沙酮 205.8 克。

2. 杨某某的供述证明：李某某与她一起吸毒时称，想回老家购买一些冰毒。李某某可能准备将购买的毒品贩卖掉一部分，再与她一同吸食一部分。李某某当即电话联系了毒品"上家"，并约定价格为每克 300 元。后李某某一人回江西老家购买毒品，其间李某某多次短信联系她，她借给李某某共 12 万元用于购买毒品，该款由她分三次经建行打在李某某的银行卡上。李某某回上海后将毒品放在她的家中，并声称其中 250 克是贩卖给"刘雪松"的。次日，她称量 250 克冰毒并包好后交给李某某送往辽宁鞍山，剩下 150 余克毒品系她所有。

3. 李某某的供述证明：杨某某与他一起吸毒时，杨某某问他是否有购毒渠道，他就立即电话联系了一名江西老乡，对方回复称可以找到上家，单价 300 元。他征求杨某某的意见后，杨某某表示愿意购买二三百克冰毒，并让他去江西购毒，他表示同意。当时杨某某说，如果毒品质量好的话可多买一点，一部分留着自己吸，另外一部分加价卖给别人。他乘火车到江西省宁都县，上家称共有 400 余克冰毒总价款 14.5 万元，须一起卖给他，并提供样品让他验收，他验收确认后及时发短信告知了杨某某，杨某某同意全部购买并以有事在身为由让他帮忙购回上海，他表示同意，并将杨某某打入他的建行卡内的 5 万元交于毒品上家作为定金。后杨又分两次打给他 7 万元，另外他自行决定向"刘雪松"借了 3 万元，事后他对杨某某说起借款一事，杨某某予默认。他拿到 400 余克冰毒后，休息一晚即包一辆"黑车"从宁都直接回到上海杨某某家，将这包冰毒交给了杨某某。杨某某与他商定，从这批毒品中拿出 250 克以 350 元的单价卖给"刘雪松"。两天之后，杨某某称量 250 克冰毒并包装好后交给他，他携带该包毒品乘火车前往辽宁鞍山送给了"刘雪松"。

4. 手机短信息证明：杨某某与李某某商定从建设银行划款 12 万元。

5. 杨某某转账 12 万元给李某某、刘雪松转账 3 万元给李某某等都有银行的交易查询单证明。

6. 李某某入住宾馆的登记单及录像。

7. 相关《尿检报告单》证明：杨某某仅对吗啡、甲基苯丙胺检测呈阳性；李某某仅对甲基苯丙胺检测呈阳性。

两人各自独立的供述在贩毒行为的事实方面惊人的一致，毫无疑义地证明了一件事，即杨某某和李某某相互协作，购买了400余克冰毒，留一部分他们自己吸食，另一部分卖给他人。杨某某住处查获的毒品、银行转账单、两人的短信交流、李某某入住宾馆的记录进一步证明了贩卖毒品犯罪事实的存在。

杨某某明知对方贩毒而借钱帮助，杨某某构成贩卖毒品罪的共犯。证据表明杨某某只对吗啡和甲基苯丙胺检测呈阳性，也就是说，杨某某不吸食海洛因、美沙酮等毒品，其持有该类毒品的目的只能有一个即贩卖。李某某明知杨某某贩毒而自己积极参与其中，李某某构成贩卖毒品罪的共犯。在这起贩毒案件中，杨某某和李某某共同协商，积极配合，你帮助我，我帮助你，没有杨某某的资金，贩毒行为无法实施；没有李某某的积极行为，亲自到江西购买毒品并运回上海后又将250克毒品运到鞍山，贩卖、运输毒品的行为也无法完成。他们在这起贩毒案件中的作用相当，都应当负主犯的刑事责任，至于是谁先提出贩毒的已经不重要了。

杨某某怀疑李某某栽赃陷害，李某某怀疑杨某某栽赃陷害，是合理的怀疑吗？我们认为这是他们的想法，是典型的"幽灵抗辩"，无法通过举证加以证实，不是合理的怀疑，而是为了减轻刑事责任、逃避惩罚的借口。本案以贩卖、运输毒品罪提起公诉，两名被告受到应有的惩罚。

合理怀疑的界限是件十分个人化的事情，每个司法人员都有自己的判断，那就是司法人员根据经验法则、良知、独立思考而得出的自由心证。对于某些人而言，一个证据加上其他材料就足以认定，对于另外一些人，几百个证据也不敢确定某一事实，所以执法者的学识、阅历、个人工作经验、法律意识的水平对个案的影响至关重要，尤其重要的是司法人员有无一颗善良的心。目前在司法界的当务之急是提高相关执法人员的法律知识的水平，进而提高执法人员的法律意识水平，执法人员也要自觉地融入社会，了解社会大众的情感，增加社会阅历，阅尽人间冷暖，历尽人间世态炎凉，到最后仍然不失对大众的关爱情怀，这样才能做个合格的检察官。

十九、量刑问题

判十年，你觉得如何？——多方因素的考虑

即使案件失误甚多，又缺少证据，但是能够作出有罪判决的预期会有好处的。接下来你就该考虑你对定罪的意见。除非你十分确信刑罚的范围，否则当辩护律师在你的办公室向你陈述他对量刑意见的时候，确定对量刑采取什么态度是十分困难的。因此，你如果看看卷宗并自己私下得出了大概的结论，你就不会受到审判时不可避免的精神涣散的影响。

决定量刑范围，必须考虑存在几个控诉之罪以及其他或者包括在被告人已承认有罪的一个或多个指控中的犯罪。要得出量刑范围的结论，必须是经审判的案件，被告人辩称无罪，控诉书所载事实被证实，被告人前科以及其他减轻处罚的情节都在控诉书中有说明。因此有大概的结论是最好的，通常我把此类决定单独记在一张纸上，而不是写进起诉书中。

没有被告或者辩护律师的纠缠就作出了决定，在审判时我就可以对辩护律师说："我昨天晚上研究了案件，根据×××，我认为应判有罪。我认为适当量刑的范围是×××，你觉得如何？"并详细列举这样量刑的根据。

这样做有多个好处，第一是你研究了案件材料，独立地得出了结论并做了记录，是可信的。第二是辩护律师知道你研究了案卷，知道你对自己的看法十分自信但仍然愿意听他发表意

见。如果你没有自信的观点，你就会被牵着鼻子走。

提出量刑建议时，还要考虑另外一个因素，即警察的介入，是警察完成了案件的调查，执行了逮捕，准备了起诉意见书。和其他工作一样，总会有几个做得比其他人更好的警察。案件的处理也关系到他个人。作为检察官你得与公安机关合作。对于一切工作，你都当成事业来做，大多数警察也是如此。他们多数都明白起诉决定由检察官做出，量刑也只考虑检察官的意见，但是警察也想成为该程序的一部分，这也是恰当的要求，其实我总是努力在是否起诉方面给警察建议，向他们说明理由，并且问他们对拟定的诉讼有无反对意见。通常不会有反对意见，但他们十分高兴你能征求他们的意见。你会发现这样做对你以后处理案件有实际的好处，特别是当你急需某种材料的时候。

当然你还必须考虑其他因素。凡涉及诉讼的领导，你要确保他们有机会发表他们的看法。如果你不同意他们的观点，很好，不过要向他们解释你这样做的理由。如果你有理由不同意且表达十分清楚，大多数领导会尊重你的意见，同时，如果哪个领导有反对意见，也许得重新考虑一下你的立场更合适，特别是当这个领导级别较高或者是专案组的人员的话，他可能知道起诉书没有说明的详细案情，或者知道你提出的量刑幅度有误，你还要考虑到辩护律师的意见。

被告人的因素

你要考虑对认罪的犯罪人量刑的特殊性。通常法庭认为及时认罪是悔改的表现。如果你已经有了最初的适当的量刑建议，你就应当坚持。我不是暗示你绝对不能改变你的意见，在适当的时候，要灵活多变。这种改变可能是基于辩护律师的意见，或者是警察的观点或者其他因素。关键是你在办公室里不受干扰作出的决定是你最有把握的，可以起到证明作用。你阅了卷，你对案卷了如指掌，成竹在胸，对你的决定十分自信，你在发言时的处境与你不阅卷而在法庭上被律师问及有关问题时的处境完全不同，要知道，许多律师不希望检察官总要警官或证人来回答他自己该回答的问题。

被 害 人

当你仔细考虑量刑建议时，还有一个重要的人物不能忘记，那就是被害人。被害人一词就是说明此人的利益所在。被害人不参加刑事诉讼。被害人受到袭击或者遭人抢劫，或者被人欺诈或者以其他方式侵犯。想一想，此人家被撬，财产被偷，此人不想这样。下班回家时，此人发现有人光顾过他的家，偷走了各种各样的财产，顺手将墙壁上纪念照毁坏。你可能会说，被害人可能投了保。中国人还没有对保险信任到这个程度。即使有保险，但对那些价值不高却具有纪念意义的物品被人偷去或者损坏，保险公司很少给予赔偿。更重要的是，被害人觉得受到冒犯。被害人报了警，作了对事件的陈述，也许不得不出庭，没开庭时不得不等待。被害人的感受必须予以考虑。无论你对案件作出了任何决定，我建议你都要花点时间给被害人解释一下。当你说明事实和采取某些特别程序的理由时，大多数的被害人都能理解，通情达理。他们是被害人，值得你为此对他们解释你要采取的法律措施。不要忽略他们，也不要让警官们去给他们解释法律程序。

有时某个罪犯可以适用的法条既有从轻又有减轻处罚的表述，但被告人或辩护人只提出减轻处罚的意见，而你内心已经确信综合考虑本案情节、罪犯的表现等，只能给予从轻处罚，如何应对？你要先确认一下自己的观点是否正确，并再次审查一下做出这种内心确信的根据和理由，如果被告人或者其辩护律师所说的合情合理、于法有据，根据被告人的犯罪事实、情节和对社会的危害程度，适用减轻处罚符合罪刑均衡原则是适当的，则应当同意对被告人适用减轻处罚的辩护意见，体现司法公正；如果根据案件情况，认为对被告人应当适用从轻处罚而不能适用减轻处罚的，则应当对案件的事实、情节及行为造成的社会危害作具体的定量分析，阐述为何只能适用从轻而不能适用减轻处罚的理由，反驳辩护意见。

漫天要价，就地还钱

在进行量刑商讨时，有时有的律师就像在菜市场买小菜一样，没缘由地突然提出对被告人适用缓刑的意见，所谓漫天要价，就地还钱，多数情况下这是律师的一种讨价还价的策略，但你也要策略地应对，先讲明法律对此问题的规定如何，不过律师可能更清楚法律的规定，因为其可能将相关的法律规定烂熟于心，即便如此，你也要将法律的规定重新说明一下，这样便于你在后面的商讨中事先建立起逻辑上的优势。然后，就律师提出的建议进行答辩，如你可以说："关于能否对被告人适用缓刑，结合本案事实，依照刑法第 72 条的规定，我们不能赞同适用缓刑的建议。"如果被告人的情况符合缓刑条件，并且你也得到充分授权，应当同意辩护人对被告人适用缓刑的辩护意见；如果虽然被告人符合缓刑条件，但你没有同意适用缓刑的授权，则应当请合议庭评议，作出公正的判决。如果案件事实及被告人的情况不符合缓刑条件，则应当反驳辩护意见。

同样，对于某些罪大恶极的犯罪分子，法律规定必须适用死刑，而律师们可能会在这个方面做些文章。他可能会提出适用死缓的主张，其提出的理由无非国家政策是慎用死刑、罪行较轻、后果不是特别严重、有悔改表现、积极退赃、积极补偿被害人、上有老下有小、本领高能为社会做很多贡献。当然也有一些极端的例子，比如某年某月某日曾帮助过某某人，某次捡到几块钱也交给了警察等不一而足。对于打国家政策牌的，你要提醒他们应当深刻理解"保留死刑，严格控制死刑"的刑事政策，本着严谨、慎重适用死刑和少杀、慎杀的态度，但是对于那些罪该判处死刑的案件，你还是要再仔细地看看是否具有可以不判处死刑立即执行的事实、情节，若有，应当同意判处死刑缓期执行的辩护意见；如果被告人不具备死刑缓期执行的情节，论罪确实应当判处死刑立即执行的，应当结合证据反驳死刑缓期执行的辩护意见。

漏罪追究

有时某个追究漏罪的案件开庭之后，发现原来的判决在执行过程中，经过依法减刑或者假释，且假释期已满，现在要对被告人量刑则出现了争议。对于减去的刑罚或者假释的刑期，究竟是按照先并后减的原则还是按照先减后并的原则进行？对于漏罪，我们倾向于先并后减，对于新罪，我们认为先减后并符合法律的精神。但是最高人民法院的法〔2012〕44号《关于罪犯因漏罪、新罪数罪并罚时原减刑裁定应如何处理的意见》对漏罪却给出了不同于刑法规定的司法解释。因为侦查或者审批而漏掉被告人的罪行，却要被告人承担不利的后果，似乎过于严苛。因而有的律师提出了这类抗辩。就漏罪而言，我们将自由裁量的权利交给法官，而不作过多的干预。

实行犯缓刑，帮助犯实刑

2010 年 10 月至 2012 年 2 月间，被告人张某某、吴某某在代理澳洲龙虾世界公司等外商向上海水产进口商金海洋水产行陈某某、伟航发水产行王某某、江蓝水产行江某某、龙达水产行陈某明（均已判决）销售龙虾的过程中，明知实际成交价格，仍应上述水产进口商的要求，制作或指使被告人曾某某制作低价发票，交与上述水产进口商或者上海连际进出口有限公司、上海运筹进出口有限公司、上海鱼盟国际贸易有限公司等进口代理公司（均另案处理）用于进口报关。经核定，张某某、吴某某、曾某某销售龙虾 206 票，偷逃应缴税额共计人民币 455 万余元（以下币种均为人民币）。几名进口商都被判处缓刑。张某某等人提出了上诉，理由是帮助犯实刑而实行犯缓刑，不公平。2012 年 3 月 25 日笔者出庭支持公诉，庭审过程中，张某某等人及其她们的辩护律师都认为实行犯判了缓刑，而她们是实行犯的帮助犯，是从犯的从犯，量刑应当更轻，最恰当的方式应当免予刑事处罚或者不起诉。张某某提出一个杀人犯被判缓刑，提供刀具的帮助犯却判了实刑，这样的判决实在不公平。一般而言，帮助犯的量刑不应当超过实行犯。但是，就本案而言，帮助犯帮助了许多进口商开具虚假的发票，帮助了许多进口商虚假报关，偷逃税款，造成国家巨额关税损失。这就如一个提供刀具的人，不停地给不同的杀人犯提供杀人刀具，就每个具体的杀人案而言，他是帮助犯，但对所有的杀人案而言，其罪过十分严重，量刑自然要超过实行犯。抗辩理由不能成立。

二十、特殊犯罪的起诉要点
——伤害案

　　基层检察院公诉工作案多人少，十分繁忙，每个人的日程都安排得满满当当，疲于奔命，很难找到时间来仔细地研究一下起诉规律性的东西。有些类型的案件属于多发型的案件，几乎每天都在发生，而公诉人也几乎天天在起诉这类犯罪，如果掌握了这类案件的起诉要点，在提起公诉时就可以直奔主题，节省时间，提高效率，同样也能减轻公诉人的压力。

　　我尝试在这里对几种常见犯罪的公诉进行总结，提出公诉的要点，比如庭审时对被告人的讯问的要点，又比如质证时的注意事项。但是每个公诉人也要根据个案的具体情况予以灵活处置，因为每个案件的具体情况各不相同，证据以及证人迥异，参与诉讼的人也各不相同，被告人的背景不同，用统一的模式可能起不到相同的效果。

　　伤害案的本质特征就是涉及暴力的使用或者以暴力相威胁。比较特殊的是家庭暴力，很少有目击证人。伤害案一般发生得很快，人们常常将伤害的事件和伤害的结果混为一谈，伤害的事件可能构成犯罪，而结果只是犯罪的后果之一，尽管后果的严重程度对定罪和量刑具有重大影响，但它仍然只是一个后果。有些意外事件的后果也是结果，和伤害的结果并无不同，但是意外事件和伤害行为则有本质的不同，也包括罪与非罪的区别。

公诉中的要点

公诉人出庭指控伤害案的被告人，在庭上要仔细地观察一下被告人，估摸一下他的身高、体重，看看他的身体是不是很强壮。尤其是要将这些信息和被害人比较一下。如果涉及是谁先挑衅而引起打斗的问题，被告人和被害人都指认是对方的责任，这时比较两者的身高、体重、强壮程度，甚至包括年龄在内，就具有十分重要的意义。如果比较起来，被害人矮小瘦弱，而被告人高大强壮，你这时就不难作出判断，被告人挑起事端的可能性远远大于被害人挑起事端的可能性。如果被害人年龄很大或者很小，而被告人处于壮年，结论也是一样。不排除好斗的被害人挑起事端的可能性，但概率很低。在我的朋友中有一名篮球运动员，也是我儿子的篮球教练，多年前是姚明的队友，但他实在是个性格温和的人，说话都有些羞怯。有一次我们在篮球场上与几个不认识的人打球，对方是几个个头矮小但年轻气盛的小伙子。因为一个动作是否犯规，他们就不依不饶，并动起手来，警察来了，问也不问一声，看到这位高大的朋友，马上就得出了结论，说是他挑起打斗，他负有主要责任，实际上这位朋友只是劝架，根本没有动手打人。

伤害案的公诉要点就是要将讯问或者询问导向两个结论，被告人实施了犯罪，有较大的主观恶性。而被害人则是品行良好的守法公民。对被告人，你可以问：

你今年多大了？

你体重多少？

你的个头有多高？

你做什么运动强身健体？

你与被害人相比，谁重、谁高、谁力气大、年龄更高或者更小？

问过这些问题，如果能够得出被害人体重、身高都不及被告人，或者被害人年龄太大或者相反，年龄太小，没有反抗能力，你就可以直接向法庭指出，被害人在面对被告人时处于弱势地位，不可能挑衅对方而引起打斗，而是被告人以强凌弱，是他的故意行为造成了严重的危害结果。

如果被害人出庭作证，对被害人的询问要点就是让他将案件发生的详细过程复述出来，让事件完整地重现。你的目的是通过他的复述，强化你的指控，因此你要对被害人讲述的内容进行引导，不要因为他的不恰当表述削弱了你应当坚持的立场。以前有个笑话，批斗会上，某老农痛斥地主老财的剥削压榨，说到激动处，他说"那个黑心的地主，竟然一年也舍不得吃一次肉"。如果被害人说"我将他（被告人）狠狠地踹倒在地"，庭审效果如何，你可以想象得出。

对于有些被害人，你要注意他的心情，有的很紧张，有的很委屈，有的因为被伤害而愤怒，有的生平第一次出现在法庭上，有些不知所措，有的还担心出庭作证会遭到被告人或者被告人家属的报复，另外还要考虑到中国人向来不太爱打官司，认为出现在法庭上就不是什么好事，所以你对他的提问要明确简洁，不要提的问题太长，也不要拐弯抹角，要直截了当，比如"我听到你刚才说到在衡山路一家酒吧被人打了，请你将当时的情况说一下"，由于上述提到的各种原因，被害人一般会很快地将案发时的情况用几句话说完。从他的话里，你只能得到概括的印象，却得不到具体的细节，因此你要引导他将当时的细节慢慢地、全面地、用语准确地全盘托出。如果你认为有模糊的地方，你可以让他重复一下，直到你彻底搞清楚为止。对他提问可以按照下面的顺序进行：

你当晚什么时间去酒吧的？

你在酒吧里点了什么酒？喝没喝？

如果喝酒了，你喝了多少，醉没醉？

案发时你的状态如何？

你当晚坐在酒吧什么位置？被告人坐在什么位置？两个人是不是靠得很近？

你们的手都放在什么地方？

酒吧里状况如何？人多，还是人少？灯光如何？音乐如何？

去酒吧时，你是独自去的，还是和朋友一块去的？

案发前，你是否见过被告人？如果见过，说过什么话没有？

案发前，他和被告人是否认识？如果认识，以前是否有什么过节？

因为什么发生了争吵？他说话的方式如何？说过没说过粗话？

被告人的说话方式如何？

谁先动手的？什么方式，拳头还是巴掌，或者用脚踢或者用脚踹？

打到你什么位置上，脸上、腰部、胸部？或者其他什么位置？

如果用手，被告人用哪只手打你的？

你被打以后造成了什么伤？

伤的位置、严重程度，等等。

即便是轻伤害（自诉除外），直观的外伤对于指控犯罪意义非凡。因此你要将伤害的严重性明确地展现出来，你可以问被害人：

你说他打了你的脸，打在脸的什么位置？如果脸部有红肿，应当指出来。

如果被害人被打不止一下，让他具体描述每一下击打的位置，用什么击打的，比如手、脚或者膝盖，让他描述一下立即显现的外伤，比如割伤，有割伤，就会流血。

你被打以后摔倒没有？

如果摔倒在地，是不是头撞到了地上？头破了没有？

被打以后，你对自己的伤口如何处理的？

你被打以后去没去医院就诊？如果去医院就诊，去了哪家医院，有没有病历？带到法庭上来没有？如果带来了，请提交给法庭。

有没有缝合伤口？伤口愈合了没有？

骨头有没有受伤？

需要不需要后续治疗？

这些问题就可以将事件生动地展现出来。同时要注意明确指出有些伤害不是短暂的或者暂时的，而是长久的，尤其要注意这些伤害是否影响到被害人的工作，是否因此而耽误了工作，减少了收入，或者因此而失去了工作，影响了家庭，等等。

如果被告人使用了西瓜刀、匕首、铁拐杖以及其他工具，你要明确指出被告人平时就拿着这些犯罪的工具。不过你要知道任何工具都可以用来伤害他人，都可以作为犯罪的工具使用，不见得一定是刀或者枪之类的。有时，一串钥匙也可以是犯罪的工具。只要能造成伤害的物品都是犯罪的工具。有几个朋友聚会，做东的那位在家烧了他最为得意的一道菜，美滋滋地端上来，希冀大家夸一夸，没想到一位仁兄竟然跳出来说，这道菜烧得不好，如果这样……没等这位仁兄说完，主人拿起桌子上的一个盘子就扔了过去，那位仁兄躲了过去，苦了他身边的朋友，被砸得头破血流。你看，盘子也是犯罪工具吧！

对被告人讯问的时候，你要注意他的供述与被害人陈述的不同之处，让他确认那些与被害人陈述一致的内容，集中注意他的供述中不合常理的地方。问问自己，遇到被告人所说的情形时，一般人会怎样反应。如果一般人不像被告人那样反应，被告人的反应太特别，迥异于常人，则被告人所说的很可能是假的。注意此时细节更为重要。这些都只是建议。如果你的提问被害人能够诚实地、直截了当地回答，能将案件的全过程清晰地展现出来，你在庭审的表现就相当成功了。你如果也能将对被告人的讯问控制得很好，被告人的回答只要基本达到体现全貌的程度并能够由此得出他的责任的大小，你的庭审表现也是成功的。不管审判的结果如何，你只要尽力了，就算是成功。

你常常会发现被告人说是被害人挑起事端，引起斗殴，而被告人身上却一点伤都没有，你能明显地感觉到被告人在说谎。遇到这种情况在庭审时的讯问要将重点放在既然被告人宣称是被害人挑起事端，引起斗殴，为什么被告人没有受伤，而且在警察来到现场，被告人也没有在第一时间向警察说明是被害人挑衅而致斗殴？

按照新刑事诉讼法规定的精神，处置斗殴事件的警察必要时要出庭作证，这种出庭作证要成为一种常态，因此公诉人要善于将这一变化化为利益最大化，即最大限度地发挥警察出庭作证带来的庭审便利，最先了解犯罪真实状态的人员就是最先到达犯罪现场的警察。因此在庭审时对警察证人的询问目的是将双方所受的伤害情况全都问清楚，尤其是将他拍摄到的受伤的照片出示给法庭，问问他对整个案件的看法，他对被告人刑事责任的大小的看法，他对被害人有无过错的看法，警察得出这些结论必然有他的根据，如果律师提出警察得出的结论都是推测，你就可以让警察进一步说明理由，这就可以补充很多在移送卷宗很难看到的对于犯罪现场的描述，这种描述更为生动。警察证言极为重要，对定罪量刑起到至关重要的影响，在被害人还击也造成被告人受伤的情况下，警察证言可以澄清侵犯与还击的力度对比，同样对量刑具有很大的影响。

被害人不出庭

你不能指望所有的伤害案件被害人都能出现在法庭上协助你的指控，出现在法庭上的被害人毕竟是少数，有的被害人不愿意出庭，原因是多种多样的，有的是名人，与社会地位很低的人打了一架且败下阵来，受到了严重伤害，对他来说出庭就是再次受辱；有的被害人受到伤害的位置很敏感，他（她）不愿意出庭参与指控是可以理解的，有一个案件，妻子将有外遇的丈夫的生殖器全部割了下来，让被害人出庭，情何以堪？

近一段时间网络上流行"约架"，一方约另一方在"双指"即指定时间、指定地点，就某项争议事项打一架，这和西方人的决斗有点相似，有人调侃说中国终于有人有了点骑士精神。我不太了解"约架"的规则，是否有见证人（这点倒不用担心，因为中国有的是闲人，没事一堆人一围，事件就发生了）？出现伤亡该如何处理？我关心的是公权力如何介入的问题，如情况严重，双方都可入罪，定什么罪名，聚众斗殴，寻衅滋事，故意伤害？如果一方被迫赴约，并且受伤，轻者自诉，重者可否公诉？罪名是什么？总之，这些都是新情况，有关部门必须早有应对才好。

如果不能和被害人面对面地提问交流，比如伤害致死的案件，被害人不可能出现在法庭上，案件的审理就会麻烦一点，但是只要有两个条件就可以有效地指控被告人实施了犯罪。

第一，有与双方没有任何利害关系的目击证人；

第二，这名证人能够将案件的全过程完整地陈述，最理想的情况是他能像放电影一样将案件的情境再现。

二十一、特殊犯罪的起诉要点
——醉驾与交通肇事

　　这种犯罪出现在刑法中的时间很短，关于这个罪名的起诉论述不多。但从我国快速发展的情况看，汽车保有量突飞猛进，这种犯罪也呈迅猛上升的势头，逐渐接近发达国家的水平，而在发达国家这种犯罪占所有犯罪的 30% 左右。因此这类犯罪会占据公诉人很多时间，耗费公诉人很大精力。

　　这类犯罪的庭审一般纠缠在技术方面的较多，实际上很多律师也在找寻立法上的缺陷，往往是在"醉"的标准上，如每 100 毫升血液酒精含量为 80 毫克，这也是国际上通行的标准，某律师会说他的委托人酒量很大，即使超过 150 也不会醉，很清醒，跟没喝酒一样，过度强调个体的特殊性，以至于每个人都强调特殊性，最终瓦解了法律的规则。因此公诉人要不断学习，积极探索应对这些情况的策略和方法，以便为将来成功起诉这些犯罪做准备。

科学仪器——酒精测试仪

　　查证这类犯罪第一个使用的科学仪器就是酒精测试仪。在节假日的晚上，我们在电视新闻中经常能看到交警拿着这种仪器，拦住汽车，让司机向这个仪器的吹口里吹气，在有交通事故的地方，这种仪器更不可少，去年影响颇大的原山西省公安厅副

二十一、特殊犯罪的起诉要点——醉驾与交通肇事

厅长李亚力之子李正源醉驾、套牌、逆行、殴打交警案，当时执勤的交警就是拿这种仪器测出李正源 100 毫升血液酒精含量超过 80 毫克属于醉驾的。一般情况下，只有发现某辆汽车行驶的姿态不正常，交警才会将它拦下，因为汽车行驶不正常才会想到司机有可能受到酒精的作用，使用酒精测试仪是正常的执法行为。但是也有搞笑的意外发生，如副驾驶位置上坐着美女也常有异常事件发生，或者副驾驶的位置上有一位调皮捣蛋的小孩，这时交警去拦截……当然只要有不正常的现象，交警就应当及时干预。

要在法庭上证明一个人醉驾，执勤的交警出庭作证对指控更为有利，按照新的刑事诉讼法，交警应当出庭，因此，对这类证人的询问就要注意从以下几个问题展开：

交警的身份，不要又是交警队聘用的临时工；

案发的日期；

案发的地点（以便确定司法管辖的区域）；

为什么该辆车引起了交警的注意并将它拦下（如汽车发出了不正常的噪声，车灯坏了，行驶路线变化很大，车辆呈现出明显的不安全状态，等等）；

司机的身份；

车辆的类型（说明车辆的类型，如吉普车、小汽车、面包车、商务车、中巴，等等，因为法官对车辆的状态不可能从你说的话中推断出来，只有你明确说出来才行）；

交警根据什么情况判断出被告人可能喝了酒，比如闻到了酒味，又比如被告人说话时，被告人口齿不清或者被告人有意躲避交警，等等；

交警向被告人提出的要求，包括让他下车、让他接受酒精含量检查、让他到交警队接受进一步调查、让他抽血化验，等等；

将用于检测的仪器出示给法庭（目前在新刑事诉讼法实施之初，这种出示很少见，因为很少有被告人或者其辩护律师会

提出仪器是否正常的问题，会不会有误差？是否会将酒驾变为醉驾？一旦出现了这种情况，将检测的仪器出示就成为必要，以便确认该仪器在案发时正常地、无瑕疵地、正确地检测）；

用于检测的被告人的呼吸样本说明；

对交警操作该种仪器的能力的说明；

检测的结果；

交警对检测结果的反应，比如交警对被告人说："你醉驾了，现在对你采取强制措施"，于是将他拘留了；

告知事项（交警告诉被告人有权聘请律师提供帮助，按照新刑事诉讼法的要求，这项告知不得拖延）。

在很多案件中，被告人拒绝提供呼吸样本以供检测，在案发现场，坚决不向检测仪里吹气，也有的被告人在现场耍赖，停车以后，拿出酒瓶，猛喝几口，以掩盖此前已经喝过酒而驾车的事实，如果交警将被告人拦住以后，闻到了被告人身上的酒味，正要检查，此时被告人却逃离了，也有的被告人醉驾并发生了交通事故，故意逃逸并躲藏起来，警察一直找不到，被告人直到酒精完全检测不到才现身①。前两种情况比较容易解

① 2010年5月19日晚，被告人侯某某驾驶吉普车前往其女友杨某某家，当晚22时35分许其驾车由北向南沿上海市某路行驶至十字路口时，未查明路况即左转弯，适逢被害人谢某某醉酒驾驶一辆无牌轻便二轮摩托车搭载乘客刘某某沿着该路由南向北直行至此，两车相撞，谢某某当场死亡。事发后，被告人侯某某为逃避法律处罚，驾车逃逸，后来将车辆停放在自住小区内，再打车到其女友住处。交警发现了肇事车辆后，与被告人侯某某联系，让他配合调查，然而被告人侯某某拒不出面并关闭手机，又用座机联系季某某，让他顶替承担刑事责任。第二天，侯某某才陪季某某一起到司法机关投案自首，直到检察机关宣布逮捕季某某，季某某才意识到情况严重而交代了事实真相。侯某某在单位领导的陪同下向司法机关自首。就侯某某拒不配合交警调查案件真相，有人怀疑他酒后驾驶或者醉驾，但由于他没在第一时间到案，事实难以查清。对其自首能否成立，也有人提出了质疑。

决，只要将犯罪嫌疑人强制抽血检查即可，而后一种情况就比较棘手，交通肇事时因为醉驾，无疑是从重处罚的情节，如果不能第一时间检测，可否根据其逃逸的行为推定其醉驾？如果推定醉驾，因为没有科学的数据说话，可能会有酒驾而非醉驾的争论，因而也可能得出有罪推定的判断，最后的结果可能就是疑罪从轻、疑罪从无。遇到这种情况，法律秩序受到了破坏而正义难以伸张。

对于不提供呼吸样本的案件，要证明检测仪能正常工作，而经过合法的提供呼吸样本的要求，被告人拒绝了。也有人提出用不着证明检测仪的性能正常，直接证明被告人拒绝提供呼吸样本就可以证明其主观方面的过错。这种证明模式当然符合诉讼效益的目的，但是当被告人及其辩护律师提出由于仪器的问题而致提供不能的抗辩，公诉人该如何应对呢？从排除合理怀疑的角度出发，似乎还是应当对这一抗辩进行反驳。笔者以为有备无患，看庭审时的具体情况而定。

如果涉及后一模式，则证据应当引向：

第一，酒精测试仪没有问题。

第二，准确描述被告人拒绝检测时的行为表现，尤其是应当向外吹气，而被告人一直往里吸气，偷偷地慢慢地呼出，使测试仪收集不到足够的呼吸样本；要求出庭的交警说明当时的情况，如果吹足够的气，测试仪的反应是什么样的；反之，不吹气或者吹气不足，测试仪的反应又是怎样的，比如只要被告人向测试仪吹气，测试仪的底部会有气流通过，其声音经过测试仪的放大，会发出"呼啸"，但在本案，不仅没有气流通过，而且也没有听到"呼啸"声，结论只能是被告人不配合。

第三，说明交警已经告诉被告人正确吹气的方法，并在必要时进行了帮助。这种说明由交警本人描述其帮助的过程可以起到的庭审效果更好。

公诉人如果对测试仪不了解，一定要找人给你展示一下这种仪器，自己也可以试一下，弄清楚它的工作原理，这样在出庭时才能准确地向法庭说明这种仪器的功能及实际操作要求，有时你必须详细地向法官解释测试仪的功能，因为有些法官很忙，没有时间去了解这些技术上的问题，负责任的法官会认真地问你这些问题，如果你也解释不清，那么你就很难取得你想要的庭审效果。

如果被告人曾经明确地用语言拒绝配合检测，具体说了什么，如果能在法庭上重现，那是最好不过的证据。如果有，一定要让交警向法庭如实地陈述出来或者由被告人自己说出来。还有比这更有证明力的证据吗？

如果庭审时出现了测试仪出现问题的局面，你能使用的证据就只有警察在现场闻到酒味，以及案发时被告人口齿不清的证言，醉酒程度是个空白，没有相关的数据说话，能否起诉成功就是个问题了。酒味可以是别人喝酒留下来的，甚至是警察自己喝酒留下来的，也可能是附近酒店飘出来的，也可能在案发地刚巧有个小孩替爸爸买酒打碎了酒瓶，总之，没有充分的证据来指控犯罪，不能排除合理的怀疑。

遇到不配合的被告人，出庭时还要注意以下几个问题，这是根据杨佳案庭审遇到的情况总结得出的，同时我们认为这种情况在以后会越来越多，可能成为今后庭审的常态：

第一，当值交警的执法能力证明其任职时间的长短，千万不要是交警队聘请的临时工；

第二，从当值警察工作以来他办理了多少起类似的案件；

第三，被告人拒绝配合的具体日期、时间、地点；

第四，当值交警向执行强制措施的警察交代了什么，尤其是执行强制措施的理由是什么，交警认为被告人醉驾，构成犯罪；

第五，是否告知被告人聘请律师提供帮助；

第六，当值交警第一时间看到被告人时，被告人的状况如何，比如着装，说话语气、语调、语速，走路的姿态，眼神，等等；

第七，行动能力的测试，如平衡能力，捡硬币的能力，摸自己鼻子的能力，能否走成直线。

如果我们的诉讼能够达到上述的程度，那确实可以佐证我们的诉讼水平的提高和法治水平了。

当然，利用好鉴定意见在起诉这类犯罪的庭审中也能起到事半功倍的效果，要让鉴定人一步一步地解释鉴定意见得出的步骤，鉴定意见的法律意义，记住让他解释每一步程序的必要性。如果被告方也聘请了鉴定专家出庭作证，你这样做就可以从容应对，由专家对专家，而不是由你来对专家。

被告人一方聘请专家出庭作证，思路上不外乎两条：第一是从专家的角度对仪器的科学性、准确性质疑；第二也是从专家的角度对检测的数据提出质疑。因此你就可以先了解以下被告人一方聘请的专家的背景材料，包括年龄、性别、学历、受教育的经历、学术成就、实践经验，以前有无出庭作证的经历，等等。有了这些材料，你就可以在法庭上有针对性地反驳他的观点，例如，针对这名专家以前没有出庭作证的经历，你就可以说他经验不足，提供的意见不符合审判的需要；反之，如果他有出庭作证的经验，你就可以说他故意曲解法庭审理的需要，如果他以前出庭发表的意见有被证明是错误的，你就紧紧抓住这一点展开质疑；关于他的年龄、性别、学历、受教育的经历、学术成就、实践经验，以前有无出庭作证的经历，都可以成为你反驳他的意见的突破口。总而言之，要想尽一切办法否定对方专家质疑的意见的价值。

对于你聘请的专家，一般是鉴定人，你可以在询问时尽最大可能地详细，先要问一下他的教育背景、专业方向、工作年限、工作经验，然后问他获取检测数据的全过程，一步一步，一点一点，毫不遗漏，包括适用的标准是国家标准还是行业标准，等等。这样做也许很烦琐，很费时，也很累人，但这种细致将不会给对方留下质疑的空间，对方无法质疑就是你最大的成功。关于数据你可以对你聘请的专家提出以下问题：

第一，就你所知，测试仪是能够正常工作的酒精含量测试设备，它的名称、商标和型号是什么？

第二，呼吸的样本是否直接送入检测仪？

第三，第一份样本何时出结果？

第四，针对第一份样本的分析结果如何？

第五，第一份分析结果（报告）是什么时间出来的，是检测后两小时以内，还是更长时间才出来？

第六，鉴定人对提供的样本是否满意？

第七，鉴定人对第二份样本的鉴定意见如何？

第八，开始鉴定第二份样本的开始时间是什么时候？

第九，根据当时的直接观察，测试人员对被告人驾车能力有何初步的判断？

第十，经过第二次检测，交警对被告人采取了什么措施，如叫来其他警察，将被告人刑事拘留或者带到交警队进一步调查？

有时样本的采集并不那么及时或者像应当那样的迅速，但这对指控犯罪影响不大，采集得晚，仍达到了犯罪的标准，只能说明被告人喝酒更多，强化了指控而不是削弱了指控。但无论如何，你要说明采集晚的原因，可能有：将被告人带到交警队用了一段时间，测试仪没有准备好，还有别的人也在测试，被告人在呕吐而不能采集，被告人不清醒而无法采集，等等。

如果第一次测试数据在每100毫升200毫克左右的区域，要及时进行第二次采样，因为过一段时间再采样，数据就发生了很大的变化，不精确了。两次采样的程序的一致性，你在法庭上也要说明。

被告人拒绝提供样本以供检测，还要将证据调查导向被告人明确知道不提供检测样本的法律后果，要很详细地说明被告人说了什么话，做了什么事来拒绝提供呼吸样本的，交警对其教育并说明不提供呼吸样本以供检测的法律后果，即要强制抽血检查。

注意对被告人获得律师帮助权利的尊重，同时也要注意被告人与律师的谈话不能监听，对他们的会面也不能监视。这些问题在我们的刑事诉讼中并不多见，但相信不久就会成为庭审常见的问题，如有的侦查人员对被告人与律师会面进行监视，以获取犯罪的有用信息或者侦查线索，可能会引起非法证据的抗辩。

如果出现了这种情况，应当在庭前会议上尽早解决，不要等到开庭以后才注意到这个问题，否则就可能会让自己在庭审时陷入被动了。

如果在开庭时突然出现了这个问题，庭审就应当从权利是否受到侵害的调查开始。

另外，为了达到辅助专家说明测试仪不科学或者测试的数据不准确，有的被告人一方还会请被告人的朋友出庭作证说被告人当天喝酒并不多，绝对不会达到"80"的犯罪标准，遇到这种情况，他们的逻辑就成立了：首先，喝酒不多，不可能达到犯罪的水平；其次，专家证人出来作证说测试仪的设计有缺陷，达不到准确测试的目的和要求，而现场使用的这台测试仪不仅设计有缺陷，制造工艺也没有达到设计的标准，质量不合格，测试仪简直就是陷害被告人犯罪的元凶。如果你说这台机器是合格的产品，你甚至拿到了这台机器的出场合格证，但要证明这台仪器设计的合理性却是万分困难的，可以说是不可能的。如果你较起真来，一定要证明测试仪设计的合理性，我劝你不要这样做，首先，这需要时间，不是一天两天的事，而是几年、十几年的事，司法程序等不了这么久！还有你如何启动这个论证的程序，由谁来做论证，资金由谁出，你能保证论证的结果就能满足诉讼的需要？

有一个办法可以避免这种"一边倒"的局面出现。你在开庭前与主审法官联系一下，了解一下被告人的辩护律师提交给法庭的出庭作证的证人名单，如果有与被告人一起喝酒的朋友出现在名单中，坚决要求法官将此人排除出证人名单，不让他出庭，理由有三：首先，这些人与被告人一起喝酒，喝多少不可能很清楚，让他们将说不清楚的东西作为证言，显然不符合证据的要求；其次，这些人的证言无非被告人当天喝的不多，而不多的标准是什么？显然他们的证词是不科学的；最后，基于上述两点，让他们在法庭上作证，显然意义不大，而且还会浪费时间。尽量说服法官接受你的建议。如果被告人的酒肉朋友被拒法庭之外，即使被告方聘请的专家说出对被告人有利的意见，但那也属于一家之言，属于孤证，所谓孤木难支，无论他怎么坚持，都很难有说服力，被法庭采纳的可能性很小。

如果不幸的是你没有想到这一点，或者你想到了，但是没有成功地说服法官，没能阻止与被告人一起喝酒的朋友出庭作证，可以在他们作证时对他们的证词作出上述前两项的质证意见。

此时你还有一招可以采用，即让法庭传唤抓住被告人的交警出庭作证，让他详细描述被告人被抓时的醉态，极尽形象真实，尤其要强调被告人听不清别人说什么、他自己说什么也不清楚、看什么也看不清、走路也走不稳，等等。这样全面、具体、形象、生动的证言一定会取得良好的庭审效果，一定会抵消被告人朋友的证词的影响。

辩护律师的询问之应对

可以确信辩护律师对被告人的询问一定是围绕被告人是个受人尊敬的绝不会过量喝酒而驾车的人来进行，律师的提问可能会包括：

被告人的身高是多少？

被告人体重多少？

被告人犯错误之前睡了多少时间？

被告人喝了什么酒？

什么时候喝醉了？

醉到什么程度？

醉的时候身边还有谁？

在什么场合喝醉的（商业酒会、高尔夫俱乐部聚会)？

对于公诉人来说，下面几个方面最重要，因为从这几个方面的问答中，你能最大限度地获得整个案件的最详尽的细节，比如：

什么人坐在什么位置？

谁点的菜？

谁提议到那家酒店？

谁掏钱请客？

用什么方式支付，现金、信用卡？

如果是商务酒会，有没有发票？

被告人是不是出席酒会的人的朋友？

被告人与他们每个人都干了杯吗？如果是的，在什么时间并在什么条件下这样做的？

醉驾肇事案的庭审讯问清单

对于醉驾肇事的案件，在庭审时准备好讯问的问题清单十分重要，它可以确保所有的问题都提出来，不会漏掉任何疑点，如你可以问侦查人员：你注意过被告人走路的样子吗？你注意到被告人说话的情形了吗？这些问题并非问被告人走路好看不好看，说话好听不好听，而是问走路稳不稳，说话口齿是否清楚，吐字是否清晰明了。讯问的问题清单包括：

第一，交警的身份、工作经验，等等；

第二，犯罪日期；

第三，犯罪的具体时间；

第四，被告人在什么地方被拦住，如在陕西南路以西肇事，在陕西南路以东才被拦住，案件由徐汇法院管辖还是由黄浦法院管辖；

第五，被告人身份证明；

第六，被告人驾车形态和环境证据；

第七，车辆是否失控；

第八，车子是否拐来拐去，以这样的方式走了多远；

第九，当车子被拦住以后，车灯的使用情况；

第十，被告人用了多少时间才将车子停了下来；

第十一，停车的方式，正常刹车、急刹车、手闸的运用，还是撞到什么障碍物才停下来；

第十二，身上有无酒味；

第十三，眼睛的外观，醉眼蒙眬、布满血丝，还是清澈明亮、炯炯有神；

第十四，行走的能力；

第十五，站立的能力，是否要扶着支撑物才能站立；

第十六，签名写字的能力；

第十七，说话是否清楚和连贯；

第十八，有无明显的外伤，如滑倒在地致伤，等等；

第十九，车里是否有酒味；

第二十，附近有无酒精的存在；

第二十一，有无从车里向外抛酒瓶等不正常行为；

第二十二，交警认为被告人酒后两小时以内驾车的依据是什么；

第二十三，被告人驾车的事实；

第二十四，拘留的时间；

第二十五，向他提出检测要求的时间、他的回答，等等；

第二十六，告知他有获取律师帮助的权利的时间，他的回答是什么；

第二十七，被告人能否听懂侦查人员的话；

第二十八，因为我国刑事诉讼法规定"不得强迫任何人自证其罪"，嫌犯当然就享有沉默权。这项权利是否要告知，目前还没有相关的规则。我们认为如果现在不告知这项权利，将来就有可能出现权利告知瑕疵的争论，实质上就是诉讼权利保护不够，也必将出现权利被侵害的抗辩。我们认为不如现在就告诉犯罪嫌疑人"你不必说话，你所说的每一句都将作为呈堂证供"；

第二十九，检测酒精含量的请求被推迟提出的理由是什么；

第三十，有无推迟将被告人移交给鉴定人的情形；

第三十一，违章车辆是否被拖走；

第三十二，车辆为什么被拖走，在路中央，影响交通，还是危险停车，还是乘客受伤；

第三十三，附近有无派出所、交警队，等等；

第三十四，被告人到达派出所或者交警队的时间；

第三十五，到达派出所或者交警队时，被告人的身体状况；

第三十六，到达派出所以后，被告人受到的处置是什么；

第三十七，被告人是否给律师打了电话，在什么地方打的，打了几个电话，通话时间是多少，警察是否帮助他打电话；

第三十八，检测推迟的原因是什么，如叫来鉴定人需要一定的时间，或者有别的人正在接受检查，等等；

第三十九，被告人自被控制时起，至交付鉴定人时为止，他喝过什么没有；

第四十，将被告人交付给鉴定人的时间；

第四十一，交付时，交警与鉴定人交流的内容是什么；

第四十二，交警与被告人再次接触的时间。

如果鉴定人不出庭作证，则要说明以下问题：

第一，收到过鉴定意见吗？

第二，收到过几份鉴定意见？

第三，如何处理每一个鉴定意见？

第四，是不是每个鉴定意见都送达被告人？

第五，这些鉴定意见对公诉是不是起到了支持的作用？

一般不要根据鉴定意见来要求法庭给予被告人更高的刑罚，因为它不是调查的最后或者最终的结论，但有几项可以在法庭上说明的：被告人是否当场被释放了，还是被保护观察直到他清醒为止？被告人是否当场打了电话？被告人是否被拘讯 12 个小时？

鉴定人的资质和能力也要说明。要注意从重处罚的情节，如虚假陈述或者翻供，尤其是当庭翻供的。

交警出庭，还要问几个具体问题：

交警到达现场看到肇事车辆的情形，在酒店停车场，还是在路边，还是在路中央，还是路边的水沟里？

发动机是否还在运转？

车子在冒烟，灯是否亮着？

收音机是否开着？

车子的钥匙在哪里？

车子登记的车主是谁？

被告人所处的位置，是在车子旁边，还是远离车子？

家庭住址在哪里？

车子行驶的方向，回家还是外出？

警察到来时，司机是在睡觉，还是很清醒，在救人，还是躲到别的地方？

当时的天气和道路状况，如果天气很热，为什么发动机还没有关？

车窗关没关？

被告人的行为与天气状况是否协调一致？

二十二、特殊犯罪形态的起诉要点
——胁迫的证明

受到胁迫而实施侵害行为越来越多，但到目前为止，胁迫的证明在庭审过程中并未受到重视。河南洛阳囚禁女性工作者的案中，由于一名女子被同被囚禁的其他两名女子杀害，这个问题引起了笔者的注意，今后的审判中，辩护律师会越来越多地提出这样的抗辩。我们从比较刑法的角度看看有无更好的庭审证明方法。

法律承认基于胁迫的抗辩有两种，即受威胁之胁迫和条件胁迫。尽管两者不同，但是发展轨迹一样，遵守相同的规则。法院对其一的适用判决对另一也有适用前例的价值。急迫的死亡或者重伤威胁超过了人类一般的反抗限度就应当是行为合法化的根据，否则，行为即构成犯罪。换句话说，某人犯罪是被迫的，不是他自己受到威胁就是他家人受到威胁。胁迫抗辩存在于英美法律是十分清楚的，但是其潜在的适用范围却十分广泛。如果任一形式的威胁都可以被认定为胁迫，要起诉该犯罪就极端困难。为此，此抗辩只能在定义限定的范围内操作。英美刑法为胁迫设置了一系列限制：（1）被告人的意志已被威胁催垮；（2）该抗辩不适用于谋杀罪（但是对哪些犯罪可适用此抗辩的问题，法院的态度相当开放）；（3）犯罪时威胁必须同时存在；（4）如果被告人有机会坚持自己的意志而被告人未作改变，则此抗辩不成立。

二十二、特殊犯罪形态的起诉要点——胁迫的证明

如何证明

胁迫的关键因素是被告人的意志被胁迫催垮。但是这一点立即就产生了一个问题。假如被告人意志特别薄弱，稍有一些对理智之人不算威胁的威胁就垮下来。他能否因为自己主观的恐惧而躲过刑事责任？或者说法律是否应要求被告人具备合情合理的勇气？所有涉及胁迫的判例都要求每个人要具有一般人所具有的坚定性，也就是说在胁迫的情况下，一般人是否会屈服？基于公共政策，胁迫中存在某种客观的标准，如在防卫挑拨中，某人的行动或者语言破坏了另一人的自控能力。在胁迫中，某人的行为或者语言破坏了另一人的意志。法律要求当事人在此种情况下具备一般人所有的自控能力。同样，在胁迫情况下，法律应要求当事人具备一般人所有的坚定性。

在英美法的庭审中，这种证明分为两个步骤：一是陪审团得出结论认为被告人是在现实危险的合理恐惧中作出行为选择；二是陪审团得出结论认为其他具有合理坚定性的清醒与被告人具有相同特征的人在遇到与被告人面临的相同场合的情况下，在类似的胁迫下也会作出类似的行为，如相同的年龄或接近年龄、相同的性别、相同的健康状况等。但是某种精神状态下被告人更易受到威胁的影响则另当别论，因为它与理智的意志坚定概念不相容。但是对此也有批评，理由有两个：一是意志薄弱之人不能抗拒威胁，那么这一证明方式作为执法的方式就没有用处；二是客观证明方式要求一个意志薄弱之人有不理智的标准，而这就违背了该抗辩本来的目的。有人推论说人类反抗的一般力量表明它至少有某种程序上的客观性。如防卫挑拨应完全按照客观验证方式作出判断。因此，如果胁迫遵从防卫挑

拨的方式，显然英美法只能对胁迫作出主观的判断。换句话说，如果陪审团认为被告人之所以这样行为是因为他害怕自己或者其他人受到威胁所含之危害，那么胁迫的抗辩就成立。

意志是否被摧垮

辩方的目的是证明意志被摧垮，而检察官则要反驳这一点，证明自由意志的存在。如果要证明自由意志的存在，且被告人有选择的自由，也就是说，被告人并没有面临严重而紧迫的危险。作为辩方，则必须证明事态紧急，被告人别无选择，只有采取被指控为犯罪的行为才能自保，即必须证明被告人面临严重而紧迫的危险。"严重"是指重伤或者死亡的威胁。如对财产的威胁，则不能成立威胁。同样，威胁如果仅仅是让人受窘迫，也不足以成立胁迫。1947 年，斯迪恩（Steane）案，被告人是"二战"时期在德国做演员的英国人。盖世太保对其家人严酷拷打并进行了威胁，被告人被迫同意为德国进行广播宣传，并帮助德国人制作宣传拷贝。战后他被判资敌罪，即叛国罪的一种。上诉时，上诉法院认可了有证据证明被告人的行为不是出于他的意志自由而系暴力和恐吓的结果的说法。最终他被判无罪。威胁的严重性本身不足以成立抗辩。这种威胁必须是紧迫的，尽管这种威胁并非明显地能立即成为现实。1971 年，哈德森和泰勒案（Hudson and Taylor），被告人原是作为酒吧斗殴犯罪刑事指控中的控方证人应传唤出庭作证的证人。但是她们受到被告人同伙的威胁，因此在法庭上没有能够指认被告人，被告人因此被无罪释放。她们被判犯有伪证罪并提出了上诉。上诉法院认为威胁能否在法庭上立即付诸实施无关紧要。因为该威胁是现实的，审判过后立即就会变成现实。因此，法院撤销了有罪判决。实施犯罪行为的动机必定是受到威胁，尽管就威胁是否须是行为的主要动机还有争论。1985年沃尔德拉马·维佳案，被告人手头拮据，又受到揭发他同性恋和死亡或者重伤的威胁。法院认为前两者本身不足以构成威胁，但是这两点对后者起到一个累加威胁的作用，理应受到陪审团一并考虑。因此，如果陪审团认定没有伤害的威胁，行为人就不会实施犯罪行为，即使有其他动机存在也不会损害该抗辩的作用。奥尔提兹（Ortiz）受人威胁，要他做毒品快递员，如拒绝，就杀他的全家。被告人只好同意。后来，他收到一笔数目可观的钱。他提出胁迫抗辩，并提供了证据证明毒枭的威胁可不是说说而已。但是控方成功地证明被告人系出于贪婪的目的而销售毒品，并指出他所收到的金钱。上诉中，辩方辩称主审法官错误指导陪审团说陪审团必须确信刑事犯罪的唯一原因是受到伤害威胁。辩方称人们犯罪可能部分原因是出于对威胁的恐惧，部分原因是出于贪婪。上诉法院认为必须证明被告人的意志被威胁所打垮，尽管"单独地"一词可能产生混乱，但上诉法院不会反对使用这个词。实践中任何人要得出被告人出于贪婪而作为的同时又认为被告人的意志被摧垮的结论都是十分困难的。胁迫只有是现实的才能确认其存在，才能对被告人有影响。

是否主动受胁迫

当某人甘受胁迫，就不能适用胁迫作为抗辩理由。1987年夏普（Sharp）案，被告人参与系列抢劫邮局案，其中一起还涉及谋杀犯罪。他辩称当他知道抢劫中要用枪支的时候，他就不想参与抢劫了，但是当领头的犯罪分子威胁说要他的小命的时候，他吓昏了头。上诉法院要解决的问题是在这种情况下被告人是否可用胁迫作抗辩。法院认为胁迫抗辩不适用于那些明知犯罪组织的性质而自愿加入的被告人。在本案中，被告人明知他会被迫参与犯罪而自愿加入犯罪帮派，胁迫抗辩不能成立。但是 1987 年舍合德（Shepherd）案，被告人加入了一个专门在商店盗窃香烟的犯罪团伙，他自愿参与了前几次盗窃，但是后来他想离开这个犯罪团伙。但是他受到团伙头子的威胁，因而没能离开。上诉法院有人认为夏普案所得出的原则不一定适用于所有情况。例如，某人加入某一组织时可能不知道它是暴力犯罪组织。如果该组织实施暴力犯罪，一般人在此种情况下都会像该人那样行事，如果不允许该人以胁迫作抗辩，显然是极端不公正的。

与犯罪组织的结合必须是自愿的，如果甲被迫加入了暴力犯罪组织，该组织成员强迫他实施非法行为，甲就可以以胁迫作抗辩。1994 年，黑卡提（Hegarty）案，被告人从警察局逃跑，被一群人收留。他在那儿住了 3 个月。一天晚上，他被迫参加了系列持枪抢劫案。法院认为如果最初加入团伙不是自愿的，则被告人可以以胁迫作抗辩。

适用范围

胁迫抗辩不适用于谋杀罪。因此，即使甲以威胁杀死乙的儿子的方式强迫乙去杀丙，乙也不能以胁迫作抗辩，理由是人无权为挽救自己的生命而去杀死另一个无辜的人……无辜的人与受胁迫的人一样具有相同的生存权利。1976 年阿博特（Abbot）案，被告人系香港三合会的分会成员，在分会头领的命令下，他杀死了一个女孩。他被判谋杀罪成立，判处死刑。他向枢密院提起的申诉失败了，理由是胁迫不是谋杀罪的抗辩，同样它也不是谋杀未遂的抗辩。1992 年高茨（Gotts）案，被告人是位 16 岁男孩，他试图按照父亲的命令杀死自己的母亲。他举证说他的父亲威胁说他不服从就杀死他。法院认为法律否定谋杀图谋成功的人的胁迫抗辩而又允诺图谋不成功的人进行此抗辩是不合逻辑的。1987 年豪案，英国上议院认为胁迫不能适用于被控谋杀罪从犯的被告人。

除此之外，司法实践中倾向于胁迫的抗辩仅为个案适用，即一个一个地审查胁迫抗辩能否适用于具体案件中的被告人，而非普遍地一般地适用于所有被告人。刑事上诉法院在威兰案中特别留下一个未决问题即该胁迫抗辩的适用范围是什么。1995 年，包米尔（Pommell）案，上诉法院特别作出解释说胁迫抗辩适用除谋杀罪、试图谋杀罪和一些形式的叛国罪之外所有的犯罪。胁迫抗辩不适用于这些犯罪是因为这些犯罪的严重性。然而，对于其他指控似乎没有什么好理由来否决胁迫的抗辩，因此有人认为包米尔案判决确认的原则是正确的，同样适用于威吓之胁迫。

胁迫的总结与关于胁迫的几种观点

在被告人承认他实施了指控的犯罪，并有必要的罪过，但是他声称他只有这样做，因为他不服从威胁者的命令，就有死亡或严重伤害的危险时，可能提起胁迫辩护。威胁可能是针对被告人的，也可能是对他人的。同正当防卫一样，胁迫是完全辩护理由，如果辩护成功，结果就是宣告无罪。但是，反之一般而言正当防卫被认为是使用武力的正当理由，但不清楚的是胁迫是否同样是正当理由或者是否根本上被视为宽宥事由。

基于正当理由的胁迫辩护旨在认为服从威胁者所做的错事

（例如，实施偷盗或毒品犯罪）要比威胁者所做的错事（诸如死亡或严重攻击）小。也就是说，胁迫下的犯罪是两恶之小恶。将胁迫视为正当理由的问题是被告人经常被命令去伤害无辜的旁人。例如在北爱尔兰的首府贝尔法斯特，恐怖分子抓住一出租车司机威胁杀了他或他家人，除非他把他们和炸弹带到特定的目的地。在此爆炸中受伤或死亡的人是无辜的，因此有些学者认为他们的受伤或死亡不能是正当的。经常要区分一个重要不同点，正当防卫，与胁迫一样，被告人为阻止对自己或他人的伤害而实施行为，但是，与胁迫不同的是，他伤及的人（攻击者）是应受谴责的，已在攻击他，所以使用武力反对攻击者是合法的。也就是说，在正当防卫中被害人正对被告人形成危险，而在胁迫中则没有。强调这一点后，应该记住即使被害人是无罪的，你也可以进行正当防卫。例如，如果实际没有攻击但认为有；或者如果攻击你的人是无责的，如他是儿童。这表明区别不像第一眼看上去那么确定。

另一观点是将胁迫视为宽宥事由。依此所见，可以称法律不能期望普通人有特别的勇气反抗可怕的威胁，屈从威胁的人没有多大的可责性。因此胁迫可简单地视为对多数人所具有的人性的弱点的让步。当人们面对杀死他们或他们家人的威胁时，他就会实施犯罪。对此观点稍有不同的解释是在受到死亡或严重伤害的威胁后不可避免的恐慌中，被告人不可能清楚地思考，所以就不为任何决定承担责任。有时说被告人在胁迫下实施的行为是非自愿的。但是，必须审慎地对待这种主张。胁迫下的行为根本不同于不能控制自己行为的情况，如痉挛。事实上，在胁迫中被告人故意选择实施犯罪而不是遭受危害。但是被告人选择其所谓的行为，在这种情况不应视为被告人需承担责任的行为。所以或许把胁迫的效果解释为宽宥事由的最好方法是说被告人没有公平的机会遵守法律；他选择如其所做的，但在道德上他没有其他方法可为。

因此，最好将胁迫视为正当理由还是宽宥事由呢？胁迫的法律辩护事实上可能包含了两种情况：作为宽宥事由的胁迫或作为正当理由的胁迫。如果哈里逊（Harrison，一个著名的恐怖分子）绑架了梅戈（Meg）并威胁杀了她全家，除非她去偷巧克力饼，那么当然她应去偷巧克力饼。这是社会想让她去做的；可以说她是正当的。事实上，基于宽宥事由的观点——她处在两恶选一的尴尬境地以致她不为她的选择负责，这种观点听起来有点怪怪的，从法律的角度判断肯定是不恰当。但是，在另一种情况中，被告人必须杀死无辜的人否则就会被杀，杀害很可能是不正当的，但是基于那时的恐慌的观点可能使我们宽恕或部分地宽恕被告人。如果这种看法正确，那么法律未能分辨事实上两种不同的胁迫辩护隐含在同一个"胁迫"标题之下的事实从而引起了法律面对胁迫时的一些困难。

当然，没有正当理由或宽宥事由的概念同样可以解释胁迫辩护理由的存在。例如，可以认为当行为人面对死亡或严重伤害的威胁时，不能期望刑法会影响个人的行为。也就是说，此时的法律失效了，不能发挥遏止作用，所以社会也就不赋予行为人任何刑事责任。

胁迫是什么犯罪的辩护理由

除谋杀罪、谋杀未遂以及某些形式的叛国罪外，胁迫作为一种抗辩理由适用于其他任何犯罪。关于叛国罪，我们不是很清楚是指哪些犯罪，自古以来这类案件很少发生。但是对于某些叛国罪则可以提出胁迫抗辩。海山姆（Hailsham）认为那是因为："善德、良策或善法认为……理性刚毅的一般人不被认为有英雄的能力，即使要求他杀无辜人而不是牺牲自己。毫无疑问在现实中许多人会屈从于诱惑……但是还有许多人不会，而我不认为如果他们屈从，作为'对人性弱点的让步'，前者就应免除刑事制裁的责任。"在面对威胁时，法律期望英雄主义，被告人应该牺牲自己的生命而不是杀害无辜的第三者。因此法律在此旨在支持尊重生命原则和保护无辜被害人的生命。这一推理的难点是它不包括威胁杀害被告人家人的情形。期望他为他人牺牲自己的生命是一回事，而期望他牺牲家人的生命则是另一回事。当想到胁迫只适用于被告人作为理性人行为时，胁迫抗辩不能适用于谋杀罪，使人感觉特别奇怪。在英美法系国家，如果被告人杀死了无辜的第三者，只有在极其特别的案件中，陪审团才有可能决定被告人的行为是合理的，但不是因为胁迫。莫里斯（Morris）则巧妙地表达了赞成胁迫辩护适用于谋杀罪的观点："如果……除非他按告诉他的去做，否则受到死亡或严重伤害的威胁，那么法律会不关心该人的悲惨痛苦的景况吗？就不仅理解胆怯而且也理解刚毅的法律而言，在紧急关头，行为并不削弱法律反而使它公正。当他们在当时不能合理地按期望他们的即使是在受限制的情况下决定和恰当处理……时，一个镇静的法庭当然不会要求他们以刚毅的或英雄的标准行为。"

胁迫辩护同样不适用于谋杀未遂。因为被告人的行为是否引起死亡纯粹是偶然的，所以胁迫在谋杀未遂中的适用性同于谋杀罪的情况。所以就受到威胁并面对谋杀或谋杀未遂指控的被告人而言，唯一的辩护理由就是缺乏故意。该观点必定是被告人没有杀害的目的，他只想躲避威胁。虽然他预见到死亡是他行为本质上确定的结果，但是陪审团仍不应说他有故意。

成功的胁迫抗辩必须满足以下条件:①

第一,被告人受到死亡或严重身体伤害的紧迫威胁而被迫这样做。这是个主观检验标准。被告人这样做是因为受到威胁吗? 这很容易证明。只有在极不寻常的情况下被告人实施犯罪不是在回应威胁。如果被告人被命令杀了他的敌人,并且他早已想找机会杀了他的敌人,那么该要件就不成立。应该注意威胁必须是对被告人或其他任何人的死亡或严重伤害,如康伟(Conway)案,被告人驾车,并带着最近刚从两人的枪口下死里逃生的乘客。有两人靠近汽车,被告人以为他的乘客又要遭到攻击。他以危险方式将车超速开走。法院认为他真实而合理地认为他的朋友正要遭到死亡或严重伤害(虽然事实上这两人是便衣警察),因此可以对危险驾驶提出情势胁迫抗辩。过去通常认为威胁必须是伤害被告人的家人,但现在似乎是威胁可以对陌生人作出。但是,在考虑被告人的反应是否合理时,关系的亲密度可能与此有关。不是死亡或严重伤害的任何威胁(诸如失业或败坏名声或,可能是最平常的,向警察告发其他罪行)不是宽宥事由,并且只能减轻量刑。

在哈德森和泰勒(Hudson and Taylor)案中,讨论的问题之一是要求威胁有立即危险。两被告人被指控伪证罪。她们是两名年轻女子,受到如果不作伪证就要伤害她们的威胁。她们在法庭作证前看到威胁她们的人之一。上诉法院认为关键问题不是在作出威胁时是否能实现,而是在犯罪时是否有效。以将来的暴力威胁可能太遥远,但是如果威胁在被告人不得不决定是否实施犯罪时"足以决定他的意志",那么可以提出胁迫抗辩。

第二,被告人必须合理地认为威胁已作出。这是个客观要

① 英国上诉法院在格兰汉姆(Gramham)案中设定了胁迫抗辩的要件,并为最高法院在豪(Howe)案中重申。

件。如果威胁还未作出但被告人不合理地认为已作出，那么他就不能提出胁迫辩护。近些年，司法意见对该问题产生了分歧。布鲁克（Brook）认为只需被告人实际确信有死亡或严重伤害的威胁，上诉法院也持这种观点。但是，最高法院赞成被告人必须有合理理由相信威胁已作出的要件。最高法院强调对自我防卫或者有关犯罪心理的主要因素的误解只需真实的而无需合理就可进行辩护。因此，目前法律似乎是如果被告人被恐怖分子绑架，而被告人不合理地误听恐怖分子所说的，认为他正受到威胁（但他没有），他就不能依此辩护。这可能看上去是荒谬的，因为不能期望被告人处在尴尬境地时还保持镇静并清楚地理解。另外，在陪审团决定误听是否合理时，毫无疑问要考虑被告人所处情境的紧迫性。那些案件承认如果事实上没有威胁而被告人合理地认为有，那么他仍可依此辩护。

第三，被告人必须有合理的理由相信威胁会实现。这又是个客观标准。如果恐怖分子绑架一美国旅游者，威胁他要杀死他在美国的家人，可以认为没有合理的理由相信威胁能实现，所以他就不能依此辩护。在决定是否有合理理由时，法院非常看重被告人在异常情况中自己认为的事。在决定是否有合理的理由相信威胁会实现时，法院还考虑被告人的残疾。

第四，被告人必须像合理刚毅的理性人在这种情况下会做的那样行为。这个标准要求陪审团考虑一般人而不是特殊的英雄会对威胁如何反应。被告人被期望合理地表现出"刚毅就像期望在这种情况下的一般人那样"。判断这一问题的一个方法是考虑被告人的反应是否与他或她面对的威胁相称。显然，犯罪越严重，威胁就必须越大。维尔伯弗斯（Wilberforce）认为"［犯罪的］情形越可怕……可视为辩护理由的胁迫需越强烈以及越不可反抗"①。这里隐含着被告人所为之恶必须小于被威胁之恶之意。

法院很难决定被告人的何种特征在他决定如何反应时是理性人。法院认为年龄、性别、孕期、承认的精神疾病（如弱智或者外伤后的紧张失调）以及严重的身体残废等特征可以影响期望镇静的程度。显然不考虑自愿醉酒、其他自我诱导的情形、特别易受压、性虐待引起的缺乏镇静、感情脆弱、低智商影响必要的镇静程度。法院没有明确地表明在考虑威胁的严重性时是否可以考虑被告人的特征，如考虑期望的镇静程度那样。大概法院认为对钢琴家割去手指的威胁要比割去其他人手指的威胁严重，但是对此没有判例法。史密斯（Smith）教授（1996）批评了有关胁迫的现行法，"陪审团可能在处理'一屈服于威胁的妇女合理显示的镇静是期望患有弱智的妇女所显示的吗？'时遇到了一些困难。实际上，这似乎取消了对这类人的客观检验标准。取消客观标准原则是件好事，但是，如果是的话，那么就应普遍适用，而不是限于某些领域"。事实上，在此法律试图保持主观主义阵营和客观主义阵营的微弱平衡，并企图在不是理性人不是被告人的过错的情况中降低客观标准的严格性。但是法院没有解释那些与此有关的特征与那些无关的特征之间的基本区别。两类特征可以排除：一是那些仅因与此无关而不影响镇静程度的特征（如性取向）；二是那些可谴责被告人的特征（如醉酒或胆小等）。

第五，被告人必须不为威胁承担责任。胁迫抗辩不适用于自我诱导的情形。这通常发生于被告人在其自愿加入的犯罪团伙的情况，在这种案件中，如果被告人在其加入时知道犯罪团伙是暴力性团伙，那么他就不能提出胁迫辩护。雷恩（Lane）

---

① 参见阿伯特（Abbott）案。

法官在夏普（Sharp）案的解释："如果行为人明知它的性质而自愿地加入他知道可能强迫他实施犯罪的犯罪组织或团伙并且当其受到这种强迫后成为一个积极分子，那么他就不能利用胁迫辩护。"但是，这只在被告人自愿加入犯罪团伙并且知道它是暴力性团伙还这样做，和如果他试图退出就可能受到威胁的情况时才适用。所以似乎是如果被告人加入入室盗窃而后来决定实施持枪抢劫的团伙并且当其试图退出时被用暴力威胁，那么就不禁止胁迫辩护。同样，这要求犯罪组织成员资格和威胁的作出之间有紧密关系。所以被告人加入组织而后来被监禁，但是在监狱他受到组织成员的威胁，据此认为这与他的组织成员资格没有紧密的联系。自我诱导胁迫不限于犯罪团伙成员的情况。被告人被认为使自己处于易受威胁的其他情形中。在希斯（Heath）案，被告人从毒贩那里借钱。当还不了钱时毒贩以暴力威胁除非他帮助运毒。他不能提起胁迫辩护，因为他使自己处于易受借钱给他者的威胁的情况中。在威胁作出与威胁实施之间还有一段时间的情况下稍有不同。上诉法院强调无须证明被告人对威胁的自然反应，但是威胁作出与犯罪实施之间的时间间隔越长，被告人的行为就越不可能合理。上诉法院解释威胁死亡或严重伤害必须紧迫但无须立即。这很大程度上是因为时间间隔越长，被告人越有可能能够找到办法逃避威胁，特别是获得警察的保护或帮助。虽然这经常是个合理的行为过程，但并不总是适用。

情势胁迫

这种辩护只在最近为法院所承认，并通过与威胁胁迫相比较得到了发展。两种辩护之间的区别是在威胁胁迫中他人威胁被告人，在情形胁迫中根本没有其他的威胁而是情形，即除非被告人实施犯罪，否则有人会被杀或受到严重伤害。如康伟（Conway）案。有关威胁胁迫辩护与情形胁迫辩护的界限的案件是科尔（Cole）案，债权人告诉被告人除非他还钱给他们否则就要严重伤害他的家人。被告人实施抢劫。法院认为这种情况更接近情形胁迫而不是威胁胁迫，因为被告人没被告知他必须实施特定的犯罪，实际上是他的财政困难（情形）引起他实施犯罪。无须关注难以清楚地界定威胁胁迫和情形胁迫之间的区别的事实，因为被告人可以识别它们的范围和要件。如同威胁胁迫，情形胁迫辩护不适用于谋杀和谋杀未遂。情形胁迫的检验标准与威胁胁迫的标准相同，被告人被迫实施行为是因为他合理地相信威胁情形存在吗？他有合理的理由相信情形威胁着他的生命或引起严重伤害的可能性，并且合理镇静的理性人在这种情形下会以相同的方式反应吗？有人认为情形胁迫的标准稍有不同，它要求被告人不仅以合理的方式行为而且也要以必须避免危害的方式行为。尽管行为在严格意义上不是必需的，但是惩罚面对严重情形而合理行为的被告人似乎是荒谬的。最近上诉法院强调的是情形胁迫不可能仅基于内在压力。所以被告人不能主张受到自己的自杀感强迫而非法地行为。重要的在于被告人旨在用情形胁迫证明他实施犯罪是必需的。例如，他试图用该理由为酒后驾驶指控辩护，那么他就必须证明他只有驾车才能避免死亡或严重伤害的威胁。威胁一旦过去，被告人就应停车。

正当防卫与情形胁迫

我们已解释威胁胁迫与情势胁迫之间不存在区别。这不是两者的特殊问题并且实际上它们的规则是一致的。更难的在于区分情形胁迫与自我防卫。这次必须清楚地区分，因为情形胁迫，与自我防卫不同，不是谋杀或谋杀未遂的辩护理由。进一步讲，如果被告人认为他正遭到攻击而实际上没有，那么自我防卫辩护可适用；反之如果被告人认为情形威胁着他而事实上没有，那么情形胁迫只有在误解是合理时才适用。

紧急避险

关于"紧急避险"有不同的理解。有时法院称情形胁迫为"紧急避险"。但是，在其他案件以及在其他司法区紧急避险被用于指绝对正当的辩护理由：被告人处于无论怎样都会危害他人的情况中，他实施行为造成两恶较小之恶。为了避免混乱，在此"紧急避险"指绝对正当的观念而不是情形胁迫。所以这一意义上的紧急避险什么时候是辩护理由呢？上诉法院概括了现状，肯尼迪（Kennedy）法官认为："应允许行为人违反刑法的字面规定以防止自己或他人受到更大恶的侵害的观念早已被有力地认同，但是在英国法上，没有产生被认同的紧急避险的一般辩护……"有关紧急避险和谋杀的主要案例是达雷和斯逖芬斯（Dudley and Stephens）案。在该案中，克勒里奇（Coleridge）法官认为紧急避险不是谋杀的辩护理由，并引 Hale 的著作来论证。被告人遇到海难，在无甲板船上 8 天不进食，6 天未沾水后杀了一个 17 岁的男孩并把他吃了。克勒里奇法官说："在此对行为存在的诱惑不是法律所称的紧急避险。无须指出可怕的危险承认有分歧的原则。谁会判断这是紧急避险呢？用什么标准衡量比较生命的价值呢？是力量、智力，还是别的？……我们经常被迫设置我们自己不能实现的标准，并且我们不能使自己满意地放弃这些规则。但是一人无权宣称诱惑是宽宥事由，虽然他可能自己已屈从于它。"一般承认在四种情形下紧急避险是辩护理由：一是采取行为保护无法表示同意的人的生命或利益。最明显的例子是医生给无法表示同意的病人（如他无意识）做手术，如果治疗是为其利益紧急必需的。另一例子是当车正开过来时行为人把另一人拉出车道，但没有时间取得他的同意。应该注意如果一人能够表示同意但想死，那么违背他的意志强行治疗不是合法的。二是为了救助财产而损坏其他财产，可以适用该辩护。这种情况下推倒着火的房子从而阻止火势蔓延至整个城镇可能是最佳选择。三是为了避免伤及人而损坏财产，该辩护可以适用。四是紧急避险可以适用于特殊情况，如连体婴儿分离手术案，涉及的问题是手术分离双胞胎使一人死亡而可能救助另一人是否合法。沃德（Ward）勋爵承认手术不是非法的，因为医生有紧急避险辩护。但是他十分窄地定义了什么时候可以适用紧急避险："以免认为这一判决可以成为更多情形的权威判例，诸如，医生，一旦他决定病人不能存活，就可以杀死他，所以重申该判例许可的唯一情形是重要的。它们是不引起 Y 死亡就必定不可能保存 X 的生命，Y 的继续存活不可避免地在短期内引起 X 死亡，并且 X 能够独自存活而 Y 在任何情形下（包括所有的医疗形式）都不能独自存活的情形。"难以想象除连体双胞胎案外，还有什么情况下这些要件可以成立。

上级命令

你的上级命令你犯罪不是辩护理由。最可能的情形是警察或武装部队成员试图辩解上级命令他实施犯罪。法律规定背后的理由是法律规则的原则：没人能逃出法律之网。即使上级军官也受刑法约束，并且不能赦免其他人。但可能的是如果某人被命令犯罪，那么可以否定他有必要的犯罪心理或可进行胁迫辩护。

被迫行为

对于被迫行为的法律后果，存在两种立法例：

第一种，宣布为犯罪，但不负刑事责任。如《加拿大刑事法典》第 17 条规定："当场受他人以即刻处死或人身伤害相威胁而强迫犯罪之人，如其系相信威胁即将实施而犯罪，并且也未参与预谋或结伙，应免予刑事责任……"① 我国香港特区刑法认为，"任何人在本人或他人受到暴力威胁的危急情况下犯罪，不须负刑事责任"。②

第二种，宣布无罪。《英国刑法汇编》第 42 条规定："若犯罪者为多人，或因受其他犯罪者之威胁立时有生命危险者，其行为亦得为无罪……"③《印度刑法典》第 94 条规定："除谋杀罪和应处以死刑的国事罪外，在确有死亡危险的威胁下而实施的行为，不构成犯罪……"④ 英美刑法认为被迫行为之所以能够免责，是因为死伤胁迫使被迫者当时的意志失去控制，被迫者

---

① 《加拿大刑事法典》，卞建林等译，中国政法大学出版社 1999 年版，第 23—24 页。
② 赵秉志主编：《香港刑法纲要》，北京大学出版社 1996 年版，第 25 页。
③ 萧榕主编：《世界著名法典选编》（刑法卷），中国民主法制出版社 1998 年版，第 144 页。
④ 《印度刑法典》，赵炳寿等译，四川大学出版社 1998 年版，第 20 页。

没有时间和机会去维护其意志。"如果威胁发生后被胁迫者有时间和机会维护其意志，那么就不能有任何免责理由，这是显而易见的。"[1] 在具有自由意志的前提下，行为人才既可以实施此行为，也可以实施彼行为。在能够避免危害行为时，行为人却实施了危害行为，这种主动选择危害行为的态度应当受到谴责，社会就有理由要求行为人对其所实施的危害行为承担刑事责任。如果客观上有害于社会的行为不是行为人主观上所能左右得了的，则尽管行为人实施了危害行为，也不能要求行为人承担刑事责任，因为行为人实施此行为时在主观上是非自愿的，其不具有道义上的可谴责性。既然被迫行为已使被迫者失去了意志自由，被迫者缺乏承担刑事责任的哲学依据，因而不能要求被迫者对其被迫行为承担刑事责任。从法学的层面看，意志自由是产生犯意的前提，没有自由意志，便无法形成犯意。既然在被迫行为中被迫者已失去了相对的自由意志，则被迫者就不具有刑法上的犯意；不具有犯意这一必不可少的犯罪成立要件，则被迫行为就不是犯罪行为（严格责任罪不在本文讨论范围）。由此看来，在上述被迫行为法律后果的两种立法例中，第二种立法例更科学一些。从事实的层面看，行为人丧失意志自由是胁迫者死伤胁迫造成的，行为人不过是胁迫者实施犯罪的工具，故应由胁迫者而非行为人对行为人的被迫行为承担刑事责任。这样受被迫行为侵害的第三人（或其亲属等）同样可以得到精神慰藉，并不是非要通过处罚行为人才能抚平他们的心灵创伤。

被迫行为有其人性基础。生命是人类一切价值判断的基础，作为理性的原则要求人们的行为应该与自己的价值等级相一致，而不要牺牲较大的价值来迎合较小的价值。面临死伤胁迫，无

---

① ［英］J. W. 塞西尔·特纳:《肯尼刑法原理》，王国庆等译，华夏出版社 1989 年版，第 77 页。

论何人如处于行为人相同境遇皆听命于胁迫者时，期待行为人牺牲较大的价值乃至生命去遵守法律，是不可能的。在此情况下宣告行为人有罪，无疑是与脆弱的人性相悖，是在制造国民与法律的仇隙。因此，被迫行为虽然不是一种正当合法行为，但在法律上却是一种可得宽恕行为。可见，免除被迫行为的罪责是具有合理性的。

然而，不是任何在死伤胁迫下实施的行为都是可得宽恕行为。以被迫行为进行合法辩护，是因为其以小害免大害，这是普通法的传统立场。如被迫实施的行为所造成的损失等于甚至大于所避免的损害，则这种被胁迫而实施的行为就不应允许进行合法辩护。但面临着人性的脆弱这一铁的事实，英美刑法一般仅不准谋杀罪和应处以死刑的叛国罪以被迫行为为由进行合法辩护，抢劫、盗窃、处理赃物、放火、破门入户等，都可以以被迫行为为由进行合法辩护。

英美刑法中的被迫行为对于完善我国刑法中的胁从犯理论具有借鉴意义。我国刑法对胁从犯的规定中包含着被迫行为。现行《刑法》第28条规定："对于被迫参加犯罪的，应当按照他的犯罪情节减轻处罚或者免除处罚。"学界一般认为："受胁迫参加犯罪是胁从犯的主观特征。至于他人采用何种方法进行威胁，威胁的程度如何，对胁从犯的成立没有影响。"[①] 可见，对于死伤胁迫下的被迫行为，我国刑法认为构成犯罪，行为人是胁从犯。因为行为人知道自己参加的是犯罪行为，但为了避免遭受现实的危害或不利才不得不参加犯罪。在这种情况下，被胁迫者还是有自由意志的，他参加犯罪仍然是他自行选择的结果。这就是胁从犯应负刑事责任的依据。例如，"郎某系某镇商店值班员，一日邹某手持尖刀、凿子、锤子等作案工具，窜到

---

① 姜伟：《犯罪形态通论》，法律出版社 1994 年版，第 267 页。

该商店，威逼郎某开门，说如不开门，进去将他杀死。郎某只好将门打开。邹某进去以后，又威胁说：'我们的人已把商店包围了，我叫你干啥就干啥，不听话，就砍掉你的脑袋。'郎某即答应。邹某撬不开金柜，就叫郎某找铁锤，郎某找出来后交给邹某，邹某又让郎某扶着金柜，邹某用铁锤把金柜撬开……郎某是胁从犯"①。

认为被迫行为也属于胁从犯的观点值得反思。事实上，胁迫按程序可以划分为三类：第一类是重度胁迫，指以杀害、重伤相威胁；第二类是中度胁迫，指以一般伤害、侵犯大量财产等相威胁；第三类是轻度胁迫，诸如以揭发隐私等相威胁。我国刑法对胁迫程度不加任何区分，即使对重度胁迫的行为人，也不分情况一律认定为胁从犯，② 这是欠妥的。试以上述案例来进行分析。如果郎某能挺身而出，奋力与犯罪人邹某拼搏，则郎某精神固然可嘉。然而社会中的大部分人皆是平常性情中人，在死伤胁迫之下，他们都会按胁迫者的命令行事。这是一个不争的事实。法律是以社会中大部分人得益为标准制定出来的，对于社会中大部分人在同等情形下都会这样干的行为，不能宣布为犯罪，这是刑法谦抑性的基本要求。郎某只是社会中的一个普通人，处于郎某这种情形下的公民一般都会像郎某这样做，因而我们没有理由因为郎某没有与犯罪人展开生死搏斗便罪加其身。郎某听信了邹某的胁迫，真诚地相信如果不按邹某的命令行事，自己马上就会被杀死；为了保全性命，郎某已无行为的可选择性而只能听命于邹某了，可见郎某已失去了自由意志，郎某并无犯罪故意。这里需要特别指出的是，行为的可选择性

① 马克昌主编：《犯罪通论》，武汉大学出版社 1995 年版，第 549 页。
② 高铭暄主编：《刑法学原理》（第 2 卷），中国人民大学出版社 1993 年版，第 484 页。

是相对的，而不是绝对的，即对于行为人而言，在特定情境之下为保全性命，行为人只能实施此行为而不可能实施其他行为时即认为行为具有不可选择性。不能因为行为人可在要么死或遭受重伤害要么听命于胁迫者中权衡利弊而认为行为人具有行为的可选择性，进而认为行为人具有自由意志。① 在"即刻的死伤胁迫下，被胁迫者还是有自由意志的"这一观点是不能成立的（但刑法期待行为人容忍死伤胁迫的场合除外，如行为人不能因死伤胁迫就去杀害他人）。英美刑法中的被迫行为理论具有一定合理性，我们应当借鉴英美刑法中的被迫行为理论，宣布郎某的行为不构成犯罪（郎某的行为是一种典型的被迫行为）。

总之，笔者认为，一般而言应当将死伤胁迫排除在现行刑法第 28 条之外。对于在死伤胁迫之下被迫实施了某种客观上为法律所禁止的行为的行为人，只要构成被迫行为，就应宣告其无罪，按紧急避险来处理（在英美刑法中，被迫行为与紧急避险是有所区分的，前者的危险来自于人的行为，后者的危险来源于自然力量。但大陆法系国家对此未加区分，将二者合称为紧急避险，我国也是如此）。

---

① 陈兴良：《共同犯罪论》，中国社会科学出版社 1992 年版，第 245 页。